高等职业教育新形态一体化教材

运输组织管理

(活页式教材)

主　编　姜　苹　曹　萍　张银霞
副主编　马三生　郭　鹏　张志宇　王永博　宋子龙

北京理工大学出版社
BEIJING INSTITUTE OF TECHNOLOGY PRESS

内容简介

本书是基于校企合作、工学结合的编写理念，基于项目导向、任务驱动的教学实践，以及够用且便于教师教学和学生随学随用的需求，依据新形态数字化教材编写要求，开发编写而成的新形态数字化活页式教材。通过"教、学、做、测、评"综合一体化的教学模式，理论与实践相结合，突出学生岗位职业能力培养；设计运输思政窗口，从运输角度引导学生把国家、社会和个人价值观融合，提高学生的职业素养，自觉践行社会主义核心价值观。

本书内容包括运输商务管理、公路货物运输、铁路货物运输、水路货物运输、航空货物运输和运输路线规划设计6个项目。每个项目以运输工作流程为主线，即围绕货运受理、运输调度、验货装车、到货交付业务流程，开发设计每项业务的内容、操作方法与重点，使学生熟练掌握必要的运输组织管理重要理论和方法，培养学生的运输实践能力，为零距离对接后续工作奠定基础。

本书可作为高职高专院校物流管理、交通运输管理类专业教材，也可作为相关专业机构的培训教材，同时可作为企业从事外贸、货运、物流管理等人员的参考用书。

版权专有　侵权必究

图书在版编目（CIP）数据

运输组织管理/姜苹，曹萍，张银霞主编. -- 北京：
北京理工大学出版社，2023.11
ISBN 978-7-5763-3221-6

Ⅰ.①运… Ⅱ.①姜…②曹…③张… Ⅲ.①运输组织—组织管理 Ⅳ.①F506

中国国家版本馆CIP数据核字（2023）第243558号

责任编辑/多海鹏　　　　　**文案编辑**/多海鹏
责任校对/周瑞红　　　　　**责任印制**/施胜娟

出版发行/北京理工大学出版社有限责任公司
社　　址/北京市丰台区四合庄路6号
邮　　编/100070
电　　话/（010）68914026（教材售后服务热线）
　　　　　　（010）68944437（课件资源服务热线）
网　　址/http://www.bitpress.com.cn

版 印 次/2023年11月第1版第1次印刷
印　　刷/河北盛世彩捷印刷有限公司
开　　本/787 mm×1092 mm　1/16
印　　张/17.25
字　　数/423千字
定　　价/49.80元

图书出现印装质量问题，请拨打售后服务热线，本社负责调换

前言

现代物流在中国高速发展，运输是物流过程的重要功能要素之一，在物流行业及整个经济运行中占有重要地位，是物流过程各项业务的中心活动和核心环节，在现代物流业中备受重视。培养高素质的运输业务操作与管理人员是高职院校物流管理专业的重要任务。

本书是基于校企合作、工学结合的编写理念，基于项目导向、任务驱动的教学实践，以及够用且便于教师教学和学生随学随用的需求，依据新形态数字化教材编写要求，开发编写而成的新形态数字化活页式教材。通过"教、学、做、测、评"综合一体化的教学模式，理论与实践相结合，突出学生岗位职业能力的培养，设计运输思政窗口，从运输角度引导学生把国家、社会和个人价值观融合，提高学生的职业素养，自觉践行社会主义核心价值观。

全书分为6个项目，包括运输商务管理、公路货物运输、铁路货物运输、水路货物运输、航空货物运输、运输路线规划设计，在每个项目下再按照货物受理、运输调度、验货装车、到货交付主线分为若干个任务及活动进行详细阐述介绍。项目任务之后就重点内容设计了相应的综合测试，由学生自己完成，并通过评价标准进行评价。

本书的编写突出以下特点：

1. 立德树人，思政先行

中国共产党第二十次全国代表大会上的报告指出，建设教育强国、科技强国、人才强国，坚持为党育人、为国育才，要深入实施人才强国战略，培养、造就大批德才兼备的高素质人才。本书认真贯彻落实党的二十大会议精神，以习近平新时代中国特色社会主义思想为指导，落实立德树人的根本任务，在教材中设计运输思政窗口，挖掘课程思政教育资源，从运输角度引导学生把国家、社会和个人价值观融合，自觉践行社会主义核心价值观，全面提高学生职业素养，做到德才兼备。

2. 校企合作，工学结合

本书由校企双方人员共同研究、选材并组织编写，本着够用的原则使教材内容紧贴岗位需求，体现校企合作、工学结合。

3. 项目导向，任务驱动

本书以运输方式为载体设计项目，以运输业务流程为主线设计任务活动，以任务驱动组织课堂教学，让学生完成各项任务，调动学生的积极性和主动性，使学生在任务中完成学习、掌握技能，并建立职业能力。

4. 活页设计，灵活实用

本书采用活页式设计，对接运输职业标准和物流运输"1+X"证书，以应用为目的，以"必需、够用"为度，设计 6 个项目，教学内容精炼实用。每个任务进行留白操作设计，方便学生边学、边记、边练，通过学、用双向功能，提高教材的使用率。

5. "教、学、做、测、评"一体，系统创新

本书创新了教材编写体例。首先设计项目背景及该项目下的运输任务；其次介绍完成此任务需要的必备知识；然后按照任务实施步骤，逐步细化描述任务每个环节的操作，学生在学习的基础上于书中"学中练"模块练习重要知识点和技能点，在"学中做"模块完成任务中每个任务环节的操作；最后教师通过项目综合测评和技能实训模块检测学生的掌握程度，学生通过项目总结自我效果进行自我评价。这种创新的编写体例，非常适合一体化教学组织。

本书由秦皇岛职业技术学院姜苹、曹萍及河北政法职业学院张银霞担任主编，各项目编写分工如下：项目一和项目三由张银霞编写，项目二和项目六由姜苹编写，项目四和项目五由曹萍编写。参加编写的教师了解运输行业发展状况，并在教学中积累了丰富的教学经验。本书由姜苹负责整体策划及结构、内容设计和统稿。本书在内容设计、课程思政设计、内容选取以及企业信息数据调研等方面得到了秦皇岛职业技术学院马三生教授、秦皇岛职业技术学院郭鹏部长、秦皇岛职业技术学院张志宇处长、天津市博至物流有限责任公司王永博总经理、石家庄德邦物流有限公司宋子龙经理的支持和帮助。

在编写本书的过程中参考了大量的文献，借鉴和参考了部分研究成果，在此对其编著者表示敬意。本书的编写得到了秦皇岛职业技术学院领导和北京理工大学出版社的大力支持，使该书得以顺利完成，在此深表感谢。

由于编者水平有限，书中不足之处在所难免，欢迎各位专家、同行和读者给予批评指正。

编 者

目 录

项目一　运输商务管理 1

  任务一　运输方式选择 3

  任务二　运输合同签订 14

    活动1　运输合同撰写 16

    活动2　运输合同签订 24

  任务三　运输合同履行 27

    活动1　运输合同变更 32

    活动2　运输合同解除 33

    活动3　运输合同纠纷处理 34

  项目综合测试 36

  项目综合技能实训 37

  项目总结 39

项目二　公路货物运输 40

  任务一　公路整车货物运输 43

    活动1　托运受理 45

    活动2　运输调度 51

    活动3　装车发运 56

    活动4　在途运送 57

    活动5　到达交付 57

    活动6　统计结算 58

  任务二　公路零担货物运输 59

    活动1　托运受理 60

    活动2　贴签入库 65

    活动3　配载装车 67

    活动4　货物中转 69

    活动5　到达交付 71

项目综合测试 ·· 74
项目综合技能实训 ·· 76
项目总结 ·· 85

项目三　铁路货物运输 ·· 86

任务一　货物托运与受理 ·· 88
　　活动1　填写货物运单 ·· 90
　　活动2　特殊货物运单填写 ·· 95
任务二　货物验收 ·· 97
任务三　货物在途运输 ·· 105
　　活动1　铁路合同变更 ·· 108
　　活动2　在途运输检查 ·· 109
任务四　货物到达交付 ·· 112
　　活动1　货物到达查询 ·· 113
　　活动2　货物交接 ·· 114
任务五　货物运费核算 ·· 119
项目综合测试 ·· 129
项目综合技能实训 ·· 131
项目总结 ·· 133

项目四　水路货物运输 ·· 134

任务一　揽货接单 ·· 136
　　活动1　揽货 ·· 137
　　活动2　接单 ·· 140
任务二　订舱 ·· 142
　　活动1　订舱准备 ·· 142
　　活动2　填写订舱单 ·· 148
任务三　配载装箱 ·· 152
　　活动1　配载 ·· 152
　　活动2　装箱 ·· 154
任务四　报检报关 ·· 161
　　活动1　报检 ·· 161
　　活动2　报关 ·· 164
任务五　缮制提单 ·· 168
　　活动1　缮制提单 ·· 169
　　活动2　签发、更正及补发提单 ·· 173
任务六　费用结算 ·· 175
　　活动1　统计应收款项 ·· 176
　　活动2　核对账单 ·· 180
　　活动3　催收款项 ·· 180

活动 4　费用结算 ······180

　项目综合测试 ······182

　项目综合技能实训 ······184

　项目总结 ······189

项目五　航空货物运输 ······190

　任务一　揽货报价 ······193

　　活动 1　揽货 ······193

　　活动 2　报价 ······194

　任务二　委托运输 ······203

　　活动 1　填写托运书 ······203

　　活动 2　审核托运书 ······206

　任务三　配舱订舱 ······207

　　活动 1　预配舱和预订舱 ······208

　　活动 2　配舱和订舱 ······208

　任务四　交接单货 ······210

　　活动 1　接收单据 ······210

　　活动 2　接收货物 ······211

　　活动 3　制作标记和标签 ······211

　任务五　填制运单 ······214

　　活动 1　认知航空运单 ······214

　　活动 2　填制航空运单 ······215

　任务六　装板发运与费用结算 ······220

　　活动 1　装板发运 ······221

　　活动 2　费用结算 ······223

　项目综合测试 ······225

　项目综合技能实训 ······227

　项目总结 ······233

项目六　运输路线规划设计 ······234

　任务一　起讫点不同的单一路线规划 ······235

　任务二　起讫点相同路线规划 ······238

　　活动 1　节约里程法设计路线 ······238

　　活动 2　扫描法设计路线 ······243

　任务三　多起讫点路线规划 ······248

　项目综合测试 ······256

　项目综合技能实训 ······258

　项目总结 ······266

参考文献 ······267

项目一
运输商务管理

学习目标

一、知识目标

（1）通晓基本的运输常识；
（2）理解运输商务管理的基本理论和方法；
（3）了解运输商务管理相关的经济法律法规等；
（4）掌握运输合理化的基本策略。

二、技能目标

（1）能够进行有效的运输计划和调度，保证货物按时、安全地送达；
（2）能够进行商务分析和决策，提高运输效率，降低运输成本；
（3）能够处理运输过程中的各种问题，如货物损失、延误和质量问题等；
（4）能够利用信息技术提高工作效率，提供更好的客户服务。

三、素养目标

（1）坚持社会主义核心价值观，坚守职业道德，诚实守信，公平公正；
（2）树立环保意识，积极推广绿色运输，减少碳排放，保护环境；
（3）提高国际视野，尊重不同文化，积极参与国际合作，贡献于全球化进程；
（4）提高创新意识，积极适应物流行业的发展，主动学习新知识，不断提升自我。

项目背景

一家 AAA 国际服装品牌公司，该公司的生产基地在中国，而其主要的市场在北美和欧洲。他们每季度都会推出新的服装系列，因此需要频繁地将大量的服装从中国运送到海外的零售店。在这种情况下，公司有几种可能的运输方式可供选择：空运、海运、铁路运输（通过欧亚大陆桥）。空运：速度快，但成本高。对于新品发布会或者急需补货的情况，空运是最佳选择。海运：成本低，但速度慢。如果时间允许，大部分的服装可以通过海运发送，以降低运输成本。铁路运输：通过欧亚大陆桥，铁路运输到欧洲的速度比海运快，且成本比空运低。对于运往欧洲的货物，铁路运输可能是一个合适的选择。

该公司于 2023 年 6 月 1 日有一批服装由程聪物流公司提供运输服务，准备签署运输合同。双方基本达成以下意向：

运输服务：乙方同意按照本合同的规定，为甲方提供运输服务。具体的运输任务包括将甲方的货物从中国上海运输到美国洛杉矶。

货物描述：待运输的货物为运动鞋服系列产品，总重量为 100 t，总体积为 200 m³。

运输方式：乙方将使用海运的方式进行运输，预计运输时间为 30 天。

运输费用：甲方同意支付给乙方运输费用为 10 万美元，支付方式为货物到达目的地后 30 天内付款。

保险：甲方将自行购买运输保险，保险费用由甲方承担。

责任和赔偿：如果货物在运输过程中发生损失或损坏，则乙方应按照保险公司的赔偿标准负责赔偿。

争议解决：对于本合同的任何争议，双方应首先通过友好协商解决。如果协商无果，则可以向上海仲裁委员会申请仲裁。

甲方代表（签名）：_____

乙方代表（签名）：_____

任务一　运输方式选择

任务布置

按照项目背景要求，2023 年 6 月 1 日，AAA 国际服装品牌公司的服装由程聪物流公司提供运输服务，现在要完成运输方式的选择。

任务分析

完成本任务，需要解决以下问题：
（1）分析什么是运输方式选择的影响因素？
（2）哪些影响因素起决定作用？
（3）如何完成合理的运输方式选择？

运输合理化

任务资讯

任务资讯 1　不合理运输判定

不合理运输是指在现有条件下，可以达到的运输水平而未达到，从而造成了运力浪费、运输时间增加、运费超支等问题的运输形式。下面是我们生活中常见的一些现象，请根据以下内容进行讨论。

（1）过度包装：在零售业中，过度包装是不合理运输的一种形式。为了吸引消费者，很多产品会采取精美的包装，包括很多不必要的包装纸和包装盒。这样做会增加产品的体积和重量，导致运输过程中的空间和能源的浪费。而且这种过度包装还会增加包装废物，对环境造成负面影响。

（2）单一运输方式：一些企业由于缺乏运输管理的知识和经验，常常只使用一种运输方式，如全程使用公路运输。这可能会导致运费超支，特别是在运输距离较长的情况下。例如，一家企业需要将货物从北京运到深圳，如果全部使用公路运输，不仅运费高，而且运输时间也长。如果采用铁路运输或海运，再配合公路运输进行短途运送，既可以节省运费，又可以缩短运输时间。

（3）不合理的配送路线：在城市配送中，如果没有优化配送路线，可能会造成大量的运力浪费。例如，如果一个快递员在一天内需要送达多个包裹，但是他没有根据地址优化他的配送路线，可能会多次经过同一条街道或者地点，导致运输时间和油耗增加。

（4）无货重车：在物流行业中，运输车辆在完成一次任务后，往往会空车返回，这是运力的浪费。如果能做到货物往返配对，即在完成一次运输任务后，接着装载其他货物返回，则可以有效地减少运力浪费。

（5）不合适的运输工具：使用不合适的运输工具也是一种不合理运输。例如，使用大型货车运输少量货物，或者使用小型货车运输大量货物，这都会导致运力浪费和运费超支。选择适合货物性质和数量的运输工具是减少不合理运输的关键。

学中练　（1）讨论产生不合理运输的原因，并将讨论结果记录在表 1-1 中。

表 1-1　不合理运输原因分析表

不合理运输的原因	举几个生活中对应的实例
返程或起程空驶	
对流运输	
迂回运输	
重复运输	
倒流运输	
过远运输	
运力选择不当	
托运方式选择不当	

（2）讨论下列运输行为是否合理，并给出理由，将讨论结果填写在表 1-2 中。

①小王从温州购买了 100 箱鞋子，准备运往乌鲁木齐销售。她雇了一辆 15 t 的载货汽车运输。

②小张从重庆运送 200 t 土产杂品到上海，采用铁路运输方式。

③小李要从南昌运 50 头生猪到南京，选择公路运输方式，走南昌——鹰潭——杭州——南京线路。

④从浙江长兴运到上海的建筑材料都采用内河航运，走长兴——湖州——上海航线。

⑤陕西固原某企业从山西大同采购了一批煤炭。

⑥小刘在深圳购买了 200 台电脑，准备运往兰州进行销售。她租用了一辆 5 t 的货车进行运输。

⑦小赵从西安运送 300 t 陕北特色农产品到广州，选择铁路运输方式。

⑧小陈需从贵阳运送 100 头牛到成都，选择了公路运输方式，走贵阳——遵义——重庆——成都的线路。

⑨从江苏常州运送到苏州的钢材全部采用沿江航运，走常州——无锡——苏州的航线。

⑩山东青岛某企业从内蒙古鄂尔多斯采购了一批稀土矿石，采用公路运输方式。

 学中练

运输素质塑造

不合理运输的影响与防范

在我们的日常生活和工作中，可能会遇到各种不合理运输的情况，包括货物装载不当、运输方式选择不合适、运输路线不合理等。这些不合理的运输方式不仅会增加物流成本，还可能对货物造成损坏，影响到最终的物流效率和效果。

（1）环境影响：不合理的运输方式可能会导致资源的浪费和环境的破坏。例如，过度的包装和装载不当可能会造成物品的损坏，增加废物的产生；选择燃油效率低下的运输方式会增加碳排放，对环境造成污染。

（2）经济成本：不合理的运输方式会增加运输的时间和费用。例如，运输路线选择不当可能会增加运输的距离和时间,从而增加运费和人力成本;装载不当可能会浪费运输空间,增加单位货物的运输成本。

(3)货物安全:不合理的运输方式可能会影响到货物的安全,例如,装载不当或运输方式选择不合适可能会导致货物在运输过程中受到破损。

因此,为了防范和减少不合理运输的情况,我们需要在实际工作中做到以下几点:

(1)对货物的性质和特性有充分的了解,选择合适的运输方式和装载方法;

(2)在规划运输路线时,充分考虑到运输成本和时间,选择最优的运输路线;

(3)加强对运输过程的监管和控制,确保货物的安全;

(4)提高环保意识,优先选择燃油效率高、环保的运输方式。

理解并防止不合理运输的影响,是我们作为物流管理专业人员的重要责任和使命。让我们在实践中不断提高自己的专业素养,为建设更高效、环保的物流体系做出贡献。

任务资讯 2　影响物流运输方式选择的主要因素

一、物流运输方式合理选择的意义

物流运输合理化,可以充分利用运输能力,提高运输效率,促进各种运输方式的合理分工,以最小的社会运输劳动消耗,及时满足国民经济的运输需要。

物流运输合理化,可以使货物走最合理的路线,经最少的环节,以最快的时间,取最短的里程到达目的地,从而加速货物流通,既可及时供应市场,又可降低物资部门的流通费用,加速资金周转,减少货损货差,取得良好的社会效益和经济效益。

物流运输合理化,可以消除运输中的种种浪费现象,提高商品运输质量,充分发挥运输工具的效能,节约运力和劳动力。否则,不合理运输将造成大量人力、物力、财力浪费,并相应地转移和追加到产品中去,人为地加大了产品的价值量,提高了产品的价格,从而加重了需求方的负担。

学中练　(1)请举例说明物流运输合理化如何能充分利用运输能力和提高运输效率。请讨论并写出各小组意见。

_____

_____

学中练　(2)如何通过物流运输合理化减少流通费用,加速资金周转,以及减少货损货差,从而取得好的社会效益和经济效益?请讨论并写出各小组意见。

_____

_____

学中练　(3)不合理运输会造成哪些类型的浪费?这种浪费又会如何影响产品的价值量和价格?请讨论并写出各小组意见。

二、合理运输的"五要素"

物流运输方式合理化,是由各种经济的、技术的和社会的因素相互作用的结果。运输合理化的影响因素很多,起决定作用的有五方面因素,称作合理运输的"五要素"。

（1）运输距离。
（2）运输环节。
（3）运输时间。
（4）运输工具。
（5）运输费用。

学中练（1）如何根据运输距离选择最适合的运输方式,以实现运输合理化?请讨论并写出各小组意见。

学中练（2）如何通过优化运输环节,减少中间环节,使得物流运输更为高效和节省成本?请讨论并写出各小组意见。

学中练（3）运输时间和运输工具之间的关系是怎样的?如何根据特定的运输时间选择最合适的运输工具?请讨论并写出各小组意见。

学中练（4）在满足运输需求的同时,如何通过合理运输方式控制运输费用,以实现物流成本的优化?请讨论并写出各小组意见。

任务资讯3　运输方式合理化选择的措施

一、合理选择运输方式的措施

运输合理化是一个系统分析过程,常采用定性与定量相结合的方法,对运输的各个环节和总体进行分析研究,运输方式合理化选择的有效措施主要有以下几点。

1. 提高运输工具的实载率

实载率的含义有两个：一是单车实际载重与运距之乘积和标定载重与行驶里程之乘积的比率，在安排单车、单船运输时它是判断装载合理与否的重要指标；二是车船的统计指标，即在一定时期内实际完成的货物周转量（t·km）占载重吨位与行驶公里乘积的百分比。

案例

小明经营一家小型物流公司，主要负责城市间的货物运输。他的公司拥有5辆5 t的货车，通常一次运输一车货物。最近，他收到了一个大订单，需要从城市A运输500箱商品到城市B，每箱商品的重量为1 t。一开始，小明计划使用5辆货车分五次进行运输，每次运输一辆满载的货车。然而，他的财务顾问提醒他，这样做会造成大量的运输成本，因为每次运输都会产生燃油费和人工成本。他们建议小明应考虑提高每辆货车的实载率。小明考虑了这个建议，决定改变运输策略。他计划每次使用两辆货车进行运输，每辆货车装载两箱货物，这样就能在两次运输中完成全部的运输任务。他发现这种方法不仅节省了运输成本，也提高了运输效率，因为每次运输都能实现货车的满载，实载率大大提高。

学中练 请对小明的做法进行评价。

_____

_____

_____

2. 减少动力投入，增加运输能力

在实际运输工作中，在一定基础设施条件下，提高运输、增加运输能力的具体做法有以下几种：

1）铁路运输的"满载超轴"法

"满载"就是为了充分利用货车的容积和载重量，多载货，不空驶。"超轴"就是在机车能力允许的情况下，多加车皮，增加运输量。如我国在客运紧张时，通常采取加长列车、多挂车皮的办法，在不增加机车的情况下增加运输量。

2）水路运输的"拖排拖带"法

这种方法指在竹、木等物品的运输中，不用运输工具本身的动力消耗，或者将无动力驳船编成一定队形（一般是纵列），用拖轮拖带行驶，加大船舶的运载能力。

3）内河运输的顶推法

该法就是将内河驳船编成一定队形，由机动船顶推前进。其优点是航行阻力小，顶推量大，速度较快，运输成本低。这是我国内河货运采取的一种有效方法。

4）公路运输的挂车法

这种方法的原理与船舶拖带、火车加挂基本相同，都是在充分利用动力能力的基础上，增加运输能力。

在现实生活中，我们可以在各种场景中观察到如何减少动力投入并增加运输能力的具体做法。以下是一些例子。

（1）飞机满载旅客和货物：为了充分利用飞机的载客和货物能力，航空公司通常会尽量让飞机满载。在航班没有全部售出的情况下，他们可能会提供最后一分钟的折扣，以确保飞机上的每个座位都有乘客。此外，他们还会尽量填满货物舱，以提高航班的经济效益。

（2）大型集装箱船的使用：集装箱运输是一种高效的货物运输方式，可以大大提高货船的

运载能力。集装箱可以进行预装货物，运至港口后直接装船，不仅节省了装卸时间，还避免了货物在运输过程中的破损。此外，集装箱的标准化尺寸使得货船的空间得到最大化的利用。

（3）使用自行车拖车：在一些城市，为了减少汽车的使用，降低碳排放，人们会选择使用自行车拖车进行短途运输。例如，一些快递公司在城市中心区域使用自行车拖车进行包裹的派送，既环保又节约了能源。

（4）双层公交车的使用：在一些大城市，为了提高公交车的载客能力，同时减少城市道路的拥堵，会使用双层公交车。双层公交车可以在同样的路线上载更多的乘客，从而提高公交系统的运输能力。

学中练 请分小组进行讨论，枚举更多这样的例子。

3. 发展社会化的运输体系

运输社会化的含义是发展运输的大生产优势，实行专业化分工，打破物流企业自成运输体系的状况。

亚马逊，作为全球最大的电子商务公司，需要每天处理数以百万计的订单，这需要一种高效的运输体系来支持。尽管亚马逊拥有自己的配送网络，但这还不足以满足其巨大的需求。因此，亚马逊采用了社会化的运输体系，它依靠各种运输合作伙伴来完成货物配送。例如，它与联邦快递、UPS、DHL 等第三方物流公司合作，并且还有自己的"亚马逊物流"服务，用于接手最后一英里[①]的配送。

这种方式让亚马逊能够充分利用社会资源，打破自身限制的运输体系，提高运输效率。同时，这种运输方式还有助于提高运输的专业化分工，因为每个合作伙伴都可以在他们最擅长的领域中做出贡献，从而实现更高效的运输。

学中练 请你说说京东、唯品会、天猫是怎么利用社会化运输体系进行业务运营的。

4. 开展中短距离铁路公路分流，"以公代铁"的运输

"以公代铁"的运输，即在公路运输经济里程范围内，应利用公路运输。

"以公代铁"是一种在中短距离运输中优先考虑公路运输而非铁路运输的运输策略。下面是两个相关的例子：

小城市间的运输：设想一个情境，一个制造商位于城市 A，需要将商品运送到离城市 A 150 km 的城市 B。城市 A 与城市 B 之间有铁路和公路连接。在这种情况下，考虑到装载和卸载货物、排队等候、运输计划等因素，即使铁路运输的成本可能较低，但总体运输时间可能比公路运输要长得多。因此，在这种情况下，公路运输可能更合适。

农产品运输：农产品往往需要在采摘后尽快送到市场，以保证新鲜度。例如，一个农场位于离市场 100 km 的地方，虽然有铁路连接，但由于铁路运输的程序复杂，会导致农产品在运

[①] 1 英里 =1.609 344 千米。

过程中失去新鲜度。而公路运输可以更快地将农产品送到市场，因此，公路运输在这种情况下可能更合适。

学中练 请分组讨论，什么情况下"以公代铁"是不合适的。
_____
_____

5. 尽量发展直达运输

直达运输是指货物从起始点直接运输到目的地，不需要在中间站点卸货，然后再装货进行再次运输。这种方式可以减少运输中的中转环节，从而节省运输成本和时间，提高运输效率。

快递服务：当我们在网上购买商品时，快递公司通常会提供直达运输服务。例如，如果你在北京购买了一件商品，而卖家在广州，那么快递公司会直接从广州将商品运送到北京，而不需要在其他城市进行中转。这样可以保证货物快速准时到达，同时降低运输过程中货物丢失或损坏的风险。

航空运输：在长距离的货物运输中，航空运输通常采取直达运输的方式。例如，一家公司需要将货物从上海运送到纽约，航空公司会直接从上海飞往纽约，而不需要在其他城市进行中转，从而大大缩短了运输时间。

集装箱运输：集装箱运输是现代物流中的一种重要运输方式，其采用的是"门到门"的直达运输模式，即货物装入集装箱后，从发货地直接运送到收货地，全程不需要开箱，既保证了货物的安全，又提高了运输效率。

学中练 请你分小组讨论，是不是直达运输适合所有运输业态。
_____
_____

6. 配载运输

配载运输往往是轻重商品的合理配载，在以重质货物运输为主的情况下，同时搭载一些轻泡货物，如海运矿石、黄沙等重质货物，在上面捎运木材、毛竹等，在基本不增加运力及不减少重质货物运输的情况下，解决了轻泡货的搭运。

学中练 货运船运输：货运船在运输矿石或者其他重型货物的同时，往往会配载一些轻质货物，如棉花、纸张等。这样做的目的是什么？
_____
_____

学中练 集装箱运输：集装箱运输也常常进行配载。例如，在一个集装箱中，底部可以装载一些重质货物，如金属制品、电器等，而在上面则可以装载轻质货物，如服装、纺织品等。这样做的目的是什么？
_____
_____
_____

运输组织管理

学中练 火车货运：火车在运输煤炭、矿石等重型货物的同时，车厢上部可以配载木材、纸箱等轻质货物，这样做的目的是什么？

学中练 公路运输：在运输一些较重的商品如石材、建材等时，车辆上部可以装载一些轻质商品，如泡沫塑料、纸箱等。这样做的目的是什么？

---

7. "四就"直拨运输

"四就"直拨即由管理机构预先筹划，然后就厂、就站、就库和就车（船）将货物分送到用户，而无须再入库了。

【例1】某电子产品制造商需要从供应商处购买大量的零部件。在传统的运输模式中，这些零部件可能需要先送到制造商的仓库，再从仓库送到生产线。但是，在"四就"直拨模式中，零部件可以直接从供应商处运送到生产线（就厂），并且每个运输任务都会直接分配到具体的车辆（就车），因此无须再进行入库操作，大大提高了运输效率。

【例2】大型超市经常需要从多个供应商处采购食品、日用品等商品。在"四就"直拨模式中，这些商品可以直接从供应商处运送到超市（就站），并且每个运输任务都会直接分配到具体的车辆（就车）进行运输。这样不仅可以减少中间环节，提高运输效率，也可以减少对商品的搬运损耗，提高商品的到货率。

学中练 请根据以上案例，说明"四就"直拨运输对企业的实用价值。

---

8. 发展特殊运输技术和运输工具

依靠科技进步是运输合理化的重要途径。它一方面是最大限度地利用运输工具的载重吨位，另一方面是充分使用车船装载容量。其主要做法有以下几种：如，专用散装及罐车解决了粉状、液状物运输损耗大、安全性差等问题；大型半挂车解决了大型设备的整体运输问题；"滚装船"解决了车载货的运输问题；集装箱船比一般船能容纳更多的箱体；集装箱高速直达车加快了运输速度等，都是通过先进的科学技术来实现合理化。

无人驾驶车辆：无人驾驶技术的发展已经使得无人驾驶的货车、船舶和飞机成为可能。这种技术可以减少人工成本，提高运输效率，并且因为机器不会疲劳，所以理论上无人驾驶的运输工具可以全天候工作，大大提高了运输的效率。

无人机运输：无人机的发展使得其在运输领域有了广泛的应用。无人机可以快速、直接地将货物送达目的地，避免了地面交通堵塞的问题。例如，医疗救援、紧急配送等场景已经开始采用无人机运输。

高速铁路：高速铁路的发展使得陆地运输速度得到了极大的提升。高速铁路可以运输大量的旅客和货物，并且速度快，时间效率高。

电动卡车：随着电动车技术的发展，电动卡车已经开始在运输行业中得到应用。电动卡车无须燃油，环保且运行成本低。

冷链运输技术：对于需要冷藏的商品（如食品、医疗产品等），冷链运输技术是必不可少的。冷链运输可以确保货物在整个运输过程中都保持在一个合适的温度范围内，防止货物变质。

模块化运输：这是一种将大型货物分解为多个模块，然后分别运输的方法。这种方法既可以运输大型货物，又可以充分利用运输工具的装载能力。

空中货运：对于紧急或者价值较高的物品，空中货运可以提供最快的运输服务。

 学中练 请分小组继续枚举智慧物流业务场景下的特殊运输技术和运输工具。

_____

_____

9. 进行必要的流通加工

有不少产品，由于产品本身形态及特性问题，很难实现运输的合理化，如果针对货物本身的特性进行适当的加工，就能够有效解决合理运输的问题，例如将造纸材料在产地先加工成干纸浆，然后压缩体积运输，就能解决造纸材料运输不满载的问题；轻泡产品预先捆紧包装成规定尺寸后装车，就容易提高装载量；水产品及肉类预先冷冻，就可提高车辆装载率并降低运输损耗。

粮食运输：在农田收割后，粮食通常以散装形式运输，这会导致一定程度的损耗，且运输效率不高。如果在产地将粮食进行初步加工，比如脱粒和清理、干燥等操作，可以有效减少粮食体积和重量，降低运输成本，提高装载率。

木材运输：木材运输时通常会占据大量空间，而且由于木材的不规则形状，装载率通常较低。如果在采伐后对木材进行裁剪、锯成规定尺寸的木板或梁，就可以大大提高运输的装载率，减少运输过程中的损耗。

水果和蔬菜运输：在水果和蔬菜运输过程中，由于生鲜产品易损，运输中常常会有损耗。如果在产地将它们进行初步加工，如切片、冷冻或烘干，既能保持食品新鲜，又能减少体积，提高运输的装载率。

矿石运输：矿石运输时，由于矿石中含有大量的杂质，这些杂质增加了运输的重量和体积。如果在矿场对矿石进行初步的选矿，则可以将杂质和有价值的矿物分离，这样可以大大减少运输的重量和体积，提高运输效率。

 学中练 请分小组继续枚举流通加工的业务实例。

_____

_____

二、运输方式选择对客户和企业的意义

1. 对客户来说

（1）交货时间：不同的运输方式会影响到货物的到达时间。例如，如果客户需要快速交付，那么空运可能是最佳选择。如果客户对时间要求不高，那么可以选择成本更低的运输方式，如

海运或铁路运输。

（2）货物安全：运输方式的选择也会影响到货物的安全。例如，对于易碎或贵重的货物，可能需要选择更安全、更可靠的运输方式。

（3）费用：运输方式直接影响到物流费用，进而影响到商品的最终价格。选择合适的运输方式可以帮助降低总体成本，为客户提供更有竞争力的价格。

2. 对企业来说

（1）成本控制：运输是物流成本的重要组成部分。选择成本效益高的运输方式可以帮助企业有效控制成本，提高利润。

（2）服务质量：运输方式的选择直接影响到物流服务的质量。快速、准时的交货可以提高客户满意度，增强企业的竞争力。

（3）风险管理：对于一些特殊货物（如易腐、危险品等），选择合适的运输方式可以降低运输过程中的风险。

（4）环境影响：现代企业越来越注重可持续性，选择环保的运输方式（如铁路运输、海运等）可以降低碳排放，符合企业的绿色战略。

因此，运输方式的选择对于满足客户需求、提高企业效益、降低环境影响等方面都有着重要的意义。

✓ 任务实施

运输方式选择的具体步骤。

运输方式选择是物流和供应链管理中的重要环节，具体步骤如下：

步骤1：评估货物特性

货物的特性会影响运输方式的选择。例如，易碎或者高价值的货物可能需要更安全的运输方式，大体积的货物可能需要更大容量的运输方式，而急需送达的货物可能需要更快的运输方式。

✎ 学中做　本任务中AAA国际服装品牌公司的服装是否属于特殊货物，列举物流业务中有哪些特殊货物。

_____

_____

_____

_____

步骤2：确定运输需求

明确运输的起点和终点，理解货物需要在何时何地送达。此外，还需要考虑运输的频率，例如，是一次性的运输还是定期的运输。

步骤3：分析可用的运输方式

对每种可能的运输方式进行分析，包括陆运（如卡车、铁路）、海运、空运等。了解每种运输方式的优点和缺点，例如，空运速度快但成本高，海运成本低但速度慢。

步骤4：比较运输成本

计算每种运输方式的总成本，包括运费、装卸费、仓储费、保险费等，这需要获取详细的价格信息，并考虑可能的成本波动。

项目一 运输商务管理

✎ **学中做** 本任务中 AAA 国际服装品牌公司的服装运输活动中有哪些隐形成本发生？

_____
_____

步骤 5：评估运输时间

了解每种运输方式的预计运输时间，以及可能的延误风险。对于急需送达的货物，运输时间可能是一个关键因素。

✎ **学中做** 本任务中 AAA 国际服装品牌公司的服装运输时间评估中可能会有哪些延误情况。

_____
_____

步骤 6：考虑货物安全和环保因素

考虑每种运输方式对货物安全的影响，以及对环境的影响。例如，对于易碎或危险品，安全是一个重要的考虑因素；而对于环保要求高的企业，碳排放可能是一个重要的考虑因素。

✎ **学中做** 本任务中 AAA 国际服装品牌公司的服装运输和碳排放的关系。

_____
_____

步骤 7：做出决策

综合以上因素，做出最佳的运输方式选择。

✎ **学中做** 本任务中 AAA 国际服装品牌公司的服装运输应该如何选择合适的运输方式？

_____
_____

步骤 8：持续监控和优化

在运输过程中，持续监控运输的效果，如运输时间、货物安全等。如果发现问题，需要及时调整运输方式。此外，随着业务的变化和新技术的应用，可能需要定期重新评估和优化运输方式选择。

任务二 运输合同签订

任务布置

按照项目背景要求，2023 年 6 月 1 日，AAA 国际服装品牌公司的服装由程聪物流公司提供运输服务，现在要完成运输合同的签订任务。

任务分析

完成本任务，需要解决以下问题：
（1）分析运输合同特征。
（2）运输合同中如何界定甲乙双方的权利和义务？
（3）运输合同如何履行？

任务资讯

任务资讯 1 关于合同的基本认知

合同是两个或多个主体之间就他们的权利义务关系达成一致意见的法律行为，具有约束力并受法律保护。合同可以是口头的或者书面的，虽然口头合同在法律上是有效的，但在实践中，为了防止争议，合同通常是以书面形式出现。

一个有效的合同通常需要满足以下几个条件：
（1）合同当事人的合法性：当事人必须具有签订合同的法律资格，例如年龄、精神健康等；
（2）意愿的自由：当事人签订合同必须基于自己的真实意愿，不得受到胁迫或欺诈；
（3）合同目的的合法性：合同的目的或者内容不得违反法律或社会公德；
（4）对价关系的确定性：对于大多数合同，当事人通常需要为自己的义务提供或承诺提供某种形式的对价。

案例

商人陈某继承了一颗看似平淡无奇的宝石，一直未予重视。陈某由于缺乏鉴别宝石真伪的知识，不知此宝石的真正价值。一日，专业珠宝商人王某拜访陈某，意外发现了这颗宝石并清楚地知道其价值极高。于是，王某以一个相当低廉的价格买下了这颗宝石。几个月后，陈某通过电视节目了解到该宝石实为珍贵的蓝钻。因此，陈某立即找到王某，要求退回宝石。然而，王某以双方自愿买卖，不存在欺骗或威胁的情况为由，拒绝退回。因此，陈某向法院提起了诉讼，要求王某归还该宝石。

思考

（1）陈某与王某自愿达成，并当即履行完毕的买卖合同是否有效？
（2）陈某要求王某退还宝石的要求能否得到法院的支持？

任务资讯 2　关于物流运输合同的基本认知

物流运输合同是承运人将货物从起运地点运输到约定地点，托运人或者收货人支付票款或运输费用的合同，是承运人和托运人双方签订的，明确双方权利义务关系、确保货物有效位移的，具有法律约束力的合同文件，它是承运人开展货物运送业务的法律形式。

物流运输合同的主体有货方（包括托运人、收货人等）、承运人和货运代理人。

一、物流运输合同的法律特征

1. 运输合同是有偿合同

运输合同的承运人以承运货物为营业目的，以收取运费为营利手段。

2. 运输合同是双务合同

运输合同一经成立，当事人双方均享有权利、负有义务。

3. 运输合同一般是格式合同

运输合同的内容一般是事先制定好的，当事人的基本权利、义务和责任也由专门法规予以调整，货运单、提单等单据都是统一印制的，运费也是统一规定的。

4. 运输合同是诺成合同

运输合同在托运人与承运人就货物运输事项达成一致意见并按诺成合同的规定订立时，即告成立。

5. 运输合同往往涉及第三人

货运合同是由托运人和承运人协商、订立的结果，托运人和承运人是合同双方的当事人。托运人和收货人不一致时，收货人成为货运合同的第三人，收货人一般不是合同的订立者，但同样可以是合同利益的关系人，享有合同规定的权利并承担相应的义务。这类合同属于为第三人利益订立的合同。

6. 货运合同以交付收货人为履行完毕

货运合同与客运合同一样，均是以承运人的运输行为为标的，但是，客运合同中承运人将旅客运输到目的地，义务即履行完毕；而货运合同中，承运人将货物运输到目的地，其义务并不能完结，只有将货物交付给收货人后，其义务才告履行完毕。

运输素质塑造

运输合同的重要性和应用

运输合同在日常商业交易和物流行业中扮演着极其重要的角色。无论是送货到仓库，还是将货物运送到全球各地，运输合同都是不可或缺的。

首先，运输合同定义了货物运输的各个关键环节。这包括货物的接收、运输过程，以及最终的交付。在每个环节，运输合同都详细规定了各方的权利和义务，以确保运输过程的顺利进行。

其次，运输合同提供了在运输过程中出现问题时的解决方案。例如，如果货物在运输过程中损坏或丢失，运输合同将规定如何处理这种情况，包括赔偿方案等。运输合同也会设定争议解决机制，如仲裁或诉讼。

此外，运输合同有助于预防争议的发生。通过明确各方的责任和义务，运输合同减少了对规定和条款的不同理解，从而避免了可能的冲突。

因此，理解并能够有效运用运输合同是现代商业环境中的一项关键技能，它不仅需要法律知识，还需要理解运输和物流行业的实际运作情况。在学习和工作中，我们都应努力提升自己的合同素养，以更好地应对各种情况，保护自身的权益。

二、物流运输合同的分类

按运输的对象分为客运合同和货运合同。客运合同又称为旅客运输合同，是指承运人与旅客签订的由承运人将旅客及其行李运输到目的地而由旅客支付票款的合同。货物运输合同是指承托双方签订的，明确双方权利义务关系，确保货物有效位移，具有法律约束力的合同文件。

1. 按合同期限划分

长期合同：是指合同期限在一年以上的合同。

短期合同：是指合同期限在一年以下的合同，如年度、季度、月度合同。

2. 按货物数量划分

批量合同：一般是一次托运货物数量较多的大宗货物运输合同。

运次合同：一般是一次托运货物较少，一个运次即可完成的运输合同。所谓运次是指完成包括准备、装载、运输、卸载四个主要工作环节在内的一次运输过程。

3. 按合同形式分

书面合同：指签订正式的书面协议书形式的合同。

契约合同：是指托运人要签写货物运输托运单证或货单的合同，这些单证具有契约性质，承运人要按托运单或货单要求承担义务，履行责任。

任务实施

活动 1　运输合同撰写

物流运输合同的内容如下：

（1）货物的名称、性质、重量、数量、收货地点等有关货物运输的必要情况。

（2）货物的包装要求。

（3）货物的运输时间和地点，包括货物起运及到达的时间、地点等。

（4）运输质量和安全要求。

（5）货物装卸方法和责任划分。

（6）收货人领取货物和点验、查收货物的标准。

（7）运杂费的组成、计算标准和结算方法。

（8）变更、解除合同的期限和条件。

（9）双方的权利和义务。

（10）违约责任。

（11）双方商定的其他条款。

运输合同范本。

货物运输合同

订立合同双方：

托运方：_____；

承运方：_____。

托运方详细地址：_____
收货方详细地址：_____

根据国家有关运输规定，经过双方充分协商，特订立本合同，以便双方共同遵守，合同中货物信息见表1-2。

表1-2 货物信息统计表

货物编号	品名	规格	单位	单价	数量	金额/元

第一条　货物名称、规格、数量、价款

第二条　包装要求　托运方必须按照国家主管机关规定的标准包装；没有统一规定包标准的，应根据保证货物运输安全的原则进行包装，否则承运方有权拒绝承运。

第三条　货物起运地点_____
　　　　货物到达地点_____

第四条　货物承运日期_____
　　　　货物运到期限_____

第五条　运输质量及安全要求_____

第六条　货物装卸责任和方法_____

第七条　收货人领取货物及验收办法_____

第八条　运输费用、结算方式_____

第九条　各方的权利义务

一、托运方的权利义务

（1）托运方的权利：要求承运方按照合同规定的时间、地点，把货物运输到目的地。货物托运后，托运方需要变更到货地点或收货人，或者取消托运时，有权向承运方提出变更合同的内容或解除合同的要求。但必须在货物未运到目的地之前通知承运方，并应按有关规定付给承运方所需费用。

（2）托运方的义务：按约定向承运方交付运杂费。否则，承运方有权停止运输，并要求对方支付违约金。托运方对托运的货物，应按照规定的标准进行包装，遵守有关危险品运输的规定，按照合同中规定的时间和数量交付托运货物。

二、承运方的权利义务

（1）承运方的权利：向托运方、收货方收取运杂费用。如果收货方不交或不按时交纳规定的各种运杂费用，承运方对其资物有扣压权。查不到收货人或收货人拒绝提取货物，承运方应及时与托运方联系，在规定期限内负责保管并有权收取保管费用，对于超过规定期限仍无法交付的货物，承运方有权按有关规定予以处理。

（2）承运方的义务：在合同规定的期限内，将货物运到指定的地点，按时向收货人发出货物到达的通知。对托运的货物要负责安全、保证货物无短缺、无损坏、无人为的变质，如有上述问题，应承担赔偿义务。在货物到达以后，按规定的期限，负责保管。

三、收货人的权利义务

（1）收货人的权利：在货物运到指定地点后有以凭证领取货物的权利。必要时，收货人有权向到站或中途货物所在站提出变更到站或变更收货人的要求，签订变更协议。

（2）收货人的义务：在接到提货通知后，按时提取货物，缴清应付费用。超过规定提货时，应向承运人交付保管费。

第十条 违约责任

一、托运方责任

（1）未按合同规定的时间和要求提供托运的货物，托运方应按其价值的____%偿付给承运方违约金。

（2）由于在普通货物中夹带、匿报危险货物，错报笨重货物重量等而招致吊具断裂、货物摔损、吊机倾翻、爆炸、腐蚀等事故，托运方应承担赔偿责任。

（3）由于货物包装缺陷产生破损，致使其他货物或运输工具、机械设备被污染腐蚀、损坏，造成人身伤亡的，托运方应承担赔偿责任。

（4）在托运方专用线或在港、站公用线、专用铁道自装的货物，在到站卸货时，发现货物损坏、缺少，在车辆施封完好或无异状的情况下，托运方应赔偿收货人的损失。

（5）罐车发运货物，因未随车附带规格质量证明或化验报告，造成收货方无法卸货时，托运方应偿付承运方卸车等存费及违约金。

二、承运方责任

（1）不按合同规定的时间和要求配车（船）发运的，承运方应偿付托运方违约金_____元。

（2）承运方如将货物错运到货地点或接货人，应无偿运至合同规定的到货地点或接货人。如果货物逾期达到，承运方应偿付逾期交货的违约金。

（3）运输过程中货物灭失、短少、变质、污染、损坏，承运方应按货物的实际损失（包括包装费、运杂费）赔偿托运方。

（4）联运的货物发生灭失、短少、变质、污染、损坏，应由承运方承担赔偿责任的，由终点阶段的承运方向负有责任的其他承运方追偿。

（5）在符合法律和合同规定条件下的运输，由于下列原因造成货物灭失、短少、变质、污染、损坏的，承运方不承担违约责任：

①不可抗力；

②货物本身的自然属性；

③货物的合理损耗；

④托运方或收货方本身的过错。

本合同正本一式两份，合同双方各执一份；合同副本一_____式份，送……单位各留一份。

托 运 方：_____　　　　　承 运 方：_____
代 表 人：_____　　　　　代 表 人：_____
地　　址：_____　　　　　地　　址：_____
电　　话：_____　　　　　电　　话：_____
开户银行：_____　　　　　开户银行：_____
账　　号：_____　　　　　账　　号：_____

_____年_____月_____日

（1）分析本合同是否包含了货物运输合同的基本内容。

学中做 写出分析理由。

_____

_____

（2）货物运输合同中各项基本内容条款一般是按什么逻辑顺序撰写的？

学中做 写出货物运输合同条款的逻辑顺序分析。

_____

（3）在撰写运输合同时，有几个重要的考虑因素需要被纳入考虑？
①货物的性质和数量。

学中做　合同应明确规定货物的什么性质。
_____
_____

②运输方式。

学中做　选择合适的运输方式应考虑货物性质、交货时间要求和运输成本等因素。合同中常见的运输方式有哪些？
_____
_____

③运输时间。

学中做　合同应明确规定货物的交付时间要求，这样除了可以确保双方对交货时间有清晰的理解外，还有哪些考虑？
_____
_____
_____

④运输费用。

学中做　运输费用可以根据货物的重量、体积、距离和运输方式等因素进行计算。合同中一般如何规定运输费用和支付方式？
_____
_____
_____

⑤保险责任。

学中做　物流公司通常需要购买货物运输保险，以保障货物的安全，并在出现损失或损坏时提供赔偿，请你根据货物运输合同范本仿写一段保险责任条款。
_____
_____

⑥违约责任。

学中做　合同应包含双方在违约情况下的责任和补偿机制，可以涵盖逾期交货、货物损坏、丢失或交付错误等问题，并规定相应的违约赔偿金额。请你根据货物运输合同范本仿写一段违约责任条款。
_____
_____

⑦知识产权保护。

学中做　如果货物涉及知识产权，合同应包含相关的保护措施，以防止知识产权的侵犯和盗版行为。请你根据货物运输合同范本仿写一段知识产权保护条款。

_____

_____

⑧争议解决。

学中做　合同应规定争议解决的方式，例如通过谈判、仲裁或诉讼等方式解决争议。以减少合同纠纷的风险，并提供一种明确的争议解决途径。请你根据货物运输合同范本仿写一段争议解决条款。

_____

_____

学中练　常见的公路运输合同格式内容如下。

公路运输合同

公路运输合同可参考表1-3。

表1-3　公路运输合同范本

托运人				承运人			
收货人				装货地			
收货地		电话		装货人			
货物名称	包装	件数		重量/吨	价值	备注	
总运费（CNY）： 元		预付运费人民币 元			余款凭回单无误付人民币 元		
	驾驶员住址：			身份证			
特约条例	（1）承运人不可拆开检验所承运的物品，如违背本协议，后果由承运人负全部责任。货运到时包装完好。 （2）货物数量由双方当面点清，交承运人后由承运人负责。 （3）承运人必须按托运人的要求，按时将货物交给托运人指定的收货人，办好交接手续及签回具有收货人签章的收货单并交回给托运人。 （4）在全程运输中，无论在任何情况下，造成货物破损、误时、受潮、短缺、折痕等不良的经济损失，均由承运人负责赔偿，并以此车作为抵押。承运方对此认可。 （5）承运人手机号＿＿＿＿；行驶证号＿＿＿＿；营运证号＿＿＿＿；车牌证号＿＿＿＿。 （6）装车数量若有误或不详，实数以清单为准。 （7）承运期间的一切风险、交通事故及其他意外事故所造成的损失，均由承运人承担，与托运人无关。 （8）承运人必须于2023年＿＿＿月＿＿＿日点前到达收货地，将货交与收货人。 （9）合同一式三份，由托运人和承运人各执一份，第三份随货转移交收货人。						
	承运方（签章）			托运方（签章）			
						日期：2023年×月×日	

> **学中练**　常见的航空运输合同格式内容如下。

航空运输合同范本

　　托运人（姓名）_____与中国民用航空_____航空公司（以下简称承运人）协商空运_____（货物名称）到_____（到达地名），特签订本合同，并共同遵守下列条款：

　　第一条　托运人于_____月_____日起需用_____型飞机_____架次，运送_____（货物名称），其航程如下：

　　　　　　_____月_____日自_____至_____，停留_____日；
　　　　　　_____月_____日自_____至_____，停留_____日；

　　运输费用总计人民币_____元。

　　第二条　根据飞机航程及经停站，可供托运人使用的载量为_____公斤（内含客座）。如因天气或其他特殊原因需增加空勤人员或燃油时，载量照减。

　　第三条　飞机吨位如托运人未充分利用，民航可以利用空隙吨位。

　　第四条　承运人除因气象、政府禁令等原因外，应依期飞行。

　　第五条　托运人签订本合同后要求取消飞机班次，应交付退机费_____元。如托运人退机前承运人为执行本合同已发生调机费用，应由托运人负责交付此项费用。

　　第六条　托运方负责所运货物的包装。运输中如因包装不善造成货物损毁，由托运方自行负责。

　　第七条　运输货物的保险费由承运方负担。货物因承运方问题所造成的损失，由承运方赔偿。

　　第八条　在执行合同的飞行途中，托运人如要求停留，应按规定收取留机费。

　　第九条　本合同如有其他未尽事宜，应由双方共同协商解决。凡涉及航空运输规则规定的问题，按运输规则办理。

　　托 运 人：_____　　　　　　承 运 人：_____
　　开户银行：_____　　　　　　开户银行：_____
　　银行账号：_____　　　　　　银行账号：_____

　　　　　　　　　　　　　　　　　　　　_____年_____月_____日订

> **学中练**　常见的水运合同格式内容如下。

海上运输合同范本

　　订立合同双方：

　　_____（简称甲方）委托_____交通厅海运局（简称乙方）计划外托运_____（货物），乙方同意承运。

　　根据《经济合同法》和_____海上运输管理规定的要求，经双方协商，特订立本合同，以便双方共同遵守。

　　第一条　运输方法

　　乙方调派_____吨位船舶一艘（船舶_____吊货设备），应甲方要求由_____港运至_____港，按现行包船运输规定办理。

　　第二条　货物集中

　　甲方应按乙方指定时间，将货物于_____天内集中于_____港，货物集齐后，乙方应在五天内派船装运。

　　第三条　装船时间

　　甲方联系到达港同意安排卸货后，经乙方落实并准备接收集货（开集日期由乙方指定）。装船作业时间，自船舶抵港已靠好码头时起于_____小时内装完货物。

第四条 运到期限

船舶自装货完毕办好手续时起于_____小时内将货物运到目的港，否则按货规第三条规定承担滞延费用。

第五条 启航联系

乙方在船舶装货完毕启航后，即发报通知甲方做好卸货准备，如需领航时亦通知甲方按时派引航员领航。费用由_____方负担。

第六条 卸船时间

甲方保证乙方船舶抵达_____港锚地，自下锚时起于_____小时内将货卸完。否则甲方按超过时间向乙方交付滞延金每吨 0.075 元 / 时，在装卸货过程中，因天气影响装卸作业时间，经甲方与乙方船舶签证，可按实际影响时间扣除。

第七条 运输质量

乙方装船时，甲方应派人监装，指导工人按章操作，装完船封好舱，甲方可派押运员（免费一人）随船押运。乙方保证原装原运，除因船舶安全条件所发生的损失外，对于运送_____。

第八条 运输费用

按_____水运货物一级运价率以船舶载重吨位计货物运费_____元，空驶费按运费的50%计_____元，全船运费为_____元，一次计收。

港口装船费用，按_____港收费规则有关费率计收。卸船等费用，由甲方直接与到达港办理。

第九条 费用结算

本合同经双方签章后，甲方应先付给乙方预付运输费用_____元。乙方在船舶卸完后，以运输费用凭据与甲方一次结算，多退少补。

第十条 本合同正本一式两份，甲乙双方各执一份，副本一式_____份，交_____等部门各存一份备案。本合同如有未尽事宜，由双方按照_____交通厅海上运输管理的有关规定充分协商，作出补充规定。补充规定与本合同具有同等效力。本合同提交_____公证处公证（或工商行政管理机关鉴证）。

甲　　方：_____（盖章）　　乙　　方：_____（盖章）
代 表 人：_____（签章）　　代 表 人：_____（签章）
开户银行：_____　　　　　　开户银行：_____
账　　号：_____　　　　　　账　　号：_____

_____年_____月_____日订立

学中练 常见的包装运输合同格式内容如下。

包装运输合同范本

托运方：_____以下简称甲方；

承运方：_____船运公司，以下简称乙方。

乙方同意甲方托运_____货物，经双方协商一致，签订本合同，共同遵守执行。

第一条 运输方法

乙方调派_____吨船舶一艘，船名_____，编号_____，船舶有_____吊货设备，应甲方要求由_____港运至_____号码头，按现行包船运输规定办理。

第二条 货物包装要求

乙方将货物用_____材料包装，每包体积_____立方米，重量_____吨。（或_____型号包装集装箱。）

第三条 货物集中与接收时间

甲方应在_____年_____月_____日至_____月_____日内将货物集中于_____港_____号码

头。由乙方联系港口接收集货，货物由甲方看守。

第四条　装船时间

乙方于_____年_____月_____时至_____时将货物装完。

第五条　运到期限

乙方应于_____年_____月_____日_____时前将货物运达目的港码头。

第六条　启航联系

乙方在船舶装货完毕启航后，即发电报通知甲方做好卸货准备，如需领航时亦通知甲方按时派引航员领航，费用_____元由_____负担。

第七条　卸船时间

甲方保证乙方船舶抵达目的港码头，自下锚时起于_____小时内将货物卸完。

第八条　运输质量

乙方装船时，甲方派人监装，指导工人照章操作，保证安全装货，装完船封好舱，甲方派押运员一人押运。乙方保证原装原运。

第九条　运输费用

以船舶载重吨位计货物运费_____元，空驶费按运费的50%计_____元，全船运费为_____元。港口装船费用，由甲方与该港办理；卸船费用，由甲方与到达港办理。

第十条　运费结算办法

本合同签订后，甲方应于_____年_____月_____日前向乙方预付运输费用_____元。乙方在船舶卸完后，甲方应于_____年_____月_____日付清运输费用。

第十一条　甲方违约责任

（1）方按时集中货物，造成乙方船舶不能按时装货、按时起航，每延误一小时应向乙方偿付违约金_____元。

（2）甲方未能按时卸货，每延迟一小时应向乙方偿付违约金_____元。

（3）甲方未按时付清运输费用，每逾期一天，应向乙方偿付未付部分运输费用_____%的违约金。

（4）甲方如不履行合同或擅自变更合同，应偿付乙方_____元违约金。

第十二条　乙方违约责任

（1）乙方未按期将货物运达目的港码头，每逾期一天，应偿付甲方违约金_____元。

（2）乙方船舶起航后未电报通知甲方准备卸船时间，所造成损失由乙方负责。

（3）乙方违章装、卸造成货物损坏，应赔偿实际损失，并向甲方偿付损失部分价款_____%的违约金。

（4）乙不行合同或自变更合同，应偿付甲方_____元违金，并退还甲方的预付款。

第十三条　不可抗力

（1）在装、卸货物过程中，因气候影响装、卸作业时间，经甲乙双方签证，可按实际时间扣除。

（2）因_____级以上风暴影响，不能按时履行合同，双方均不负违约责任。

本合同执行中如发生争议，先由双方协商解决，协商不能解决，双方都可以申请海上（水上）运输管理机关裁决，或向人民法院起诉。

本合同一式二份，甲乙双方各执一份。

甲　　方：_____　　　　乙　　方：_____
代　　表：_____　　　　代　　表：_____
地　　址：_____　　　　地　　址：_____
电　　话：_____　　　　电　　话：_____
开户银行：_____　　　　开户银行：_____
账　　号：_____　　　　账　　号：_____

_____年_____月_____日

活动 2　运输合同签订

一、订立的原则

合法规范：是指运输合同的内容和订立程序必须符合法律的规范和要求。只有合法规范的运输合同才具有法律效力，当事人的权益才能得到保护。

地位平等：不论企业规模大小、所有制性质是否相同，在签订合同时，双方当事人的法律地位一律平等。

协商一致：订立合同是法律行为，由双方当事人协商后达成一致意见。在协商过程中，当事人任何一方不得把自己的意志强加于对方，任何其他单位和个人也不得非法干预。

等价有偿：合同当事人都享有权利、负有义务，并依法承担相应的责任。当事人任何一方从对方得到利益时，都要以履行义务为前提，不能只享受权利而不承担义务。

二、订立的程序

要约：是指希望与他人订立合同的意思表示，即合同当事人一方提出订立合同的提议，提议的内容包括订立合同的愿望、合同的内容等。在物流运输中，要约一般由托运人提出。

承诺：是指受要约人同意要约的意思表示，即承运人接受托运人的提议，对托运人提出的合同内容表示同意。承诺一旦生效，合同即成立。运输合同订立后，即具有法律约束力，合同当事人必须按照合同规定的条款认真履行各自的义务

学中做　请根据任务要求，拟一份要约。

三、货物运输合同当事人的权利和义务

1. 托运人的权利与义务

（1）请求承运人按照合同约定的地点和时间将货物运达目的地。

（2）在承运人交付货物给收货人之前，托运人可以要求承运人中止运输、返还货物、变更到达地或者将货物交给其他收货人。

2. 托运人的主要义务

（1）托运人应按合同的约定提供托运的货物。

（2）托运人应提交相关的文件。

（3）托运人应按照约定的方式包装货物。

（4）托运人应按照合同的约定及时交付运输费和有关费用。

（5）赔偿因变更、中止运输造成的承运人损失的义务。

［案例］合同生效的时间

2022年3月10日，某企业（甲方）与某民航公司（乙方）协商签订了一项航空货物运输合同。合同规定，乙方按期承运甲方的产品彩色电视机100台。3月15日，甲方即填交货物托运单，并把100台彩电送至原发站。乙方机场搬运人员清理货物时，将这些产品暂放在一块空地上，不料被另一托运人的运货车撞坏，造成货损21万元，甲方认为，他们已按国家规定的式样，在货件加贴了包装储运标志，乙方就应负责保证货物安全运输，现在造成了货物损失，应由乙方予

以赔偿。乙方则坚持拒绝，从而酿成纠纷。

案例分析

这起纠纷之所以发生，主要是由于甲方未搞清楚货物运输合同成立生效的时间。《航空货物运输合同实施细则》第三条规定"托运人填交的货物托运单经承运人接受，并由承运人填写发货运单后，航空货物运输合同即告成立。"从航空货物运输合同成立条件的规定中可以明确，托运人（甲方）填写货物托运单的行为只能是要约，而承运人（乙方）接受托运单并填写发货运单的行为是承诺。至于双方法定代表人的口头允诺，应视为最终签订合同所做的前期准备工作而已。因此，货物托运单和货运单都是合同的组成部分，缺一不可，甲方未等乙方填写交货运单即将货物运至机场，由此造成的损失，乙方不负责赔偿，因此，所谓的"安全运输"，只能从承运方填写发货运单之后开始。

学中练 请根据任务要求，讨论该任务合同生效的时间。

_____
_____
_____

3. 收货人的权利和义务

收货人的主要权利就是提取货物。

其主要义务如下：

（1）及时提货的义务。

（2）及时验收的义务。

（3）支付运费和保管费的义务。

（4）承运人的权利与义务。

4. 承运人的权利和义务

（1）承运人的主要权利如下：

①承运人有权收取运输费用及其他有关费用。

②承运人有权要求托运人提供货物运输的必要情况。

③承运人有权留置运到目的地的货物。

④承运人有权处置无人认领的货物。

（2）承运人的主要义务如下：

①按照合同约定的要求配发运输工具，接受托运人依约定托运的货物。

②按照合同约定的时间、地点将运输的货物安全地送达目的地。

③货物运达目的地后，应及时通知收货人。

④承运人对运输过程中货物的毁损、灭失承担损害赔偿责任。如果不是自身原因造成的，还负有举证责任加以证明。

[案例]

2022年12月26日，旅客牛某乘坐某航空公司由成都直飞北京的141次班飞机，原定起飞时间为7时15分，后因机场大雾，航班延误至13时15分起飞。同年12月31日，牛某又乘坐该公司的另一航班由北京飞成都的飞机，原定起飞时间为17时15分，后因机场大雾延至18时02分起飞。而两次航班均由直达改为暂停重庆，再飞目的地，耽误了乘客的时间。因此，牛某以自己的权益受到侵害为由，向法院提起诉讼，要求航空公司书面道歉并赔偿损失1元。

> 运输组织管理

一审法院驳回了牛某的起诉,牛某不服,上诉于二审法院。二审法院审理后认为,这两次航班延误均由于天气原因造成,属于不可抗力因素所致,航空公司不承担责任。同时,法院认为,虽然两次航班经停重庆均由有关部门批准,但并非不可抗力因素所必须采取的措施,所以在未征得始发地乘客同意的情况下,不应损害一部分乘客的利益单方面改变航线。故此行为属于违约,应承担民事责任。因此,判决航空公司赔偿丰某人民币1元的损失。

案例分析

该案被告航空公司延误航班是由于天气原因,但在安排旅客续乘时应当按照原定航线航行。如需改变航线,绕道航行,应征得旅客的同意,否则即是没有履行合理运输的义务。因此,二审法院认定航空公司改道飞行是违约行为是正确的,因此,航空公司应当承担民事责任。

学中练　请根据任务要求,讨论该任务合同中当事人的权利和义务。

_____
_____
_____

项目一　运输商务管理

任务三　运输合同履行

任务布置

按照项目背景要求，2023年6月1日，AAA国际服装品牌公司的服装由程聪物流公司提供运输服务，但是在实际运输过程中，由于某个环节的疏忽，程聪物流公司没有按时将货物送达目的地，造成AAA的客户对AAA公司产生不满，导致AAA公司损失了客户和声誉。在此情况下，AAA提出索赔，要求程聪物流按照合同中规定的赔偿方案赔偿损失。

任务分析

完成本任务，需要解决以下问题：

（1）分析本案原、被告之间的货物运输合同，是否确认有效。
（2）本案中出现了什么纠纷？
（3）本案中的损失是否属于不可抗力？是否对履行合同造成了客观障碍？

任务资讯

合同中的装运条款

任务资讯1　物流运输合同的履行

一、托运人义务

托运人应按约定的时间和要求提供托运货物，按照合同约定的方法包装货物，并做好储运标志；办理货物运输的相关手续，如填写托运单等；将有关审批、检验的文件提交承运人；及时发货、收货，并提供装卸条件。

二、承运人义务

承运人应按照合同约定配备交通运输工具；按合同约定的运输期限将约定数量的货物安全送达目的地，保证运输质量；在货物装卸和运输过程中，承托双方应办理货物交接手续，做到责任明确，并分别在发货单和运费结算凭证上签字；货物运达后，承运人应及时通知收货人，并核查货物，在货物运达后至交付收货人之前的这段时间负有妥善保管货物的义务。

三、收货人义务

收货人收到提货通知后，应及时提货并清点验收。收货人请求交付货物时，应将提单或者其他提货凭证交还承运人，逾期提货应向承运人交付保管费用。收到货物清点验收时，如果发现货物有毁损、灭失、变质的，收货人应当在接受货物之日起15日内通知承运人，以便明晰事故责任。

运输素质塑造

运输合同履行的重要性

运输合同是一种法律文书，它明确规定了运输服务的提供者和接受者的权利、责任和义务。它是运输过程中各方行为的法律依据，对保障货物运输的顺利进行具有重要作用。

27

在运输合同履行的过程中，托运人、运输人和收货人需要严格按照合同条款履行各自的责任和义务，比如托运人需要准时交付货物，提供准确的货物信息；运输人需要按时、按质完成货物的运输，保证货物的安全；收货人需要在货物到达后及时验收和付款。如果任何一方违反了合同条款，可能会造成货物的延误、丢失或损坏，严重影响运输效率和效果，也可能引发经济纠纷。

运输合同的履行不仅要求各方具有良好的诚信和责任感，也需要有严谨的法律意识和专业知识。这对于提升个人素养，特别是法律素养和专业素养，具有积极的推动作用。同时，它也有助于提高我们处理问题、解决冲突的能力，培养我们的逻辑思维和决策制定技巧。

在我们日常生活和工作中，也可能会遇到各种各样的合同。了解运输合同的履行过程，理解合同中的各项条款，能够帮助我们更好地理解和执行各种合同，保护自己的权益，避免经济纠纷。

学中练 分析货损的赔偿问题。

某货轮起航后，船员在检查船舶和货物时，发现货舱 A 内有水声，担心海水渗入浸泡货物，速打开舱门，发现是货舱内水管中水流动的声音，后关上舱门离开，船到目的港卸货时发现货舱内的货物全部被渗入的海水浸泡，全部损失，调查原因得知是船员没有将舱门关严，船舶航行中颠簸，打在甲板上的海水渗入所致，货主提出货物损失赔偿。本案中船方是否合理地履行了合同，货损如何赔偿？

请根据要求讨论。

任务资讯 2　运输责任的划分

一、承运人责任

承运人责任是指承运人未按约定的期限将货物运达，应负违约责任，若因承运人责任将货物错送或错交，则应将货物无偿运到指定的地点，交给指定的收货人。

1. 责任类别

（1）逾期送达责任，即不按合同规定时间和要求配车发运，造成货物逾期送达，按合同规定付给对方违约金。

（2）货损货差责任。

（3）错运错交责任。货物错运到达地点或错交收货人，由此造成延误时间，按货物逾期送达处理。

（4）故意行为责任。经核实确属故意行为造成的事故，除按合同规定赔偿直接损失外，交通主管部门或合同管理机关对承运人处以罚款，并追究肇事者个人责任。

学中练 为了避免逾期送达责任，运输公司需要仔细规划运输路线，确保运输的效率，并尽可能减少可能导致延迟的因素。你知道运输公司还有哪些常见做法吗？

为了避免货损货差责任，运输公司需要采取适当的包装和运输方式，确保货物的安全。你知道运输公司还有哪些常见做法吗？

为了避免错运错交责任，运输公司需要有有效的货物追踪和管理系统，以确保货物正确送达。你知道运输公司还有哪些常见做法吗？

请根据要求讨论。

_____

_____

2. 责任免除条件

货物在承运责任期间及站、场存放期间内，发生毁损或灭失，承运人、站场经营人应负赔偿责任。但有下列情况之一者，承运人及站、场经营人举证后可不负赔偿责任。

（1）不可抗力；
（2）货物本身的自然性质变化或者合理损耗；
（3）包装内在缺陷，造成货物受损；
（4）包装体外表面完好而内装货物毁损或灭失；
（5）托运人违反国家有关法令，致使货物被有关部门查扣、弃置或做其他处理；
（6）押运人员责任造成的货物毁损或灭失。

学中练　**案例名称**：ABC Toys 公司的圣诞玩具运输问题

案例背景

ABC Toys 是一家知名的玩具生产公司，位于美国洛杉矶。公司计划在 11 月中旬将一批圣诞玩具运往纽约的零售店，以备圣诞销售季。然而，玩具在运输过程中部分损坏，导致不能在规定的销售时间内上架销售。

案例细节

产品特性：玩具较轻，易损，需要适当的包装保护。

时间要求：玩具需要在 12 月初前送达纽约的零售店。

运输公司：ABC Toys 公司选择了 XYZ 运输公司，此公司声称能在规定的时间内安全运送货物。

在玩具送达纽约的零售店时，ABC Toys 发现约 10% 的玩具因为运输过程中的颠簸和挤压而损坏。然而，XYZ 运输公司提出了责任免除的声明，他们称：

（1）玩具的包装是由 ABC Toys 公司负责的，虽然包装看似完好，但内部的保护措施可能存在缺陷，无法抵抗在运输过程中的正常颠簸和挤压。

（2）在签订合同时，他们已经告知了 ABC Toys，由于圣诞节期间运输需求量大，货物在运输过程中可能会遇到一定的挤压，ABC Toys 在签订合同时已经明白了这个情况。

案例任务

分析 XYZ 运输公司的责任免除声明是否成立，是否存在责任免除的条件。

如果你是 ABC Toys 公司的物流经理，你应该如何处理这个问题？如何防止类似问题在未来再次发生？

如果你是 XYZ 运输公司的人员，你将如何应对这种情况，以维护公司的声誉并确保客户满意？

请根据要求讨论。

二、托运人责任

托运人责任是指，托运人未按合同规定的时间与要求备好货物和提供装卸条件，以及货物运达后无人收货或拒绝收货，而造成承运人车辆放空、延滞及其他损失，托运人应负赔偿责任。

因托运人下列过错，造成承运人、站场经营人、搬运装卸经营人的车辆、机具、设备等损坏、污染或人身伤亡以及因此而引起的第三方的损失，由托运人负责赔偿：

（1）在托运的货物中有故意夹带危险货物和其他易腐蚀、易污染货物以及禁、限运货物等行为；

（2）错报、匿报货物的重量、规格、性质；

（3）货物包装不符合标准，包装、容器不良，而从外部无法发现；

（4）错用包装、储运图示标志；

（5）托运人不如实填写运单，错报、误填货物名称或装卸地点，造成承运人错送、装货落空以及由此引起的其他损失，托运人应负赔偿责任。

其他相关责任：

（1）货运代办人以承运人身份签署运单时，应承担承运人的责任；以托运人身份托运货物时，应承担托运人的责任。

（2）搬运装卸作业中，因搬运装卸人员过错造成货物毁损或灭失，站场经营人员或搬运装卸经营者应负赔偿责任。

学中练　案例一

2022年1月25日，北京恒信公司委托华峰储运部代办托运仪器2件，运往呼和浩特车站。华峰储运部在康庄车站办理托运，其在包裹托运单上填写品名为仪器，声明价格1 000元，收货人为内蒙古方正公司，托运人为华峰储运部。康庄车站依此制发包裹票。华峰储运部办理了保价运输，交纳保价费10元，铁路运杂费55元。1月28日，康庄车站将该批货物正确装上77次列车，次日该货到达呼和浩特车站。一名自称呼和浩特车站装卸工李二娃的人前来接站，列车行李员让该人在行包装卸交接证上签名，该人签上李二娃、杜建平后将包裹提走。

后由于收货人提不到货，到站呼和浩特车站遂向发站康庄车站查询，得知该货交予李二娃，但呼和浩特车站行李员、装卸工中没有叫李二娃、杜建平的。随后北京恒信公司向承运人提出其托运的仪器价值不是声明的1 000元，而是100 500元，要求按原价赔偿，承运人不同意。恒信公司提出赔偿100 500元的要求未能实现，于是由华峰储运部出具证明，由货主恒信公司直接提起诉讼，恒信公司认为本案货物被冒领是呼和浩特车站重大过失造成的，请求法院判决被告赔偿货物实际损失100 500元，并承担案件诉讼费。

问题：

（1）本案的责任方为哪一方？

（2）法院应如何判决？

请根据要求讨论。

学中练　案例二

案例名称：DEF Chemicals 的危险化学品运输问题

案例背景：

DEF Chemicals 是一家化学品生产公司，位于韩国釜山，主要生产化肥和农用农药。公司计划将一批农药运往在首尔的一个销售点。然而，在货物运输过程中发生了泄漏，导致运输车辆和运输路线受到污染，且运输员工出现身体不适的情况。

案例细节：

产品特性：农药属于危险化学品，易腐蚀，易污染，对人体有害。

运输公司：DEF Chemicals 公司选择了 GHI 运输公司，此公司有专门运输危险化学品的经验和资质。

事故情况：在运输过程中，部分农药从包装中泄漏，导致运输车辆和运输路线受到污染，运输员工出现身体不适。

DEF Chemicals 在托运时，并没有明确告诉 GHI 运输公司托运的农药具有腐蚀性和毒性。在签订合同时，DEF Chemicals 错报了货物的性质，称其为普通化肥。

案例任务：

分析这个情况，DEF Chemicals 是否需要对运输过程中发生的问题承担责任？他们的责任具体包括哪些？

如果你是 DEF Chemicals 公司的物流经理，你应该如何处理这个问题？如何防止类似问题在未来再次发生？

如果你是 GHI 运输公司人员，你将如何应对这种情况，以维护公司的声誉并确保员工的安全？请根据要求讨论。

任务资讯 3　物流运输合同的变更与解除

运输合同变更和解除是指在合同尚未履行或没有完全履行时，遇到了特定情况致使合同不能正常履行，或者需要变更时，经双方协商同意，并在合同规定的变更、解除期限内办理变更或解除。任何一方无权擅自变更、解除双方签订的运输合同。变更合同是指合同部分内容和条款的修改补充。解除合同是指解除由合同规定双方的法律关系，提前终止合同的履行。

任务资讯 4　运输事故和运输纠纷的解决

货运事故是指货物运输过程中发生货物毁损或灭失。货运事故和违约行为发生后，承托双方及有关方应编制货运事故记录。

一、货运事故产生的原因

（1）海运中产生的货运事故的原因主要是货物标志不清，导致误装、误卸、理货差错、中转处理错误;由于载货船舶的沉没、触礁、火灾、抛货,政府法令禁运和没收、盗窃、海盗行为、船舶被扣押、货物被扣留、战争行为等原因可能造成货物的全部灭失。

(2)空运中产生货运事故,主要是由于交接、机场堆存、装机和卸机过程中,存在工作差错而造成的事故。

(3)陆路运输中产生货运事故的主要原因是由承运人的原因造成货物发生灭失、混票、溢短、包装破损和货物损坏。

(4)其他情况造成的货物损失:在国际货运中由于不可抗力原因造成的货物数量、质量上的损失,承运人可以免于承担赔偿损失的责任;由于货物自身的包装不良,不适合长途海运而造成的损坏,该承运人免于承担损失赔偿责任。

二、货运事故赔偿

(1)货运事故赔偿分限额赔偿和实际损失赔偿两种。法律、行政法规对赔偿责任限额有规定的,依照其规定;尚未规定赔偿责任限额的,按货物的实际损失赔偿。

(2)在保价运输中,货物全部灭失,按货物保价声明价格赔偿;货物部分毁损或灭失,按实际损失赔偿;货物实际损失高于声明价格的,按声明价格赔偿;货物能修复的,按修理费加维修取送费赔偿。

(3)未办理保价或保险运输,且在货物运输合同中未约定赔偿责任的,按本条第一项的规定赔偿。

(4)货物损失赔偿费包括货物价格、运费和其他杂费。当货物价格中未包括运杂费、包装费以及已付的税费时,应按承运货物的全部或短少部分的比例加算各项费用。

(5)货物毁损或灭失的赔偿额,当事人有约定的,按照其约定;没有约定或约定不明确的,可以补充协议;不能达成补充协议的,按照交付或应当交付时货物到达地的市场价格计算。

(6)由于承运人责任造成货物灭失或损失,以实物赔偿的,运费和杂费照收;按价赔偿的,退还已收的运费和杂费;被损货物尚能使用的,运费照收。

(7)丢失货物赔偿后,又被查回,应送还原主,收回赔偿金或实物;原主不愿接受失物或无法找到原主的,由承运人自行处理。

(8)承托双方对货物逾期到达、车辆延滞、装货落空都负有责任时,按各自责任所造成的损失相互赔偿。

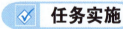

活动1 运输合同变更

运输合同变更和解除须具备的条件:

(1)由于不可抗力致使合同无法正常履行。

(2)由于合同当事人一方的原因,致使合同无法在约定的期限内履行。

(3)合同当事人违约,致使合同的履行成为不可能或不必要。

(4)经合同当事人双方协商同意解除或变更,但承运人提出解除合同的,应退还已收的运费。

在运输过程中,由于不可抗力造成道路阻塞导致运输受到阻碍,承运人应及时与托运人联系并协商处理,其中发生的货物装卸、接运和保管费用应按以下规定进行处理:

（1）托运人要求绕道行驶或改变到达地点时，承运人按变更后实际运输路程收取运费；

（2）货物在受阻处存放保管期间，保管费由托运人负责；

（3）接运时，货物装卸、接运费用由托运人负责，承运人应收取已完成运输里程的运费，退回未完成运输里程的运费；

（4）回运时，承运人收取已完成运输里程的运费，回程运费免收。

学中做　如果本任务涉及合同变更，应符合什么条件？

_____

_____

案例背景

JKL Electronics 是一家位于日本东京的电子产品制造商，计划在春节期间向德国市场销售一批最新型号的智能手机。然而，由于疫情的原因，公司需要重新评估其运输安排。

案例细节：

产品特性：电子产品，高价值，易损，需要专门的运输和保护。

时间要求：智能手机需要在春节前送达德国各大城市的零售商。

运输公司：JKL Electronics 公司选择了 MNO 运输公司，这家公司有全球运输的经验和网络。

由于疫情的影响，德国政府对入境的货物实行了严格的检查和隔离政策，这使 JKL Electronics 公司的原计划无法按时完成。同时，MNO 运输公司也表示，由于疫情的影响，他们无法按原计划完成货物的运输。

案例任务

分析这个情况，JKL Electronics 公司和 MNO 运输公司应该如何协商变更或解除运输合同？

如果你是 JKL Electronics 公司的物流经理，你应该如何处理这个问题？你将如何与 MNO 运输公司协商，以尽可能减少损失？

学中练　如果你是 MNO 运输公司的人员，你将如何应对这种情况，以维护公司的声誉并确保与客户的良好关系？

_____

_____

活动 2　运输合同解除

运输合同解除的条件和处理方式：

（1）不可抗力因素导致合同无法继续履行；

（2）托运人在合同履行期间，未按合同约定付运费，经承运人催促后仍未支付；

（3）货物因自身性质的隐藏瑕疵或托运人的过错，造成承运人或其他货物损失，经承运人催促后，托运人未在约定时间内处理或赔偿损失；

（4）经双方协商一致，认为解除合同是最佳解决方式。

学中做　如果本任务涉及合同解除，应符合什么条件？

根据以上活动提示进行案例分析。

案例背景

ABC Foods 是一家大型农产品生产和供应商，计划在圣诞节期间向欧洲市场运送大量新鲜果蔬。然而，由于运输公司 XYZ Logistics 的船只在海上遭遇严重损伤，公司需要重新考虑其运输安排。

案例细节：

产品特性：农产品，易腐烂，需要冷藏运输和特殊保护。

时间要求：新鲜果蔬需要在圣诞节前送达欧洲各大城市的超市。

运输公司：ABC Foods 公司选择了 XYZ Logistics，这家公司有全球运输的经验和网络。

XYZ Logistics 通知 ABC Foods，由于他们的船只遭受严重损伤，故无法按照原计划完成货物的运输。

案例任务

分析这个情况，ABC Foods 公司和 XYZ Logistics 应该如何协商解除运输合同？

如果你是 ABC Foods 公司的物流经理，你应该如何处理这个问题？你将如何与 XYZ Logistics 协商，以尽可能减少损失？

学中练 如果你是 XYZ Logistics，你将如何应对这种情况，以维护公司的声誉并确保与客户的良好关系？

活动3　运输合同纠纷处理

运输合同纠纷可能来自多种因素，包括但不限于货物损失、延误、合同履行难度的增加等。处理此类纠纷的策略包括：

（1）协商解决：这是处理合同纠纷的首选方式，通过双方协商，互相让步，达成满意的解决方案；

（2）调解：如果双方不能达成一致，可以请第三方介入，进行公正的调解；

（3）仲裁和法律诉讼：如果前两种方法都无法解决问题，可以将问题提交给仲裁机构或法院。

学中练 如果本任务涉及合同纠纷，谈谈一般可能出现的纠纷情况及处理措施。

案例背景

ABC 制药公司是一家国际制药公司，计划向其在德国的子公司运送一批高价值的药品。然而，由于承运公司 XYZ 速递在运输过程中的一次严重失误，这批药品在运输过程中遭受严重损失。

案例细节：

产品特性：药品，高价值，易损，需要专门的运输和保护。

时间要求：药品需要尽快送达，以满足市场需求。

运输公司：ABC 制药公司选择了邦联速递，因为这家公司有全球运输的经验和网络。

由于 XYZ 速递的失误，导致一批价值高达千万美元的药品在运输过程中遭受了损失。

案例任务

分析这个情况，ABC 制药公司和 XYZ 速递应该如何协商处理这个纠纷？

学中练 如果你是 ABC 制药公司的物流经理，你应该如何处理这个问题？你将如何与 XYZ 速递协商，以尽可能减少损失？如果你是 XYZ 速递，你将如何应对这种情况，以维护公司的声誉并确保与客户的良好关系？

_____
_____
_____

项目综合测试

一、单选题

1. 运输方式选择的主要因素包括以下哪一项？（　　）
   A. 货物重量　　　　B. 货物体积　　　　　C. 运输成本　　　　　D. 所有以上选项
2. 货物运输合同通常包括以下哪一项内容？（　　）
   A. 货物描述　　　　B. 运费支付方式　　　C. 运输时间　　　　　D. 所有以上选项
3. 运输合同签订时，以下哪一项不必要？（　　）
   A. 双方同意运费　　B. 货物的详细清单　　C. 货物的颜色　　　　D. 货物的交付日期
4. 在运输过程中，以下哪种情况属于不可抗力因素？（　　）
   A. 货物自身的瑕疵　　　　　　　　　　　B. 自然灾害
   C. 运输途中的交通事故　　　　　　　　　D. 货物包装的破损
5. 运输合同解除通常在以下哪种情况发生？（　　）
   A. 运输延误　　　　B. 货物破损　　　　　C. 双方达成一致　　　D. 承运人单方面决定
6. 货物在运输过程中发生损失，承运人可以依据以下哪种情况免责？（　　）
   A. 货物包装的瑕疵　　　　　　　　　　　B. 托运人的过失
   C. 自然灾害　　　　　　　　　　　　　　D. 所有以上选项
7. 运输合同纠纷的处理方式通常包括哪一项？（　　）
   A. 协商解决　　　　　　　　　　　　　　B. 通过法院诉讼解决
   C. 通过第三方调解解决　　　　　　　　　D. 所有以上选项
8. 运输方式选择时，以下哪项因素最重要？（　　）
   A. 货物的特性　　　B. 运输的成本　　　　C. 货物的目的地　　　D. 所有以上选项
9. 运输合同签订时，以下哪项是必须的？（　　）
   A. 双方的签名　　　B. 运费的明确　　　　C. 货物的描述　　　　D. 所有以上选项
10. 运输合同履行的过程中，以下哪项是承运人的责任？（　　）
    A. 确保货物的安全　　　　　　　　　　　B. 按时交货
    C. 妥善保管货物　　　　　　　　　　　　D. 所有以上选项

二、多选题

1. 运输方式选择时需要考虑的因素有哪些？（　　）
   A. 货物的体积　　　B. 运输的成本　　　　C. 货物的目的地　　　D. 运输时间的需求
2. 运输合同签订时，需要包含的信息有哪些？（　　）
   A. 货物的描述　　　B. 双方的签名　　　　C. 运费的明确　　　　D. 货物的颜色
3. 运输合同履行的过程中，以下哪些是承运人的责任？（　　）
   A. 确保货物的安全　　　　　　　　　　　B. 按时交货
   C. 货物的包装　　　　　　　　　　　　　D. 妥善保管货物
4. 运输合同变更通常在以下哪些情况发生？（　　）
   A. 承运人延误　　　B. 货物破损　　　　　C. 双方达成一致　　　D. 不可抗力事件
5. 在运输过程中发生损失，以下哪些情况承运人可以免责？（　　）
   A. 货物自身的瑕疵　　　　　　　　　　　B. 自然灾害
   C. 运输途中的交通事故　　　　　　　　　D. 货物包装的瑕疵

6. 运输合同纠纷的处理方式包括哪些？（　　）
A. 协商解决　　　　B. 通过法院诉讼解决　　C. 通过第三方调解解决　　D. 直接解除合同
7. 运输合同解除通常需要满足以下哪些条件？（　　）
A. 双方达成一致　　B. 承运人单方面决定　　C. 发生不可抗力事件　　D. 运输延误
8. 以下哪些是运输方式选择的主要考虑因素？（　　）
A. 货物的体积　　　B. 运输的距离　　　　　C. 货物的特性　　　　　D. 运输时间的需求
9. 运输合同签订时，应当包括以下哪些信息？（　　）
A. 双方的签名　　　B. 运费的明确　　　　　C. 货物的描述　　　　　D. 承运人的车牌号码
10. 在运输合同履行的过程中，以下哪些是承运人的责任？（　　）
A. 确保货物的安全　　　　　　　　　　　　B. 按时交货
C. 维修运输工具　　　　　　　　　　　　　D. 妥善保管货物

三、判断题

1. 运输方式选择应考虑成本、时间、运输量和安全性。（　　）
2. 运输合同签订后，可以随时更改合同条款，不需要对方同意。（　　）
3. 运输合同撰写时，不需要明确双方的权利和义务。（　　）
4. 运输合同履行中，如果因不可抗力造成延误，运输方不需要承担责任。（　　）
5. 运输方式选择时，应尽量选择最便宜的方式，而不考虑其他因素。（　　）
6. 运输合同撰写时，可以忽略保险事项。（　　）
7. 运输合同履行过程中，双方都应遵守合同约定的条件。（　　）
8. 运输合同签订后，双方都可以单方面取消合同。（　　）
9. 运输合同撰写时，应明确双方的违约责任。（　　）
10. 运输合同履行中，如果货物受损，则责任方应赔偿损失。（　　）

运输商务管理项目综合测试答案

项目综合技能实训

一、接受任务

南京智汇科技有限公司（简称"智汇科技"）计划将一批高科技产品从南京运送到北京，货物包含敏感电子元件，需在特定条件下妥善运输。托运人要求在 2023 年 9 月 1 日之前完成送货，货物的详细信息如下：

货物名称：电子产品；规格：300 mm×200 mm×150 mm；价格：5 000 元/箱；毛重：20 kg/箱；数量：100 箱。

项目任务：

（1）选择合适的运输方式，以满足货物的运输需求和时间要求。

（2）制定运输合同，包括对运输费用、运输方式、货物装卸、货物保管和货物损失赔偿等方面的约定。

（3）履行运输合同，完成货物的提取、运输和送达工作，确保货物安全、准时送达。

二、制订计划

本任务由小组协作完成，小组成员由 5 人组成，组长负责管理小组工作。下面请组长根据任务需求及成员特点进行成员分工，制订工作计划表，并将工作计划填写于表 1-4。

表 1-4　工作计划表

分工	姓名	工作内容	成果
组长			
成员 1			
成员 2			
成员 3			
成员 4			

三、实施任务

任务实施步骤见表 1-5。

表 1-5　任务实施步骤

实施步骤	任务名称：运输商务管理
第一步	判断、选择运输方式：考虑到货物的特性和时间要求，选择最合适的运输方式。
第二步	制定运输合同、明确双方的权利和义务，确保合同的公平和合理。
第三步	货物的提取：检查货物的数量和质量，确认货物的安全装箱。
第四步	货物的运输和送达：严格按照运输计划执行，确保货物安全、准时送达。

四、评价任务

小组提交 Word 文档的任务单，以 PPT 形式进行汇报。任务评价由小组评价、组间评价、教师评价三部分构成，各评价方权重如表 1-6 所示。

表 1-6　运输商务管理任务评价表

被考评小组					
考评地点			考评时间		
考评标准	考评内容	评分	小组自评 20%	小组互评 20%	教师评价 60%
	1. 小组工作计划合理，分工明确	10			
	2. 材料准备齐全	5			
	3. 合同填写规范完整	30			
	4. 运输方式选择准确	20			
	5. 货物提取流程合适	20			
	6. 团队协作密切	10			
	7. 语言表达贴切	5			
合计		100			

✓ 项目总结

通过这个项目的学习和技能实训演练，你学会了哪些知识？你学会了哪些技能？还有哪些困惑？还有哪些需要提高？用规范的文字填写到表 1-7 中。

表 1-7　项目总结表

自我分析 学习中的难点和困惑点	总结提高 完成项目任务需要掌握的核心知识点和技能点

继续深入学习提高 需要继续深入学习的知识和技能内容清单

项目二
公路货物运输

学习目标

一、知识目标

（1）熟悉公路零担和整车货物运输概念；
（2）熟悉公路零担和整车货物运输流程；
（3）掌握公路货物运输托运受理作业内容；
（4）掌握公路货物运费结构及计算方法；
（5）掌握公路货物运输单证格式及填写规范；
（6）掌握公路货物运输车辆调度及配装配载原则。

二、技能目标

（1）能够正确选择零担和整车运输方式；
（2）能够规范填写货物托运单；
（3）能够正确计算公路货物运费；
（4）能够完成车辆调度并合理配装配载；
（5）能够完成公路零担货物运输作业操作；
（6）能够完成公路整车货物运输作业操作。

三、素养目标

（1）培养学生敬业、诚信的社会主义核心价值观；
（2）培养坚持严谨的工作态度；
（3）培养良好的职业素养；
（4）培养良好的团队合作能力；
（5）培养学生绿色运输的环保理念。

项目背景

天津市德通货物运输有限公司，创建于2005年，位于天津东丽区。公司是以货运信息服务和物流运输为主业的物流企业。公司在全国各地设有物流网点，建立了基于Internet的物流信息管理系统，为客户提供经济、方便、快捷的在线物流动态与管理信息；在依托公司自身运输网络的基础上，整合社会资源，精益求精，努力打造物流精品运输线路。

公司承揽全国各地公路运输业务，整车、零担。公司拥有大型停车场及仓库，备有厢式货车、敞车、高护栏车、封闭和半封闭车、集装箱车、大吨位载重车以供调拨，车源丰富，运力雄厚，可直达全国各省省会城市及中转至周边地区县级以上城市，安全可靠。公司与全国各大城市的中转站点建立良好的合作关系，形成一个全国性的运输网络，可为客户提供安全、准时、可靠的运输服务。

公司以"准时，安全，服务，经济、绿色"的理念，以创建的"德通物流"品牌，专注为客户提供性价比高、体验更好的物流服务，提供货运网络信息服务，每日为广大客户和驾驶员提供大量翔实的车源、货源信息，贡献天津经济发展。公司主要运输线路信息如表2-1所示。

表2-1 公司主要运输线路信息（部分）

序号	班线	起运时间（天津）	运输实效/天	备注
1	天津—成都	17：00	5	
2	天津—东莞	10：00	5	
3	天津—武汉	12：00	5	
4	天津—秦皇岛	8：00	2	
5	天津—张家口	14：00	1	
6	天津—苏州	10：00	4	

公司目前主要的运力资源包括自营车队、汽运承运商两种类型。公司运输车辆信息如表2-2所示。

表2-2 公司运输车辆信息（部分）

司机	手机	车牌号	车厢尺寸/m	厢型	载重/t	容积/m^3	用途	所属
张洪军	1325598×××	津A10××	4.2	厢车	4	12	配送	自有
李朝辉	1569356×××	津A10××	4.2	厢车	4	12	配送	自有
李惠利	1589325×××	津A10××	6.8	厢车	8	43	运输	承运商
王忠祥	1893257×××	津A10××	6.8	厢车	8	43	运输	承运商
李保国	1375986×××	津AB××	7.6	厢车	10	45	运输	自有
王中	1375629×××	津AB××	7.6	高栏	10	45	运输	自有
张华	1568922×××	津AB××	9.6	厢车	25	60	运输	自有
马博发	1375648×××	津AB××	13.5	厢车	30	90	运输	自有
赵科	1803166×××	津A1F××	17.5	敞车	35	120	运输	承运商
周李冰	1385247×××	津A1E××	17.5	厢车	35	110	运输	承运商

公司整车货物运输报价如表2-3所示。

表2-3 公司整车货物运输报价（部分）

始发地	目的地	时效/天	整车/厢车/高栏（常年）					
			4.2 m	6.8 m	7.6 m	9.6 m	13.5 m	17.5 m
天津东丽区金钟街	成都双流物流园区	5	6 300	8 400	10 500	12 600	16 800	21 000
天津东丽区金钟街	东莞石排镇物流园区	5	6 900	9 200	11 500	13 800	18 400	23 000

续表

始发地	目的地	时效/天	整车/厢车/高栏（常年）					
			4.2 m	6.8 m	7.6 m	9.6 m	13.5 m	17.5 m
天津东丽区金钟街	嘉兴市南湖区物流园	5	3 900	5 200	6 500	7 800	10 400	13 000
天津东丽区金钟街	武汉市江夏区金口街物流园	5	3 600	4 800	6 000	7 200	9 600	12 000
天津东丽区金钟街	天津市武清区京滨工业园	2	300	400	500	600	800	1 000
天津东丽区金钟街	北京市顺义区	2	500	800	900	1 200	1 500	2 000
天津东丽区金钟街	秦皇岛市物流园区	2	600	1 000	1 200	1 400	1 700	2 400
天津东丽区金钟街	德阳市广汉市物流园	6	6 000	8 000	10 000	12 000	16 000	20 000
天津东丽区金钟街	德州市齐河县开发区	3	1 050	1 400	1 750	2 100	2 800	3 500
天津东丽区金钟街	广州……	5	7 200	9 600	12 000	14 400	19 200	24 000
天津东丽区金钟街	东莞市……	5	7 200	9 600	12 000	14 400	19 200	24 000
天津东丽区金钟街	苏州太仓市物流园区	4	3 630	4 840	6 050	7 260	9 680	12 100
天津东丽区金钟街	沈阳市沈北新区平安物流园	4	2 400	3 200	4 000	4 800	6 400	8 000
……	……	5	3 600	4 800	6 000	7 200	9 600	12 000
……	……	4	3 600	4 800	6 000	7 200	9 600	12 000

公司固定零担班车的运价如表2-4所示。

表2-4 公司固定零担班车的运价（部分）

线路	时效/天	重货/(元·kg^{-1})	轻货/(元·m^{-3})
天津—成都	5	1.4	130
天津—东莞	5	2.0	150
天津—武汉	5	1.0	100
天津—秦皇岛	2	0.5	85
天津—武清	2	0.2	60
天津—苏州	4	1.0	110

任务一　公路整车货物运输

✓ 任务布置

2022 年 10 月 27 日，秦皇岛星越广发商贸集团有限责任公司向天津瑞达五金制造有限责任公司订购五金工具和封箱胶带，采购订单如表 2-5 所示。

表 2-5　采购订单

采购单编号：HQC202210001　　　　　　　　　　　　计划到货时间：2022 年 10 月 30 日

序号	商品名称	包装规格/（mm×mm×mm）	单价/（元·箱$^{-1}$）	毛重/（kg·箱$^{-1}$）	订购数量/箱
1	五金工具	600×400×200	300	15	200
2	封箱胶带	600×400×200	200	5	500

天津瑞达五金制造有限责任公司委托天津德通货物运输有限公司（简称 DT）上门提货并进行运输。DT 公司客服王莉收到带有客户签章的发运计划，具体内容见表 2-6。

表 2-6　托运通知单

托运通知单号	RDY202210001	客户编号	DTKH000001
托运人	天津瑞达五金制造有限责任公司 联系人：张景发 联系电话：1376254×××× 地址：天津市东丽区金钟河大街×××号 邮编：300450		
货物详情	货物名称：五金工具、封箱胶带		
包装方式	纸箱		
收货人	秦皇岛星越广发商贸集团有限责任公司 联系人：李宏 联系电话：1893257×××× 地址：秦皇岛市海港区河北大街×××号 邮编：066100		
托运要求	运输公司上门提货和送货，取货地信息和托运人联系信息相同，送货地点和收货联系人信息相同 要求 2022 年 10 月 30 日 18：00 前送达 凭客户签字的运单作为回执		
结算方式	结算方式：现结 不收取取货和送货费用，无其他杂费		
其他	货物需要投保，投保金额为货物价值，保险费费率为 2‰。投保公司为太平洋保险公司		

DT 公司应在客户要求时间内将货物送至收货人。

✓ 任务分析

完成本任务，需要解决以下问题：

（1）分析什么是整车货物运输，什么是零担货物运输。

（2）什么情况下的运输任务适合选择整车运输？
（3）如何完成整车货物运输？

任务资讯

任务资讯 1　整车货物运输判定

整车货物是指一次托运货物装满整车或者其性质、体积、形状需要一辆汽车运输的业务。通常大宗货物采用整车运输方式，如粮食、煤炭、钢铁及建筑材料等。以下几种货物必须按照整车运输办理，具体见表 2-7。

表 2-7　必须按照整车运输办理货物

序号	货物描述	举例
1	需要冷藏、保温运输的鲜活易腐货物和活动物	冻肉、冻鱼、蔬菜等；牛、羊等活动物
2	需要专用车运输的货物	粮食、粉剂等散货
3	不能与其他货物拼装运输的危险品货物	炸药、雷管、石油等
4	易于污染其他货物的不洁货物	炭黑、皮毛、垃圾等
5	不计件数的散装货物	煤、焦炭、矿石、矿砂等

学中练　分析下列哪些货物必须按照整车办理（完成表 2-8 的填写）。

表 2-8　整车运输办理货物

货物名称	是否必须按整车运输办理（描述理由）
活牛（1 头，重 50 kg/ 头）	
冻肉（2 箱，25 kg/ 件）	
硝化甘油炸药（1 箱，50 kg/ 件）	
炭黑（5 麻袋，50 kg/ 件）	
水泵（1 箱，11 kg/ 件）	
服装（265 箱，35 kg/ 件，0.85 m × 0.65 m × 0.4 m）	
蜜蜂（70 箱，30 kg/ 件）	
门吊桁架（1 件，500 kg/ 件，长 32 m）	
蜂蜜（30 箱，20 kg/ 件）	
机床（1 件，4 000 kg/ 件）	
10 000 cm^3 的普通货物（1 箱）	
机床 1 台（木箱包装，1.50 m × 1.2 m × 2 m）	

任务资讯 2　整车货物运输流程

公路整车货物运输作业包括三个部分：发送作业、在途作业和送达作业，具体业务流程如图 2-1 所示。

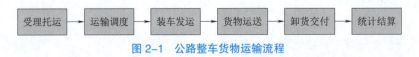

图 2-1　公路整车货物运输流程

任务实施

活动 1　托运受理

托运是托运人委托承运人将货物运输到指定地点，交给指定收货人的服务。受理是指货物承运人根据营运范围内的线路、站点、运距、中转范围、各车站的装卸能力、货物的性质及收运限制等业务规则和有关规定接受货物，办理托运手续，承接运输服务行为。托运受理中心的工作是填写托运单和提交货物。托运受理的流程如图 2-2 所示。

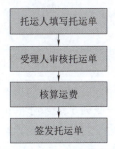

图 2-2　托运受理的流程

整车托运受理方法有以下几种，见表 2-9。

表 2-9　整车托运受理方法

分类	受理方法	内涵解释
站内受理	站台受理	货物托运单位派人直接到运输部门办理托运
	电话、传真、信函、网上托运受理	经运输部门认可，本地或外地的货主单位可通过电话、传真、信函、互联网办理托运，由运输部门的业务人员受理登记，代填托运单
	合同受理	根据承托双方签订的运输合同或协议办理货物运输。对于长期运输合同，每一次提货同样要办理提货手续
站外受理	登门受理	登门受理是指有运输部门派人员去客户单位办理承托手续
	驻点受理	对生产量较大、调拨集中、对口供应的单位，以及货物集散的车站、码头、港口、矿山、油田、基建工地等，运输部门可设点或巡回办理托运
	产地受理	在农产品上市时节，运输部门下产地联系运输事宜
	现场受理	在省、市、地区等召开物资分配、订货、展销、交流会议期间，运输部门在会议现场设立临时托运服务点，现场办理托运
	异地受理	企业单位在外地的整车货物，运输部门根据具体情况，可向当地运输部门办理托运、要车等手续

　分析本任务是否能够受理及其选择何种受理方式。

是否受理分析：

受理方式分析：

一、托运人填写托运单

1. 托运单作用

托运单是指托运人应承运人要求填写的表明有关货物运输情况的单据，是公路货物运输及运输代理的合同凭证。经双方审核并签章认可的运单，具有法律效力。托运单确定了承运方与托运方在货物运输过程中的责任、权利和义务。通常做法是承运人提供格式化运单。

托运单在货物运输中发挥什么作用？（完成表 2-10 的填写。）

表 2-10　托运单作用

分析：

2. 托运单形式

整车货物的托运单一般由托运人填写，也可委托他人填写，并应在托运单上加盖与托运人名称相符的印章。通常一式四联，第一联为承运人存根；第二联为托运人联；第三联为运费结算联，随货同行，经收货人签字后作为交付货物和核算运费依据；第四联为收货人联。各承运企业根据企业需要制作一式多联托运单。常见的公路整车货物托运单如表 2-11 所示。

表 2-11　货物托运单

×××××× 运输有限公司
货物托运单

运单编号：							打印日期：	年 月 日	
托运人					收货人				
地址					地址				
联系人		电话			联系人			电话	
起运时间		达到时间			运输工具			计费里程	
装货地址					卸货地址				
货物名称	包装	件数	重量 /t	体积 /m³	计费重量 /t	货物等级	声明价值 / 元	计费项目	
								项目	金额
合计			人民币（大写）	万	仟	佰	拾	元整（¥　　　）	
托运人记载事项					承运人记载事项				
托运人签章			年　月　日		注意事项 1. 承运单位不开拆检验，如运到时包装完好，货物出现短缺，承运方不负全部责任； 2. 承运单位必须按委托单位要求，按时运抵目的地（除途中堵车、车出故障等因素外），并交接好手续，如收货人拒收，其责任由委托方负责； 3. 委托方对货物重量（体积）如有隐瞒或夹带易燃易爆等违禁物品所造成的经济损失由委托方负责； 4. 委托方对货物应主动参保运输保险，如货物未投保，客观原因所造成的损耗由委托方自理； 5. 在货物运输过程中，如出现货物破损、受潮、残缺等人为造成的损失均由承运方负责				
承运人签章			年　月　日						
收货人签章			年　月　日						

3. 运单填写规范

现在通常是电子制单，受理人将运单相关信息录入系统后打印出托运单，托运人在打印运单上进行签字。手工填写托运单，务必要字迹清晰工整、规范填写，不得涂改。如有涂改，应由托运人在涂改处盖章证明。托运单填写具体规范见表2-12。

表 2-12　托运单填写规范

填写项目	填写规范	不规范示例
收发货人信息	名称：单位填写全称，不能简写；个人填姓名； 地址：地址精确到具体门牌号码； 电话：正确手机号或固定电话，禁止缺位，多个联系电话用"/"隔开	收货人：恒通公司 联系人：李先生 电话：189356×××/8224××× 地址：天津市和平区海滨路
日期信息	托运、承运、到货日期按照业务发生日期完整填写，如2023年4月20日，禁止随意填写日期	托运日期：2023年4月20日 承运日期：2023年4月18日 到货日期：2023年4月19日
货物信息	货物名称具体不得写统称；填写货物包装形式，填写称量后的货物总重量（kg）和总体积（m³）；件数不能多件捆绑记作一件等	苹果填写水果；牛奶填写奶制品
运杂费信息	运杂费项目包括运费、保价保险费、包装费、装卸搬运费、代收货款等费用。合计（大写），数字大写正确，方式用"零"补齐。结算方式根据双方商定确定填写	无名目加收费用；货币数字大写书写错误
其他信息	付款方式为月结的，正确填写托运人付费账号，其他情况如现结的可以不写	月结客户不填写或者不正确填写账号

运单项目不规范填写导致后果分析（完成表2-13的填写）。

表 2-13　不规范填写运单

填写项目	填写不规范可能导致后果
收发货人信息	
日期信息	
货物信息	
运杂费信息	

4. 运单填写注意事项

（1）托运单中注意事项属于格式条款，承运方应就重要事项提醒托运人注意知晓。

（2）填在一张货物运单内的货物必须属于同一托运人。

（3）易腐蚀货物、易碎货物、易渗漏的液体、危险货物与普通货物以及性质相抵触、运输条件不同的货物，不得用同一张运单托运。

（4）托运人、承运人修改运单时须签字盖章。

（5）对拼装分卸货物，应将拼装货物分卸情况在运单记事栏内注明。

（6）不能将危险品、易腐或易溢漏的货物夹在普通货物中交运，也不能在普通货物中夹带贵重物品、货币、有价证券、重要票证。

（7）托运有特殊要求的货物，应由托、承双方商定运输条件和特约事项，填注于运单上。

（8）本托运单一式两联：第一联作受理存根，第二联作托运回执。

学中做　规范填写本任务托运单（完成表2-14的填写）。

表 2-14 DT 货物托运单

天津德通货物运输有限公司
货物托运单

运单编号：							打印日期：	年	月	日
托运人						收货人				
地址						地址				
联系人			电话			联系人			电话	
起运时间			达到时间			运输工具			计费里程	
装货地址						卸货地址				
货物名称	包装	件数	重量/t	体积/m³	计费重量/t	货物等级	声明价值/元	计费项目		
								项目	金额	
合计			人民币（大写） 万 仟 佰 拾 元整（¥ ）							
托运人记载事项					承运人记载事项					
托运人签章		年 月 日	注意事项 1.承运单位不开拆检验，如运到时包装完好，货物出现短缺，承运方不负全部责任； 2.承运单位必须按委托单位要求，按时运抵目的地（除途中堵车、车出故障等因素外），并交接好手续，如收货人拒收，其责任由委托方负责； 3.委托方对货物重量（体积）如有隐瞒或夹带易燃易爆等违禁物品所造成的经济损失由委托方负责； 4.委托方对货物应主动参加运输保险，如货物未投保，客观原因所造成的损耗由委托方自理； 5.在货物运输过程中，如出现货物破损、受潮、残缺等人为造成的损失均由承运方负责。							
承运人签章		年 月 日								
收货人签章		年 月 日								
地址：天津市东丽区物流园区东区 × 排 × × 号 电话：1873657×××/1885278×××× 022-3492×××										

二、受理人审核托运单

承运人将运单信息录入系统，或者收到托运人填写的纸质托运单后，应审核和认定托运内容。其审核内容主要有以下几方面。

1. 审核货物的详细情况

审核货物的详细情况，包括货物的名称、体积、重量、运输要求以及根据具体情况确定是否受理，通常有下列情况运输部门不予受理：

（1）法律禁止流通的物品或各级政府部门指令不予运输的物品；

（2）属于国家统管的货物或经各级政府部门列入管理范畴的货物，必须取得准运证明方可出运；

（3）不符合《危险货物运输规则》的危险货物；

（4）托运人未取得主管部门准运证明的属规定的超长、超高、超宽货物；

（5）必须由货物托运人押送、随车照料的货物，而托运人未能做到的；

（6）由于特殊原因，以致道路无法承担此项运输货物的。

2. 检查有关运输凭证

货物托运应根据有关规定同时向公路运输部门提交准许出口、外运、调拨、分配等证明文件，或随货同行的有关票证单据。

3. 审核有无特殊运输要求

如运输期限、押运人数或承托双方议定的有关事项。

📝 **学中做**　完成分析本任务运单审核任务。

货物审核：
_____

运输凭证审核：
_____

特殊运输要求审核：
_____

三、核算运费

完成上述环节后，受理人员要对此次货物运输费进行核算。准确为客户计算运杂费关系企业营业收入，同时能吸引客户、稳定客户和促进业务量增加。目前货运公司整车直达运输通常按照货物的实际重量或者车辆的额定载重量和运输里程收费。虽然有不同的报价形式，但报价都是根据单位运价率、计费里程以及其他相关参考因素，按照整车运费计算公式计算得出后设定的。整车运输运费具体计算步骤如图2-3所示。

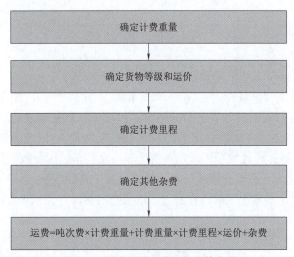

图 2-3　整车运输运费具体计算步骤

【第一步】确定计费重量

1. 确定计费单位

整批货物以吨计，吨以下至100 kg，尾数不足100 kg的，四舍五入。

2. 判断重货轻货

货物分为重货和轻泡货物。重泡比 = 重量 ÷ 体积，重泡比大于333 kg/m³的为一般重货，否则为轻泡货物。计算货物重泡比，首先称量货物重量，以kg为单位；其次丈量货物的尺寸（不规则货物以包装最长、最宽、最高部位称量）。

3. 确定计费重量

整车重货通常以起运地过磅质量为准，不能过磅的以双方协商确定计费重量；装运整批轻泡货物的长、宽、高，以不超过有关道路交通安全规定为限度，按车辆标记吨位计算重量。

【第二步】确定货物等级和运价

1. 查表确定货物等级

货物按其性质分为普通货物和特种货物两种。其中，普通货物分为三等，特种货物分为长大笨重货物、大型货物、危险货物、贵重货物和鲜活货物五类，实行分等计价。查阅《汽车运价规则》中《公路普通货物运价分等表》，确定货物等级。

公路普通货物运价分等表

2. 确定货物加成百分比

以一等货物为基础，二等货物加成 15%，三等货物加成 30%。查阅《汽车运价规则》，确定货物等级和相应的加成率或减成率。

3. 确定货物单位运价

查阅公司运价表，确定基本运价，计算货物单位运价 = 基本运价 ×（1+n%）。

【第三步】确定计费里程

计费里程以交通运输部和各省、自治区、直辖市交通行政主管部门核定、颁发的营运里程为准。未核定的里程由承、托双方共同测定或经协商按车辆实际运行里程计算。计费里程以 km 为单位，不足 1 km 的四舍五入。当两地之间有多条路线可以行使的，按照最短路线计费。

全国主要城市间公路里程表

【第四步】确定杂费

整车杂费主要包括调车费、延滞费、装货落空损失费、装卸费、道路通行费、保险保价费、保管费及变更运输费等。

$$保险（保价）费 = 货物价值 \times 保险（保价）率$$

【第五步】运杂费计算

运费是指承运企业向货主收取的运输基本费用，其公式如下：

$$基本运费 = 计费重量 \times 吨次费 + 计费重量 \times 计费里程 \times 整车货物运价$$

吨次费：对整批货物运输在计算运费的同时，可按货物重量加收吨次费。其是考虑到短途运输中始发地、终止地作业成本的实际支出，另加一项"吨次费"，以吨为单位，以单程运输为次。按照不同距离区间的收费标准计收费用。通常情况在短途整车运输加收，长途则不计收。

$$整车货物运杂费 = 基本运费 + 其他杂费$$

运杂费以元为单位，不足 1 元的四舍五入。运杂费的支付方式如表 2-15 所示。

表 2-15 运杂费的支付方式

支付方式	适合情况
现付	办理托运时由托运人支付
到付	货物送到收货人，由收货人支付
月结	每月定期支付，适合于长期合作客户
签回单付	货物送达后，收货人收货并在运单上签字，由托运人支付

学中做 完成本任务运费计算。

（1）重货与轻货判定。

（2）计费重量确定。
_____
_____

（3）货物等级。
_____
_____

（4）货物运价。
_____
_____

（5）计费里程。
_____
_____

（6）杂费。
_____
_____

（7）总运费。
_____
_____

学中练　有一批蔬菜从天津运往北京某综合蔬菜批发市场，过磅时确定重量为 3 860 kg，已知两地距离为 20 km，运价为 0.30 元 /（t·km），吨次费为 2.4 元 /t，装卸费为 0.2 元 /t，请计算运费。

计算运费：_____
_____

四、签发运单

1. 审核运单

托运人填写运单或者机打运单后，受理人员要仔细对运单进行审核。重点审核以下内容：
（1）审核运单准确性。如收发货人信息是否正确、运费核算是否正确等。
（2）审核运单清洁性。如运单各栏目是否有涂改、是否清晰。
（3）审核运单完整性。运单栏目填写是否完整、有无缺项现象。
除此之外检查运单货物信息与实际货物是否相符，以及货物的品名和性质等。

2. 签发运单

运单审核无误后，编定托运单号码，填写承运人记载事项并加盖承运章，同时将运单信息告知调度、运务等部门，并将结算通知交货主。

活动 2　运输调度

运输调度是运输企业接到客户货运任务后，调度人员就要着手为运输任务指派人员、安排车辆、制定行车路线前往装货，并保证货物的安全、及时运达。其主要目的是使车辆在满足一定约束条件下，有序地通过一系列装货点和卸货点，达到诸如路程最短、费用最小、耗时最少等目标。运输调度的主要工作内容是根据运输任务，安排正确的车辆、正确的驾驶员和正确的路线。运输调度流程如图2-4所示。调度员素质要求请扫描二维码查看。

调度员素质要求

图2-4 运输调度流程

一、分析运输任务

调度员认真分析运输计划，厘清所运货物的性质、包装、运量、流向、运距等重要信息，分析货物运输有无特殊的要求，以便现场调度的精准决策。

 学中做　本运输任务分析（完成表2-16的填写）。

表2-16　分析运输任务

序号	分析项目	分析结果	备注
1	货物性质		
2	货物包装		
3	货物运量		
4	货运流向		
5	货运距离		

二、现场调度

调度员登录公司运输管理系统，根据任务分析结果，选择安排适合的车辆、驾驶员和运输线路。

1. 车辆安排

货物运输车辆

调度员根据运输量和运输要求选择合适吨位、车况和形式的运输车辆，货物运输车辆请扫二维码。

1）车辆数量安排

车辆数量计算方法是根据车辆的内廓尺寸，计算出车辆最大容积；然后根据货物包装规格尺寸，在不超载、不超限的情况下，合理摆放堆码，计算出一辆车的最大积载能力，按照货物的总量计算出用车数量。

例如：运输表2-17中货物，需要5.6 m和7.2 m的车各几辆？

项目二 公路货物运输

表 2-17 货物信息

货物名称	包装	规格/（mm×mm×mm）	毛重/（kg·箱$^{-1}$）	数量/箱
橘子罐头	纸箱	320×120×250	3	2 500

运输公司现有车辆运力信息见表 2-18。

表 2-18 车辆信息

序号	车型	尺寸/（m×m×m）	载重量/t	数量
车型一	5.6 m 厢车	5.6×2.2×2.2	5	4
车型二	7.2 m 厢车	7.2×2.5×2.3	10	3

分析：
车型一：

$$（5.6×2.2）÷（0.32×0.12）=321（箱）$$

$$2.2÷0.25=8（箱）$$

320×8=2 560（箱）＞2 500 箱，5 000÷3=1 666（箱）＜2 500 箱
通过计算分析，用车型一运送这批货需要 2 辆车。

车型二：

$$（7.2×2.5）÷（0.32×0.12）=468（箱）$$

$$2.3÷0.25=9（箱）$$

468×9=4 212（箱）＞2 500 箱，10 000÷3=3 334（箱）＞2 500 箱
通过计算分析，用车型二运送这批货需要 1 辆车。

学中练　一辆 11.5 t 厢车（9 600 mm×2 300 mm×2 420 mm），装运货物包装规格为 600 mm×400 mm×180 mm，毛重为 20 kg/箱，数量为 400 箱，请计算需要几辆车？
分析：_____

_____

2）出车车辆安排
出车车辆安排是一个多因素分析问题。调度员主要从以下 5 个方面考虑安排预出车车辆。
（1）车辆吨位的选择。尽可能选择额定载重量和货物运量匹配车辆，不超载情况尽力提高载重利用率。
（2）车辆容积的选择。车辆容积的选择要与吨位结合起来考虑。许多时候，重量没问题，但因体积大装不下，常见于轻泡货物、有包装货物、不规则货物。在这些情况下，车辆的容积利用率都不高。
（3）车辆货厢形式的选择。车辆货厢形式主要有厢式货车（普通和冷藏）、平板车、高栏车、低栏车等，通常根据货物的包装和性质确定厢形。
（4）车况的选择。运输距离、路况情况、货物重要性等都是车况选择的影响因素。
（5）品牌的选择。不同品牌的车辆质量、性能不同，则适合于不同路况的使用。如 20 t 货物运往重庆，因重庆上路多、爬坡多，而解放牌车动力性能好，故安排解放牌车比较适宜。
除了要考虑以上因素，还要综合其他各方面因素，比如当天的运输任务情况、车辆归队情况、天气情况、驾驶员情况和道路情况、品牌情况等。

学中练 下列运输任务应如何安排车辆。

（1）高附加值的纸箱包装货物，最好安排（　　　）车。

（2）机械设备类的货物，最好安排（　　　）车或（　　　）车。

（3）考虑到防雨雪、防丢失的需要，应该安排（　　　）车。

（4）长途运输、复杂道路应选择（　　　）车；短途运输、道路平坦可以选择（　　　）车。

（5）重要客户的重要货物最好选择（　　　）车。

3）驾驶员安排

对于"人车定位"的运输企业来说，车辆安排好了，驾驶员也就安排好了。所以在确定车辆时，要考虑驾驶员的情况。在安排驾驶员时主要考虑的因素如下：驾驶经验与技术水平、维修技术水平、工作态度、性格特点、文化水平、身体条件、思想状况、家庭情况等。针对具体情况，重点考虑和分别对待不用因素的影响程度。

学中练 下列运输任务应如何选择驾驶员。

（1）运输任务重要难度大，如山路多、雪路多的线路运输任务应安排（　　　）驾驶员。

（2）车况较差车辆，长距离运输应安排（　　　）驾驶员。

（3）城市道路、高速道路运输任务不应安排（　　　）驾驶员。

（4）需要与客户沟通多、处理单证多的运输任务应安排（　　　）驾驶员。

（5）张姓驾驶员最近家里琐事繁多，是否适合安排运输任务。（　　　），主要原因（　　　）。

4）路线安排

选择路线时调度员应该遵循费用少、时间短、距离近的原则，选择出经济效益好、时效高的线路。具体考虑以下因素。

（1）道路情况。首先应该考虑的是同一车辆上的货物是否运往同一个方向，这点是最关键的。其次就是道路的具体情况，比如高速是否封闭、修路施工。高速公路是当今公路运输的重要道路，关于高速公路的知识请扫二维码。

高速公路介绍

（2）卸货点之间的距离。当同一辆装载多个地点的货物，尤其是这些地点相距比较远时，要考虑前面的货卸下后，车上还有多少货物。如果太多的货物都在前面卸完了，后面的长距离运输可能只有少量货物，车辆的吨位利用率就很低。

（3）每个卸货点的卸货时间。卸货需要时间长的卸货点，尽量放在后面到达，否则会影响其他卸货点的到货时间。

（4）具体的到货时间。有的卸货点可能在市中心，是禁区，白天不能通行，只有晚上才能卸货，此时就要考虑具体的到货时间。在安排时应尽量避开白天到达。

除以上四点重要影响因素外，还有天气条件因素，如是否下雪、有雾、有冰凌等；车辆、驾驶员的因素，如所派车辆是否适合到北方寒冷地区等。

学中练 身为驾驶员，你会正确选择下面高速公路运输的路线吗？写出途径高速公路编码，中国高速公路编号请扫二维码。

中国高速公路编号

（1）货物从天津运往苏州。

（2）货物从天津运往武汉。

（3）货物从天津运往哈尔滨。

学中做 分析本现场调度任务：调度员登录运输管理系统，完成车辆、驾驶员、线路的安排。

（1）车辆安排。

（2）驾驶员安排。

（3）路线安排。

运输素质塑造

构建现代化高质量国家公路网

习近平总书记在中国共产党第二十次全国代表大会报告中提出，要推进新型工业化，加快建设制造强国、质量强国、航天强国、交通强国、网络强国、数字中国，提升战略性资源供应保障能力，构建优质高效的服务业新体系，建设高效顺畅的流通体系，降低物流成本。目前中国公路、铁路、航空、水路已形成立体交通网络。

中国高速公路发展史

2023年2月23日，中华人民共和国国务院新闻办公室就"奋力加快建设交通强国 努力当好中国现代化的开路先锋"举行发布会。交通运输部部长李小鹏介绍，截至2022年年底，全国铁路运营里程达到15.5万km，其中高铁4.2万km；公路总里程535万km左右，其中高速公路17.7万km；全国港口拥有生产性码头泊位2.1万个，其中万吨级及以上泊位2 751个，国家高等级航道里程超过1.6万km。民用颁证机场达到254个；实现"乡乡设所、村村通邮"，95%建制村实现快递服务覆盖。全国共有53个城市开通运营城市轨道交通，运营里程9 584 km。

中国公路建设取得举世瞩目的历史性成就，令国人骄傲，令外国人赞叹。"中国路""中国桥""中国隧"已成为中国向世界展示交通成就的亮丽名片。构建现代化高质量国家公路网，畅通"大动脉"，完善"微循环"，国家公路网服务能力和运行效率大幅提升，为加快建设交通强国、构建国家综合立体交通网、保障产业链供应链畅通运转、助力筑牢国民经济循环底盘发挥关键支撑作用。公路网的快速发展，适应经济社会发展需要，有力支撑国家重大战略实施，为全面建成小康社会提供了坚实保障。

中国高速之美

三、制作派车单

调度员登录运输管理系统，根据录入的车辆、驾驶员和线路的信息，制作派车单，并打印。

学中做 填写本任务派车单（完成表2-19的填写）。

表2-19 派车单

NO：DT00001

车属单位		发货单位	
车牌号		装运货物	
吨位		发车时间	
驾驶员		装货地点	
联系方式		卸货地点	

调度员：　　　　　　　制单日期：　　年　　月　　日　　　　驾驶员：

四、发布调度指令

将货物托运单、派车单等相关运输单据交给驾驶员，下达运输调度指令，完成本任务的调度安排。

活动3　装车发运

货物监装是在发货人的发货地点，承托双方办理货物和单据的交接并将货物装车的作业过程。调度员完成调度后，驾驶员到达装货地点进行理货装车作业。

一、检查车辆

检查车型与规定装运货物是否相符，查看车厢是否干净卫生、有无损坏等。

二、核实理货

依据运单，驾驶员与发货人员共同对货物进行理货核实，主要查看货物的品名、包装、件数与托运单填写是否一致；对于货物包装应用听、闻、看、摇等方法进行检查，如有破损、渗漏等情况，应及时与发货人商量处理办法，在托运单上备注货物情况。

三、装车发运

装车作业分为四步：检查车辆、检查货物、现场装车、装后作业。

（1）检查车辆。查看车厢是否干净整洁、有无损坏。

（2）检查货物。检查货物品名、包装、件数与运单填写是否一致，以及货物包装是否符合规定。

（3）现场装车。充分利用车辆吨位和容积；考虑货物易碎及形状、体积、重量特点，合理选择装卸工具和方式；轻拿轻放，堆码整齐，标志朝外；捆扎牢固，门端处稳固；同一票货物尽量装在车厢同一位置；注意装车安全。

（4）装车施封。

装完后，检查堆码及装载状态，核查所装货物与货物交接清单是否相符，重点核查运单号及货物名称、件数、重量、体积是否相符；查验门窗是否关闭良好。驾驶员监督现场作业人员关闭车门施封，在交接清单上填入施封枚数及封志号，办理交接签收手续，将收货人签收联、收货人留存联随货同行。

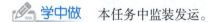 **学中做** 本任务中监装发运。

活动 4　在途运送

载重车辆发车后，货物在运送途中发生的作业主要有货物在途跟踪、货物整理以及异常情况处理等。

一、在途跟踪

车辆信息跟踪人员通过货运车辆 GPS 系统或者电话，跟踪货物、车辆的在途运行状态，定时与驾驶员联系，记录路况、途径及到达地点。如果发生问题，比如前方道路施工、车辆发生交通事故、途遇恶劣天气、货物损坏、不能按时到达等情况，及时通知运输调度员，使其与发货人或者收货人沟通，及时给出处理意见等。

二、整理反馈

驾驶员或者押运员在途中要时刻关注货物运行状态，定时停车检查货物，对发生松动、货散、苫盖篷布漏雨等情况，要进行整理或者换装货物；同时检查车辆运行情况，对于车辆技术不好，有可能危及行车安全和货物安全的情况，要及时与跟踪人员反馈信息，必要时进行车辆调换，并进行备案登记。

学中做　本任务中运送货物。

_____
_____
_____
_____

活动 5　到达交付

货物运达收货地点后，应快速卸货，办理交付手续并交付货物与单据。

一、到达卸货

1. 到货通知

到达前，驾驶员应态度良好，文明客气地通知收货人做好货物接收准备。收货人接到通知后提前准备好卸货地点、月台安排、行车路线及卸货设备等，同时应向驾驶员了解货物品名、性质、作业安全事项并准备好消防器材和安全防护用品。

2. 检查车辆

驾驶员应会同收货人、卸货员检查车辆状态和施封情况，无异常后卸货，有异常则在随行单据上进行标注，并拍照留存后再行卸货。

3. 卸车

卸货员卸车要轻拿轻放，严禁扔、抛、拖、滚等，堆码稳固整齐，防止倒塌、严禁倒置等，使用机械设备、输送设备卸车时注意人和设备安全，并对卸下货物的名称、数量、包装及状态做必要检查。

二、交接货物

货物到达交接主要是对货物进行验收和单据签收。

1. 验收货物

交接时对货物进行验收，主要检查货物数量、质量以及外包装情况等。驾驶员应对照托运单与收货人验收交接，对包装货物点件交接，对散装货物监称记码，对施封货物以及集装箱货物凭封志交接。

验收过程中发现货损、货差，收货人不得拒收，应及时通知托运单位、承运企业相关人员，按照发货人的指示处理货物，并在运输单据上标注货损状况，拍照留存。

2. 签收单据

货物验收后，驾驶员请收货人在运输单据上（托运单或送货单）签字盖章，收回签收返回联单据（签单），将收货人留存联交给收货人。

返回后，驾驶员将签单交回公司统计结算人员，同时将卸货交付情况反馈给调度。

注：当货物到站后遇到无人接收的情况，承运人一方面要积极寻找货主，另一方面要妥善保管货物。当实在联系不到货主时，应对货物进行提存。

学中做　本任务中货物交付。

活动 6　统计结算

最后一个环节是统计结算，即货物运输完毕后，承托双方按照约定好的结算方式结算运输服务费用，主要包括运输签单回收、送货任务统计、运输费用计算等活动。统计结算作业涉及的岗位人员有：运输主管、调度员、驾驶员/送货员、统计结算员等。统计结算作业涉及的单据有收货人签收返回联、运费结算请求表。

一、回收签单

送货车辆返回后，驾驶员应及时将返回的签单送交公司统计结算人员。回收签单时，结算人员要检查每张签单的真实性、合法性，及时存档，以备结算。

二、统计

结算人员定期对存档的签单按收货人或地区分类汇总，并据此编制运输服务费用结算请求表。

三、办理运费结算

运费结算通常是三种方式，一是到付运费，即货物交付后向收货人收取到付运费；二是预付运费，即在受理阶段向发货人收取；三是凭签单向发货人结算运费，实际中通常为此种方式结算运费，即统计结算员按期提交运输服务费用结算请求表，并同时提交对应的签收返回联单据，向发货人请求运费结算。

四、异常处理

对于签单上有异常情况备注，如货损、晚到等违约情况，统计结算员需通知运输主管，由运输主管根据事故责任情况做出处理意见。

学中做　本任务中统计结算。

任务二　公路零担货物运输

✓ 任务布置

2022年10月30日上午8：30点，天津德通货物运输有限公司（简称DT）客服王莉收到带有客户签章的发运计划，具体内容见表2-20。

表2-20　托运通知单

托运通知单号	SHY202230001	客户编号	DTKH-L000001
托运人	天津凯丽服装制造有限责任公司 联系人：刘珊 联系电话：1334578××× 地址：天津市东丽区东丽湖街道东丽大道×××号 邮编：300000		
货物详情	货物名称：女士西装，数量：50箱，总重量1 000 kg，总体积10 m^3		
包装方式	纸箱		
收货人	武汉市万捷服装商贸有限公司 联系人：方红丽 联系电话：027-6780××××/1862456××× 地址：武汉市江岸区西马街道解放大道1×××号 邮编：066100		
托运要求	运输公司上门提货和送货，取货地信息和托运人联系信息相同，送货地点和收货联系人信息相同 要求2022年11月10日18：00前送达 凭客户签字的运单作为回执		
结算方式	结算方式：月结 不收取取货和送货费用，无其他杂费		
其他	不投保		

上午9：30点，天津宝力综合贸易有限公司业务员贾涛到天津德通货物运输有限公司（简称DT）办理发货，要求11月6日前送到目的地。业务员记录贾涛的货物及收发货人信息，见表2-21。

表2-21　货物托运信息

货物名称	包装	规格/(mm×mm×mm)	数量	重量/kg	收货人	电话	地址	备注
电动牙刷	纸箱	400×200×200	100	200	许琳	1375825×××	张家口宣化宣府大街××号	自提
句号毛巾	纸箱	400×300×200	40	150	张磊	1375204×××	张家口市宣化区皇城桥路××号	自提
冷冻带鱼	纸箱	600×400×200	10	300	郎丰	1863238×××	张家口宣化区工业街中山大街××号	送货
啤酒	纸箱	400×300×200	50	1 500	张巍	0313-5019×××	张家口宣化开发区长平北路××号	送货

根据以上客户发货要求,完成客户运输任务。

✓ 任务分析

完成本任务,需要解决以下问题:
(1)辨识什么是零担货物?
(2)分析货物能否按零担货物托运受理。
(3)如何完成零担货物的运输?

✓ 任务资讯

任务资讯 1　零担货物运输判定

零担货物是指一次托运货物质量或容积不够装一车的货物。当一批货物体积、质量、性质和包装等符合拼装成整车的运输要求时,则可与其他几批货物共用一辆货车装运,这种方式叫零担货物运输。其主要特点是货物品种繁杂、量小批多、到达站点分散、货物价格不一。通常如食品、纺织品、家电产品、服装、日用品等宜采用零担货物运输。

任务资讯 2　零担货物运输流程

公路零担货物运输流程如图 2-5 所示。

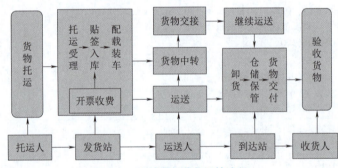

图 2-5　公路零担货物运输流程

✓ 任务实施

活动 1　托运受理

托运受理是零担货物运输作业中的首要环节。由于零担货运线路站点多、货物品类繁杂、包装形状各异、性质不一,因此受理人必须熟知营运范围内的线路、站点、运距、中转范围、车站装卸能力、货物的理化性质及受运限制等一系列业务规则及有关规定。

零担货物托运受理有随时受理制、预约上门受理制和日历承运制等方式,每一种使用情况见表 2-22。

表 2-22　零担货物托运受理方式

方式	特点说明
随时受理制	对托运日期无具体的规定,在营业时间内,发货人均可随时将货物送到托运站办理托运

续表

方式	特点说明
预约上门受理制	货主通过电话、传真、网上传送等途径与承运方联系,实现预定托运货物,承运方根据约定托运货物名称、性质和数量等,派车到货主方提货后运送
日历承运制	日历承运制是指运站根据零担货物流量和流向规律,编写承运日期表,事先公布,发货人则按规定日期来站办理托运手续

零担货物托运受理流程如图 2-6 所示(以客户送货上门为例)。

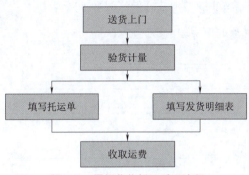

图 2-6 零担货物托运受理流程

一、送货上门

客户送货上门进行托运,受理组业务员应该热情接待客户,详细询问客户的发货服务需求,判断客户要发送货物是否在零担货物托运受理范围及本公司运营路线范围之内。

1. 判断是否属于零担货物受理范围

零担货物有一定的受理范围,受理人员要根据货物情况,分析是否可以受理。各类危险物品、鲜活易腐物品等在运输过程中通常有特殊的要求,一般不能按照普通零担货物进行办理。普通货物能否按零担货物进行托运应满足以下几个条件:

(1)每批零担货物不得超过 300 件;

(2)按件托运的单件重量不得超过 200 kg;

(3)单件体积一般不得小于 0.01 m^3(单件重量超过 10 kg 的除外),不得大于 1.5 m^3;

(4)货物长度、宽度、高度分别不得超过 3.5 m、1.5 m 和 1.3 m。

下列货物不得按零担托运:

(1)需要冷藏、保温或加温运输的货物;

(2)规定限按整车办理的危险货物;

(3)易于污染其他货物的污秽品(例如未经过消毒处理或未使用密封不漏包装的牲骨、湿毛皮、粪便、炭黑等);

(4)蜜蜂;

(5)不易计算件数的货物;

(6)未装容器的活动物。

2. 判断是否属于公司运营路线范围

运输公司都有主要运送货物的类型、运营的线路等,对于客户待运货物,在本公司的运营范畴之内,受理人员进行受理,不属于本公司运营范围的,受理人除向客户耐心解释不能受理原因外，同时可以推荐客户到其他物流公司办理。

学中练 分析公路零担货物运输和快递有什么区别。

分析：

学中做 分析本任务是否能够受理及其选择何种受理方式。

是否受理分析，不能受理的说明理由：

受理方式分析：

二、验货计量

1. 检查货物及包装

对于可以受理的货物，受理员检查货物是否包装完整，是否属于危险品，是否夹带不能托运的物品，是否是有特殊运输要求的物品，如易碎品、贵重物品等。

货物包装是货物在运输、装卸搬运、仓储和中转过程中保护货物质量必须具备的物质条件，直接关系运输质量和货物自身的安全，故须重点检查货物包装。检查方法如下：

（1）看。看包装是否符合相关规定；有无破损、污渍；笨重货物外包装上面是否用醒目标记标明重心点和机械装卸作业的起吊位置。

（2）听。有无异声。

（3）闻。有无不正常的气味。

（4）摇。包装内的衬垫是否充实，包装内的货物是否晃动。

本项工作琐碎细致，考验验货人员的耐心、敬业和责任感。作为验货人员，一定要认真、仔细地检查包装。

学中练 想一想，如果验货员不仔细检查货物包装，会带来哪些严重影响？验货人员应该具备哪些素质？

检查中发现问题如何处理：

（1）应包装货物未包装、应有内包装而没有的，应请货主重新进行包装；

（2）包装有瑕疵但不影响运输的，请货主在托运单上注明包装不良或者货物有损坏情况；

（3）如果货物包装完全破损，则请求货主重新包装，或者更换破损货物。

学中做　本任务货物包装检查说明。

_____

_____

2. 计量

货物重量和体积是正确装载、凭以核算运费和发生事故后正确处理赔偿事宜的重要依据。计量时需要丈量货物最大外廓尺寸，核算体积；对于货物包装有重量说明的，按照单件重量核算总重量，没有重量说明的则磅量重量，再次确认是否属于零担托运受理范围。

学中做　本任务计量结果。

_____

_____

_____

三、填写托运单

1. 核算运费

汽车零担运输公司一般按照零担班线公布运价。各公司公布的零担运价是根据货物的单位运价率、计费里程及相关参考因素，在零担货物运费计算公式的基础上而设定的。

零担货物运输运费计算过程和整车货物运费计算过程相同，在此就不同点进行陈述。其公式如下：

$$零担货物运费 = 计费重量 \times 计费里程 \times 零担货物运价 + 其他杂费$$

主要注意：

零担货物运输计费质量以千克为单位。最低计费重量为 1 kg，重量在 1 kg 以上，尾数不足 1 kg 的，四舍五入。一般货物的计费重量按毛重计算；轻泡货物以货物包装最长、最宽、最高部位尺寸计算体积，按每立方米折合 333 kg 计算计费重量。

零担货物运输杂费主要包括包装费、保险保价费、保管费等。

学中练　上海某厂计划将一批机器设备运往广州，重量为 2 556.6 kg，承运人公布的零担普通货物基本运价为 0.50 元 /（t·km），该批货物的运输里程为 1 788 km，经双方协商，确定该批货物按运费的 50% 收取返程空驶调车费，试计算总运费（完成表 2–23 的填写），答案请扫二维码。

表 2–23　零担货物运费计算

计算步骤	分步结果
确定计费重量	
确定货物等级和运价	
确定计费里程	
基本运费	
确定杂费	
总费用	

零担运费计算答案

📝 **学中做** 本任务零担货物运杂费确定。

_____

_____

_____

2. 填写托运单

对于临时客户，要填写托运单；对于长期合作的客户，每次发货需填写发货明细表。常见的公路零担货物托运单如表 2-24 所示。零担货物运输过程更复杂，因此运单填写过程中，受理人员应主动推荐客户进行保价保险运输。

表 2-24 常见的公路零担货物托运单

××××××× 有限公司 托运单									
NO：					打印日期：	年	月	日	
托运日期	年 月 日		送达日期	年 月 日		业务类型	普货	快件	
发站			中转站			到站			
托运单位				收货单位			费项	金额（元）	
地址				地址			运费		
联系人		电话		联系人		电话	取送货费		一联存根 二联托运人 三联随货同行 四联收货人联
货物名称	性质	包装	件数	重量/kg	体积/m³	计费重量/体积/(kg·m⁻³)	运价/元	声明价值/元	保价费
									代收款费
									其他
合计									
付款方式 空格内打 √	现付	到付	回付	月结	取货	送货	保价	签单	合计/大写	人民币：万 仟 佰 拾 元 (¥)
								代收货款/大写	人民币：万 仟 佰 拾 元 (¥)
特约事项									
托运人签章 年 月 日				注意事项 1. 承运单位不开拆检验，如运到时包装完好，货物出现短缺，承运方不负全部责任； 2. 承运单位必须按委托单位要求，按时运抵目的地（除途中堵车、车出故障等因素外），并交接好手续，如收货人拒收，其责任由委托方负责 3. 委托方对货物重量（体积）如有隐瞒或夹带易燃易爆等违禁物品所造成的经济损失由委托方负责； 4. 委托方对货物应主动参保运输保险，如货物未投保，客观原因所造成的损耗由委托方自理； 5. 在货物运输过程中，如出现货物破损、受潮、残缺等人为造成的损失均由承运方负责								
承运人签章 年 月 日									
收货人签章 年 月 日									
地址：×××××××			电话：×××××××/×××××××						

项目二　公路货物运输

学中做　规范填写本任务零担货物托运单（完成表2-25的填写）。

表2-25　零担货物托运单

<table>
<tr><td colspan="11">天津德通物流运输有限公司
托运单</td></tr>
<tr><td colspan="5">NO：</td><td colspan="3">打印日期：</td><td colspan="3">年　月　日</td></tr>
<tr><td>托运日期</td><td colspan="2">年　月　日</td><td colspan="2">送达日期</td><td colspan="2">年　月　日</td><td>业务类型</td><td>普货</td><td colspan="2">快件</td></tr>
<tr><td>发站</td><td colspan="3"></td><td colspan="2">中转站</td><td colspan="2"></td><td>到站</td><td colspan="2"></td></tr>
<tr><td>托运单位</td><td colspan="4"></td><td colspan="3">收货单位</td><td>费项</td><td colspan="2">金额/元</td></tr>
<tr><td>地址</td><td colspan="4"></td><td colspan="3">地址</td><td>运费</td><td colspan="2"></td></tr>
<tr><td>联系人</td><td colspan="2"></td><td colspan="2">电话</td><td colspan="2">联系人</td><td>电话</td><td>取送货费</td><td></td></tr>
<tr><td>货物名称</td><td>性质</td><td>包装</td><td>件数</td><td>重量/kg</td><td>体积/m³</td><td>计费重量/体积/(kg·m⁻³)</td><td>运价/元</td><td>声明价值/元</td><td>保价费</td><td></td></tr>
<tr><td></td><td></td><td></td><td></td><td></td><td></td><td></td><td></td><td></td><td>代收款费</td><td></td></tr>
<tr><td></td><td></td><td></td><td></td><td></td><td></td><td></td><td></td><td></td><td>其他</td><td></td></tr>
<tr><td>合计</td><td colspan="10"></td></tr>
<tr><td rowspan="2">付款方式
空格内打
√</td><td>现付</td><td>到付</td><td>回付</td><td>取货</td><td>送货</td><td>保价</td><td>签单</td><td colspan="2">合计/大写</td><td>人民币：万　仟　佰　拾　元
（￥　　　　　　　　）</td></tr>
<tr><td></td><td></td><td></td><td></td><td></td><td></td><td></td><td colspan="2">代收货款/大写</td><td>人民币：万　仟　佰　拾　元
（￥　　　　　　　　）</td></tr>
<tr><td>特约事项</td><td colspan="10"></td></tr>
<tr><td>托运人签章</td><td colspan="3">年　月　日</td><td colspan="7" rowspan="3">注意事项
1. 承运单位不开拆检验，如运到时包装完好，货物出现短缺，承运方不负全部责任；
2. 承运单位必须按委托单位要求，按时运抵目的地（除途中堵车、车出故障等因素外），并交接好手续，如收货人拒收，其责任由委托方负责；
3. 委托方对货物重量（体积）如有隐瞒或夹带易燃易爆等违禁物品所造成的经济损失由委托方负责；
4. 委托方对货物应主动参保运输保险，如货物未投保，客观原因所造成的损耗由委托方自理；
5. 在货物运输过程中，如出现货物破损、受潮、残缺等人为造成的损失均由承运方负责</td></tr>
<tr><td>承运人签章</td><td colspan="3">年　月　日</td></tr>
<tr><td>收货人签章</td><td colspan="3">年　月　日</td></tr>
<tr><td colspan="11">地址：天津市东丽区物流园区东区×××号　电话：1873657×××/1885278×××　022-3492××</td></tr>
</table>

一联存根　二联托运人　三联随货同行　四联收货人联

3. 审核托运单

运单填写完毕，受理人员应审核和认定托运单内容。

四、收取运费

最后一个环节是向托运人收取运费。

活动2　贴签入库

收货完毕后，现场作业人员根据货物到达地点、托运单号、件数等信息制作零担货物标签，并正确地进行粘贴拴挂。

零担标签是货物本身与运输票据的联系物，是标明货物性质的，也是理货、装卸、中转和交付货物的重要识别凭证，是运输中货物的身份证。货物标签的正确、规范与否直接影响到货物能否准确及时地中转送达。因此制作粘贴标签是一个很重要的环节。事实上很多货物的丢失都是由于标签错误或粘贴不规范造成的，所以标签的各栏必须详细填写，并按要求拴贴。通常200件以上的货物可以不粘贴标签。

一、填制标签

货物提回到公司交接后，保管员或者现场业务员应根据货物的目的地、运单号码、数量等信息填制标签。零担货物的标签形式见表 2-26。

表 2-26 零担货物标签

** 物流公司零担货物标签

发货日期	年　月　日
车牌号	
发送站	
到达站	
运单号	
货号—件数	共　件：／
××××物流	祝您成功

二、粘贴（拴挂）标签标志

（1）粘贴标签。在每件货物两端或正侧面明显处，分别拴贴注有运单号码的零担货物标签，每件货物使用2枚货签，固定于包装物两端或拴挂。

（2）粘贴标志。标志起到提醒运送人员、装卸货人员在作业时注意的作用。当需要特殊装卸、堆码、储存的货物时，应在货物明显处加贴储运及操作指示标志，并在运单"特约事项栏"内注明。

三、纠正不正确粘贴标签

在粘贴拴挂标签过程中，经常有不正确的做法，导致运输错误或者延迟运达时间。主要的不正确贴签方式有以下几种情况，如图 2-7 所示。

图 2-7　标签错误展示

（1）双标签。货物上有公司的两个或两个以上的标签。

（2）漏贴标签。件数较多的往往容易漏贴标签。

（3）标签脱落。袋装包装、布和膜的包装，不挂签，容易脱落。

（4）标签倒置。粘贴不规范，标签倒置。

（5）标签与文字方向相反。规范标签应粘贴地与包装箱文字相一致方向。
（6）粘贴位置错误。桶装货物标签应粘贴于桶身，不应贴于顶部（不易查看，易磨损）。

学中做 本任务货物标签填制（完成表 2-27 的填写）。

表 2-27 德通货签

天津德通货物运输有限公司标签

发货日期	年　　月　　日
车牌号	
发送站	
到达站	
运单号	
货号—件数	共　　件：　　／
德通物流　　祝您成功	

四、入库堆放保管

对于粘贴好标签标志的待运货物，装卸人员将堆放在仓库指定位置。
入库操作注意事项：
（1）凡未办理托运手续的货物，一律不准入库；
（2）认真核对运单、货物，坚持照单验收入库；
（3）货物必须按流向堆码在指定的货位上；
（4）一批货物不要堆放两处，库内要做到层次分明、留有通道、互不搭肩、标签向外。
（5）露天堆放的货物要注意下垫上盖。

活动 3　配载装车

货物验收入库后，现场作业人员反馈调度人员。调度人员确认待发货物信息后，安排车辆，制订配载计划，装车发运。

一、车辆调度

登录运输管理系统，首先确认在库货物的发运需求信息，根据零担班车时间核对待发货物信息，然后根据现有系统运力信息资源，进行车辆调度（内容与整车车辆调度相同），匹配合适的车辆。

二、配载

配载是指对某一时段待运送的货物，依据其性质、数量（体积）、流向、直达或中转等，按照一定的原则，如安全、不污染、不影响运输质量等，选择安排适当吨位或容积的车辆装载货物的业务活动。合理配载，能方便装卸，提高运输效率；能防止损坏，提高运输质量；能节省运力，提高车辆装载率和利用率；能降低成本，提高效益。

1. 货物配载原则

（1）满装满载。提高车辆利用率。
（2）禁止超载。积载时不允许超过车辆所允许的最大载重量。
（3）重不压轻。轻重混搭，重货在下轻货在上，装载稳固且不易压坏轻型易碎货物，保证货物安全。
（4）先送后装。装车顺序上要先装远的、后装近的。

（5）防撞防污。应防止车厢内货物之间碰撞、相互玷污，应在空隙位置放置缓冲包装材料，如充气袋等。

（6）同质搭配。遵循三一致原则，即性能一致、养护措施一致、消防方法一致。

（7）大小混搭。大不压小：大小搭配有利于提高装载率，切记大货在下小货在上。

（8）载重均衡。积载时车厢内货物重量应分布均匀，防止车辆侧翻。

（9）同地同载。到达同一地点的适合配载的货物应尽可能一次积载完成。

2. 配载注意事项

（1）中转优先、急件优先、先托先运、合同先运。

（2）直达优先，减少中转。

（3）包装不同货物尽量分开装载；易混淆货物尽量分开装载；尽量把外观相近货物分开装载，以减少或避免差错；互损货物尽量分开装载。

（4）具有尖角或其他凸出物应和其他货物分开装载或用木板等材料进行隔离，以免损伤其他货物。

（5）危险货物必须与其他货物分开装载；散味货物与吸附性货物分开装载；散发粉尘货物与清洁货物分开装载；渗水货物与易受潮货物分开装载。

学中练　2023 年 3 月 25 日，DT 公司如下货物需装运：毛绒玩具：150 m³/15 t（轻货，费率 200 元 /m³）、矿泉水：15 m³/45 t（重货，费率 800 元 /t）、奶粉：50 m³/15 t（重抛，费率 165 元 /m³）。公司用 150 m³、限载 30 t 的货车装运，请问：如何配载，才能充分利用车辆载重量和容积，使收入最大化？将配载方案填入表 2–28。

表 2–28　配载方案

货物名称	方案 1	方案 2	方案 3	方案 4	方案 5
毛绒玩具					
矿泉水					
奶粉					
收益 / 元					

调度人员进行合理配载，按照配载的顺序填写"零担货物交接清单"，见表 2–29。

表 2–29　零担货物交接清单

20　　年　　月　　日　　　　编号：

始发站		目的站		发车时间		到站时间		
车属单位			车牌号		载重 /t	容积 /m³		施封号
序号	运单号	收货单位	发货站	到达站	货物名称	包装	总重量 /kg	总体积 /m³	总件数

（表格包含多行数据填写区，合计行，发站记载事项、到站记载事项行）

调度员签字（盖章）：　　　　　　驾驶员签字（盖章）：　　　　　　电话：

三、装车发运

调度员将装车计划和要求告诉现场作业人员，现场作业人员合理安排装卸人员，监督装卸人员合理且按照顺序装车。若不遵守配载原则进行装车，严重时会造成车毁人亡的损失。因此工作员应时刻树立安全意识，时刻遵守装车程序，规范装车。

1. 备货

调度员将零担货物装车单通知到仓库作业人员，仓库作业人员做好货物备货出库准备。

2. 装车

（1）运输车辆到达后，仓库现场作业人员安全引导车辆到装货月台发车区。

（2）检查车辆，检查内容见整车检查。

（3）点件装车。仓库作业人员与驾驶员共同逐件复核检查货物后，按照装车单的顺序及装车的要求装车。

（4）装车检查。检查堆码及装载状态，核查所装货物与交接清单是否相符，重点核查运单号及货物名称、件数、重量、体积是否相符。

3. 施封

装车检查完毕后，驾驶员监督现场作业人员关闭车门施封，在交接清单上填入施封枚数及封志号，并在交接清单上签字。装车完毕后及时清扫装卸现场。

> **运输素质塑造**
>
> #### 交通运输部：全力保障重点物资运输畅通
>
> 2022年9月29日，国务院联防联控机制就做好国庆期间疫情防控有关情况举行发布会。会上指出交通运输部充分发挥国务院物流保通保畅工作领导小组办公室作用，加强统筹调度，强化部门协同，全力以赴做好交通物流保通保畅工作，保障各类重点物资运输畅通，为维护人民群众正常生产生活秩序提供有力支撑。
>
> （1）保交通网络畅通有序。坚持24 h值班值守，保持应急运输保障电话畅通，加强跟踪调度和督办转办，一事一协调解决货车驾驶员、企业反映的交通物流不通不畅问题。
>
> （2）保重点区域物资运输。加强对重点涉疫地区的跟踪调度，强化区域联动和政策协同，推动供需有效对接，全力保障涉疫地区医疗防控物资、民生物资、重要生产物资等运输需求。指导实施全域静态管理的城市落实"一不得、四立即"的保障措施，即不得"一刀切"限制货车通行，立即实施重点物资通行证制度、立即执行"点对点"运输闭环管理措施、立即启动应急物资中转调运站、立即公布24 h应急运输保障电话，切实保障重点物资运输车辆的通行顺畅，全力做好城市居民生活必需品等各种重点物资的运输保障。
>
> （3）保城市配送稳定运行。指导涉疫城市特别是全域静态管理城市，保障邮政快递等物流配送车辆有序通行，切实畅通末端配送"最后一公里"。
>
> 资料来源：中原新闻网，交通运输部：全力保障重点物资运输畅通，2022年9月29日

活动 4　货物中转

有的货物需要经过中途中转作业才能运到目的地。零担货物中转作业是将来自各个方向的还需要继续运输的货物卸车后，重新集货装运，最终送到终点的作业活动。中转作业通常是按货物流向或到站进行分类整理，先集中再分散的过程。

一、选择中转组织形式

决定零担运输所采用的组织方式，一方面受制于用户的需求，另一方面取决于零担运输所使用的车辆。零担车是指装运零担货物的车辆，按照零担车发送时间的不同可将零担运输的组织形式划分为固定式和非固定式两大类。

1. 组织固定式零担班车

1）直达式零担班车

直达式零担班车是指在起运站将各个发货人托运的同一到站，且性质适宜配载的零担货物，同车装运后直接送达目的地的一种货运班车组织形式。其运行示意图如图 2-8 所示。

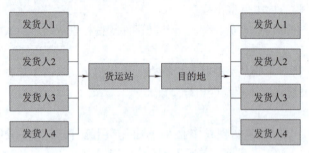

图 2-8　直达式零担班车运行示意图

从图 2-8 中可见，直达式零担班车组织中途不需要换装，经济性最好，具备条件的货运场站应加强对零担货物的运输组织工作，多争取货源，尽可能开行直达零担班车。

2）中转式零担班车

中转式零担班车是指在正式起运站将各个发货人托运的同一线路、不同到达站且性质允许配载的各种零担货物，同车装运至规定中转站，卸后复装，重新组成新的零担班车运往目的地的一种货运班车组织形式。其运行示意图如图 2-9 所示。

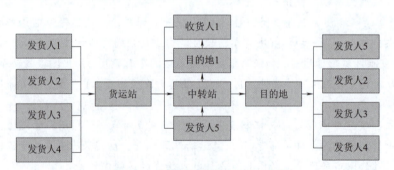

图 2-9　中转式零担班车运行示意图

从图 2-9 中可见，此种形式比直达零担班车复杂，但这种方式恰恰适合零担货物货运量少、批次多、流向比较分散的特点。

3）沿途式零担班车

沿途式零担班车是指在起运站将各个发货人托运同一线路不同到达站，且性质允许配装的各种零担货物，同车装卸后，在沿途各计划停靠站卸下或装上零担货物再继续前进，直至最后终点站的一种货运班车组织形式。其运行示意图如图 2-10 所示。

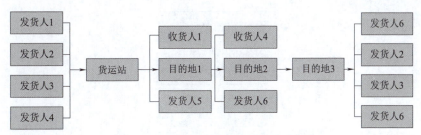

图 2-10　沿途式零担班车运行示意图

从图 2-10 所示示意图可见，此组织工作较为复杂，车辆在途时间长，但能够满足沿途货主的需要，能提高车辆的载重和容积利用率。

2. 组织非固定式零担班车

非固定式零担运输的完成是通过非固定式零担车的组织来实现的。非固定式零担车是指按照零担货流的具体情况，临时组织而成的一种零担车，通常在新辟零担运输线路或季节性零担货物线路上使用。

二、选择中转作业方法

零担货物中转作业是将来自各个方向的、还需要继续运输的货物卸车后，重新集货装运，最终运送到终点的作业活动。中转作业通常是按货物流向或到站进行分类整理，先集中再分散的过程。

中转方法有三种，分别是落地法、坐车法和过车法。选用合理的中转作业方法，则有利于运输质量的保证，同时节省时间，节省人力和物力。

1. 落地法

落地法是将到达车辆上的全部零担货物卸下入库，按方向或到达站在货位上重新集结，再重新配装的中转作业方法。这种方法简便易行，车辆载货量利用较好，但装卸作业量大，作业速度慢，仓库和场地的占用面积也较大。落地法操作可扫描二维码。

落地法

2. 坐车法

坐车法是指将到达车辆上运往前面同一到站且中转数量较多或卸车困难的那部分核心货物留在车上，将其余货物卸下后再加装同一到站的其他货物的中转作业方法。采用这种方法时核心货物不用卸车，减少了装卸作业量，加快了中转作业速度，节约了装卸劳动力和货位，但对留在车上的核心货物的装卸情况及数量不易检查和清点，在加装货物较多时也难免发生卸车和倒装等附加作业。坐车法操作请扫描二维码。

坐车法

3. 过车法

过车法是指当几辆零担车同时到站进行中转作业时，将车内部分中转货物由一辆车直接换装到另一辆车上的中转作业方法。这种方法在完成卸车作业的同时即完成了装车作业，减少了零担货物的装卸作业量，提高了作业效率，加快了中转速度，但对到发车辆时间衔接要求较高，容易遭受意外因素的干扰。

活动 5　到达交货

零担班车到站后，按照送货和到站自提方式进行交货。具体流程如图 2-11 所示。

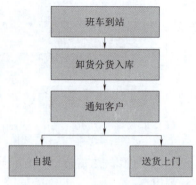

图 2-11　到达交货流程

一、班车到站

1. 安排接车

零担班车到达前，调度人员应了解班车情况，如预计到达时间、货物信息等，提前安排好接车。

2. 签收到车

班车到站后，货运人员引导驾驶员停放车辆，与驾驶员和现场作业人员共同检查车厢外观及施封情况，没问题则在系统中签收，若有异常情况应及时与驾驶员沟通情况并进行处理。

二、卸车分货入库

货运员与驾驶员办理单据交接如托运单、货物交接清单等，按照货物交接清单顺序卸货，复核货物。没有问题，双方在交接清单上签字盖章，如有问题则进行相应处理。货运员对已卸无问题货物按照托运单进行分货，把自提和需要送货的分别送到对应区域入库存放。

三、通知客户

货物到站收妥后，应及时通知客户货物到达，自行提取或送货上门。

1. 站点上门送货

送货上门作业流程如图 2-12 所示。

图 2-12　送货上门作业流程

1）派车

调度员根据待送货物情况，制订并下达送货单，给送货员（驾驶员）分配送货任务，同时将托运单的收货人签收联、收货人留存联交给送货员。送货员（驾驶员）提前与客户联系送货事宜，若有需要开发票的客户，送货员向相关部门提前拿取发票。

2）点货装车

送货员（驾驶员）持单据到配送区找现场作业人员点货装车。现场作业人员根据送货单核对货物，安排装卸人员装车，同时送货员核对货物，确认无误后，送货员在出库单上签字；装车完毕后，送货员和现场作业人员在送货单上签字。装车要进行装车前后的检查，详见整车运输装车部分内容。

3）发车送货

发车后调度人员跟踪送货车，了解送货情况，及时处理突发事件。送货车快到送货地点时，送货员提前与收货人联系，以便收货人做好接货准备。

4）客户签收

到达收货地点后，收货人进行验货，无误后请收货人在托运单、送货单上签字，并将托运单收货人留存联交予收货人，收回收货人签收联。如果运费到付，则向收货人收取运费，转交发票。一旦货物发生货损、货差等情况，收货人应在托运单、送货单上备注。

5）返回交单交款

送货员送货完毕返回公司后，将签单单据交给公司单据管理员，同时办理收取运费或者代收货款等交接手续。

2. 提货

客户到站点提货作业流程如图 2-13 所示。

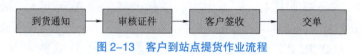

图 2-13 客户到站点提货作业流程

1）通知到货

货物到站后，在到货 12 h 内调度员通知收货人来取货，并告知客户提货地点、提货所带证件要求、逾期提货保管费收取标准（通常免费保管期限自通知收货人次日起不少于 3 天）及其他相关事项。

2）审核证件

客户到站提货，现场作业人员首先要确认提货人身份，审核提货人身份证（本人）或者授权委托书及相关身份证件（非本人）。

3）签收

证件审核完毕，调度安排现场作业人员与提货人交接货物，双方核实货物无误后，请提货人在托运单（收货人人留存联和收货人签收联）上签字盖章。运费到付的请收货人交付运费。

4）交单

现场作业人员将签单单据交给公司单据管理员。

项目综合测试

一、单选题

1. 某公司无危化品物流资格证,故不可承接（　　）的运输或仓储订单。
   A. 一般货物　　　B. 集装箱货物　　　C. 危化品　　　D. 零担货物

2. 公路货物运输中,首先从承运人受理（　　）的托运申请开始。
   A. 托运人　　　B. 收货人　　　C. 押运人　　　D. 承运人

3. 公路货物运输中,（　　）根据托运人的要求,如所发货物的类型和数量、货物到达的目的地和时间、运输价格和付款方式等,以及自身的实际情况,确定是否受理托运请求。
   A. 托运人　　　B. 收货人　　　C. 押运人　　　D. 承运人

4. 物流公司在进行业务受理时,首先应判断订单的（　　）,以确定是否受理。
   A. 准确性　　　B. 及时性　　　C. 有效性　　　D. 完整性

5. 公路运输中的整车轻泡货物,按（　　）计算重量。
   A. 车辆额定载重量　　　B. 客户订单上记载的重量
   C. 货物毛重　　　D. 货物体积

6. 下列货物中,可以按零担办理的是（　　）。
   A. 蜜蜂　　　B. 散装水泥　　　C. 炸药　　　D. 书籍

7. 一个零担货物为重货,毛重为 32.82 kg,计费重量为（　　）
   A. 32 kg　　　B. 33 kg　　　C. 32.8 kg　　　D. 32.82 kg

8. 车辆调度工作应以（　　）为依据。
   A. 车辆计划　　　B. 车辆运用计划　　　C. 运输量计划　　　D. 车辆运行作业计划

9. 有一件货物重 100 kg,体积 45 cm×50 cm×150 cm,按公路运输"择大计费"原则,该货物应按（　　）计费。
   A. 112.5 kg　　　B. 200 kg　　　C. 340 kg　　　D. 1 000 kg

10. 在运输线路安排时,卸货速度慢的卸货点,尽可能（　　）到达。
    A. 无所谓　　　B. 最后　　　C. 最先　　　D. 中间

二、多选题

1. 公路运输中托运受理的方法主要有（　　）。
   A. 现场受理　　　B. 上门受理　　　C. 商场受理　　　D. 驻点受理

2. 公路货物运输中,有时为了简化流程,可以将（　　）三者合并,形成物流货运单。
   A. 托运单　　　B. 合同　　　C. 货票　　　D. 运单

3. 公路运输中托运单的主要作用包括（　　）。
   A. 计收运费的依据
   B. 公路运输部门开具货票的凭证
   C. 调度部门派车、货物装卸和货物到达交付的依据
   D. 货物在运输期间发生货运事故时判定双方责任的原始记录

4. 公路运输中,托运人填写完托运单后交给物流公司客服人员审核,客服人员确定无误后交物流公司专业人员检验货物,本环节具体作业包括（　　）。
   A. 核对托运单　　　B. 检查包装　　　C. 过磅量方　　　D. 货物跟踪

5. 运输货票在起票站点是向托运人（　　）的依据。

A. 核收运费　　　　B. 缴纳运输费用　　　C. 记账　　　　D. 统计有关运输指标

6. 车辆调度时应考虑（　　）因素。

A. 车辆吨位　　　　B. 车辆容积　　　　　C. 车厢形式　　　D. 道路情况

7. 驾驶员的任务安排要考虑驾驶员的（　　）。

A. 驾驶水平　　　　B. 性格特点　　　　　C. 思想状况　　　D. 身体状况

8. 公路运输中，车辆跟踪是指查询部门每日定时通过（　　）、电话询问驾驶员行驶状况（包括目前行驶的地址、行驶是否正常、预计到达时间），并把行驶情况在物流管理信息系统车辆长途跟踪模块中备注的行为。

A. 互联网　　　　　B.CCTV　　　　　　C. 管车宝　　　　D. 车载 GPS

9. 杂费是指除运费之外发生的其他费用，主要包括（　　）。

A. 延滞费　　　　　B. 调车费　　　　　　C. 装卸费　　　　D. 道路通行费

10. 公路运输中卸车环节的操作应遵循的原则有（　　）。

A. 货物箭头朝上　　　　　　　　　　　　B. 货物标签朝外

C. 货物及卡板不压线　　　　　　　　　　D. 货物码放高度不超过 2 米

三、判断题

1. 凡一次托运批量货物的质量在 5 t（含 5 t）以上或虽不足 5 t，但其性质、体积、形状需要一辆 5 t 位以上汽车运输的，称为整车货物。反之，称为零担货物。（　　）

2. 固定式零担车的运行方式有直达零担班车、中转零担班车、沿途零担班车。（　　）

3. 托运的货物品种不能在一张运单内逐一填写的应填写货物清单。（　　）

4. 零担货物中转站必须配备相应的仓库等作业条件，确保货物安全及时准确地到达目的地。（　　）

5. 挂车可以单独作为一个完整的运输工具进行运输。（　　）

6. 收货人不明或者收货人无正当理由拒绝受领货物的，承运人可以提存货物。（　　）

7. 一张运单托运的货物可以不是同一托运人、收货人。（　　）

8. 托运人填写完托运单后交给物流公司客服人员审核，客服人员确定无误后交物流公司专业人员检验货物，其中在检查包装时，要做到看包装是否损坏、听有无异声、闻有无不正常的气味、摇动包装箱看是否有晃动。（　　）

9. 公路货物运输中的运费以元为单位，运费尾数不足 1 元的均按 1 元计收。（　　）

10. 公路运输配载时，货物应按先近后远、先重后轻、先大后小、先方后圆的顺序装车，并使车辆受力均匀，不偏重。（　　）

项目综合测试答案请扫二维码。

公路货物运输
综合测试答案

项目综合技能实训

一、接受任务

2023年2月1日上午9：00，天津德通货物运输有限公司（简称DT）客服王莉收到带有客户签章的发运计划，具体内容见表2-30。

表2-30 托运通知单

托运通知单号	HTY202300010	客户编号	DTKH000008
托运人	天津恒通电器有限责任公司 联系人：王旭发 联系电话：1376255××× 地址：天津市滨海新区规划十六支路××号 邮编：300450		
货物详情	货物名称：五金工具； 规格：600 mm×400 mm×300 mm； 价格：300元/箱； 毛重：50 kg/箱； 数量：600箱		
包装方式	木箱		
收货人	秦皇岛通达建材有限责任公司 联系人：李洪民 联系电话：1893259××× 地址：秦皇岛市经济技术开发区宏泰路××号 邮编：066100		
托运要求	运输公司上门提货和送货，取货地信息和托运人联系信息相同，送货地点和收货联系人信息相同 要求2023年2月3日18：00前送达 凭客户签字的运单作为回执		
结算方式	结算方式：现结 不收取取货和送货费用，无其他杂费		
其他	货物需要投保，投保金额为货物价值，保险费费率为2‰。投保公司为太平洋保险公司		

DT公司应在客户要求时间内将货物送达收货人。

2023年2月1日上午10：20，客服王莉又收到客户发运计划，具体内容见表2-31。

表2-31 托运通知单

托运通知单号	HTY202300010	客户编号	DTKH000008
托运人	天津悦童玩具制品有限公司 联系人：王琳 联系电话：1378963××× 地址：天津市滨海新区建设路朗香街××号 邮编：300450		
货物详情	货物名称：毛绒玩具； 规格：600 mm×400 mm×200 mm； 价格：1 000元/箱； 毛重：10 kg/箱； 数量：10箱		

续表

托运通知单号	HTY202300010		客户编号	DTKH000008
包装方式	纸箱			
收货人	唐山市万达商贸集团公司 联系人：张杰 联系电话：1874775××× 地址：唐山市路南区广场街道27号万达商场×××室 邮编：063000			
托运要求	运输公司上门提货和送货，取货地信息和托运人联系信息相同，送货地点和收货联系人信息相同 要求2023年2月8日12：00前送达 凭客户签字的运单作为回执			
结算方式	结算方式：月结 不收取取货和送货费用，无其他杂费			
其他	货物需要投保，投保金额为货物价值，保险费费率为1‰。投保公司为太平洋保险公司			

上午11:30点，天津宝力综合贸易有限公司业务员贾涛到天津德通货物运输有限公司（简称DT）要求办理发货，要求2月6日前送到目的地。业务员记录贾涛的货物及收发货人信息见表2-32。

表2-32 货物托运信息

货物名称	包装	规格/(mm×mm×mm)	数量	重量/kg	收货人	电话	地址	备注
方便面	纸箱	400×200×200	100	200	张巍	1863238××××	张家口宣化开发区长平北路××号	送货
白菜	袋	600×400×200	20	400				
恰恰瓜子	纸箱	400×300×200	40	300				

根据以上客户发货要求，完成客户运输任务。

二、制订计划

本任务由小组协作完成，小组成员由5人组成，组长负责管理小组工作。下面请组长根据任务需求及成员特点进行成员分工，制订工作计划表2-33。

表2-33 工作计划表

分工	姓名	工作内容	成果
组长			
成员1			
成员2			
成员3			
成员4			

三、实施任务

按照步骤实施任务（填写表 2-34 和表 2-36）。

表 2-34 任务实施表

主要实施步骤	任务名称：公路整车货物运输
第一步	判断整车托运货物并分析托运方式
第二步	填写整车货物托运单（完成表 2-35 的填写）
第三步	货运员审核托运单
第四步	核算运杂费

续表

主要实施步骤	任务名称：公路整车货物运输	
第五步	车辆调度	
第六步	货物装车	
第七步	货物在途运输	

续表

主要实施步骤	任务名称：公路整车货物运输
第八步	到达交付（现场情境模拟）

表2-35 整车托运单

天津德通货物运输有限公司
货物托运单

运单编号：　　　　　　　　　　　　　　　　　　　　　打印日期：　　年　　月　　日

托运人					收货人				
地址					地址				
联系人			电话		联系人			电话	
起运时间			达到时间		运输工具			计费里程	
装货地址					卸货地址				
货物名称	包装	件数	重量/t	体积/m³	计费重量/t	货物等级	声明价值/元	计费项目	
								项目	金额
合计			人民币（大写）　　万　　仟　　佰　　拾　　元整（¥　　　　）						
托运人记载事项					承运人记载事项				
托运人签章　　　年　月　日					注意事项 1. 承运单位不开拆检验，如运到时包装完好，货物出现短缺，承运方不负全部责任； 2. 承运单位必须按委托单位要求，按时运抵目的地（除途中堵车、车出故障等因素外），并交接好手续，如收货人拒收，其责任由委托方负责； 3. 委托方对货物重量（体积）如有隐瞒或夹带易燃易爆等违禁物品所造成的经济损失由委托方负责； 4. 委托方对货物应主动参保运输保险，如货物未投保，客观原因所造成的损耗由委托方自理； 5. 在货物运输过程中，如出现货物破损、受潮、残缺等人为造成的损失均由承运方负责				
承运人签章　　　年　月　日									
收货人签章　　　年　月　日									
地址：　天津市东丽区物流园区东区××号　　电话：1873657×××× /1885278××××　　022-3492×××									

表 2-36 任务实施表

主要实施步骤	任务名称：公路零担货物运输
第一步	判断零担托运货物并分析托运方式
第二步	填写货物托运单（完成表 2-37 和表 2-38 的填写）
第三步	核算运杂费
第四步	送货上门/上门取货（情境模拟）

续表

主要实施步骤	任务名称：公路零担货物运输	
第五步	制作粘贴标签	
第六步	货物监装	
第七步	货物在途运输	

续表

主要实施步骤	任务名称：公路零担货物运输
第八步	到达交付（客户自提和上门送货情境模拟）

表2-37　零担托运单1

<table>
<tr><td colspan="11">天津德通物流运输有限公司
托运单
NO：　　　　　　　　　　　　　　　　　打印日期：　年　月　日</td><td rowspan="15">一联存根　二联托运人　三联随货同行　四联收货人联</td></tr>
<tr><td>托运日期</td><td colspan="2">年　月　日</td><td colspan="2">送达日期</td><td colspan="2">年　月　日</td><td>业务类型</td><td>普货</td><td colspan="2">快件</td></tr>
<tr><td>发站</td><td colspan="4"></td><td colspan="3">中转站</td><td colspan="3">到站</td></tr>
<tr><td>托运单位</td><td colspan="4"></td><td colspan="3">收货单位</td><td></td><td>费项</td><td>金额/元</td></tr>
<tr><td>地址</td><td colspan="4"></td><td colspan="3">地址</td><td></td><td>运费</td><td></td></tr>
<tr><td>联系人</td><td colspan="2"></td><td>电话</td><td></td><td colspan="2">联系人</td><td>电话</td><td></td><td>取送货费</td><td></td></tr>
<tr><td>货物名称</td><td>性质</td><td>包装</td><td>件数</td><td>重量/kg</td><td>体积/m³</td><td>计费重量/体积/(kg·m⁻³)</td><td>运价/元</td><td>声明价值/元</td><td>保价费</td><td></td></tr>
<tr><td></td><td></td><td></td><td></td><td></td><td></td><td></td><td></td><td></td><td>代收款费</td><td></td></tr>
<tr><td></td><td></td><td></td><td></td><td></td><td></td><td></td><td></td><td></td><td>其他</td><td></td></tr>
<tr><td>合计</td><td></td><td></td><td></td><td></td><td></td><td></td><td></td><td></td><td></td><td></td></tr>
<tr><td>付款方式空格内打√</td><td>现付</td><td>到付</td><td>回付</td><td>月结</td><td>取货</td><td>送货</td><td>保价</td><td>签单</td><td colspan="2">合计/大写　　人民币：万仟佰拾元（￥　　）</td></tr>
<tr><td colspan="9"></td><td colspan="2">代收货款/大写　　人民币：万仟佰拾元（￥　　）</td></tr>
<tr><td>特约事项</td><td colspan="10"></td></tr>
<tr><td>托运人签章</td><td colspan="3">年　月　日</td><td colspan="7" rowspan="3">注意事项
1. 承运单位不开拆检验，如运到时包装完好，货物出现短缺，承运方不负全部责任；
2. 承运单位必须按委托单位要求，按时运抵目的地（除途中堵车、车出故障等因素外），并交接好手续，如收货人拒收，其责任由委托方负责；
3. 委托方对货物重量（体积）如有隐瞒或夹带易燃易爆等违禁物品所造成的经济损失由委托方负责；
4. 委托方对货物应主动参保运输保险，如货物未投保，客观原因所造成的损耗由委托方自理；
5. 在货物运输过程中，如出现货物破损、受潮、残缺等人为造成的损失均由承运方负责</td></tr>
<tr><td>承运人签章</td><td colspan="3">年　月　日</td></tr>
<tr><td>收货人签章</td><td colspan="3">年　月　日</td></tr>
<tr><td colspan="12">地址：天津市东丽区物流园区东区××号　电话：1873657×××/1885278××××　022-3492×××</td></tr>
</table>

表 2-38 零担托运单 2

<table>
<tr><td colspan="11">天津德通物流运输有限公司
托运单</td><td rowspan="13">一联存根 二联托运人 三联随货同行 四联收货人联</td></tr>
<tr><td colspan="4">NO：</td><td colspan="4"></td><td colspan="3">打印日期： 年 月 日</td></tr>
<tr><td>托运日期</td><td colspan="3">年 月 日</td><td colspan="2">送达日期</td><td colspan="2">年 月 日</td><td>业务类型</td><td>普货</td><td>快件</td></tr>
<tr><td>发站</td><td colspan="4"></td><td colspan="3">中转站</td><td colspan="3">到站</td></tr>
<tr><td>托运单位</td><td colspan="4"></td><td colspan="3">收货单位</td><td></td><td>费项</td><td>金额 / 元</td></tr>
<tr><td>地址</td><td colspan="4"></td><td colspan="3">地址</td><td></td><td>运费</td><td></td></tr>
<tr><td>联系人</td><td colspan="3"></td><td>电话</td><td colspan="2">联系人</td><td colspan="2">电话</td><td>取送货费</td><td></td></tr>
<tr><td>货物名称</td><td>性质</td><td colspan="2">包装</td><td>件数</td><td>重量 / kg</td><td>体积 /m³</td><td>计费重量 / 体积 / (kg·m⁻³)</td><td>运价 / 元</td><td>声明价值 / 元</td><td>保价费</td></tr>
<tr><td></td><td></td><td colspan="2"></td><td></td><td></td><td></td><td></td><td></td><td></td><td>代收款费</td></tr>
<tr><td></td><td></td><td colspan="2"></td><td></td><td></td><td></td><td></td><td></td><td></td><td>其他</td></tr>
<tr><td>合计</td><td colspan="10"></td></tr>
<tr><td rowspan="2">付款方式
空格内打√</td><td>现付</td><td>到付</td><td>回付</td><td>月结</td><td>取货</td><td>送货</td><td>保价</td><td>签单</td><td colspan="2">合计 / 大写</td><td>人民币： 万 仟 佰 拾 元
（¥　　　　）</td></tr>
<tr><td></td><td></td><td></td><td></td><td></td><td></td><td></td><td></td><td colspan="2">代收货款 / 大写</td><td>人民币： 万 仟 佰 拾 元
（¥　　　　）</td></tr>
<tr><td>特约事项</td><td colspan="11"></td></tr>
<tr><td>托运人签章</td><td colspan="3">年 月 日</td><td colspan="8" rowspan="3">注意事项
1. 承运单位不开拆检验，如运到时包装完好，货物出现短缺，承运方不负全部责任；
2. 承运单位必须按委托单位要求，按时运抵目的地（除途中堵车、车出故障等因素外），并交接好手续，如收货人拒收，其责任由委托方负责；
3. 委托方对货物重量（体积）如有隐瞒或夹带易燃易爆等违禁物品所造成的经济损失由委托方负责；
4. 委托方对货物应主动参保运输保险，如货物未投保，客观原因所造成的损耗由委托方自理；
5. 在货物运输过程中，如出现货物破损、受潮、残缺等人为造成的损失均由承运方负责</td></tr>
<tr><td>承运人签章</td><td colspan="3">年 月 日</td></tr>
<tr><td>收货人签章</td><td colspan="3">年 月 日</td></tr>
<tr><td colspan="12">地址：天津市东丽区物流园区东区××号　电话：1873657×××/1885278×××　022-3492×××</td></tr>
</table>

四、评价任务

小组成员在书中活动页填写完成任务，整理汇总制作PPT，进行汇报。任务评价由小组评价、组间评价、教师评价三部分构成，各评价方权重如表2-39所示。

表 2-39 公路货物运输任务评价表

被考评小组					
考评地点			考评时间		
	考评内容		评分	小组自评 20%	小组互评 20%	教师评价 60%
考评标准	1. 小组工作计划合理，分工明确		5			
	2. 托运受理方式得当		5			
	3. 运单填写规范完整		25			

续表

被考评小组					
考评地点		考评时间			
考评标准	考评内容	评分	小组自评 20%	小组互评 20%	教师评价 60%
	4. 运费计算准确	20			
	5. 车辆调度合适	15			
	6. 单证签发正确	5			
	7. 情境模拟生动	10			
	8. 汇报语言表达贴切	5			
	9. PPT 制作精美	5			
	10. 团队协作密切	5			
	合计	100			

✓ 项目总结

通过这个项目的学习和技能实训演练，你学会了哪些知识？你学会了哪些技能？还有哪些困惑？还有哪些需要提高？用规范的文字填写到表 2-40 中。

表 2-40　项目总结表

自我分析 学习中的难点和困惑点	总结提高 完成项目任务需要掌握的核心知识点和技能点

继续深入学习提高 需要继续深入学习的知识和技能内容清单

项目三
铁路货物运输

学习目标

一、知识目标

（1）理解铁路货物运输的基本特点、分类和重要性及运费核算；
（2）掌握铁路货物运输的基本程序和操作规范；
（3）了解铁路货物运输中的安全隐患和相应的预防措施；
（4）了解铁路货物运输相关的法律法规。

二、技能目标

（1）能够受理铁路托运业务；
（2）能够正确验货装车；
（3）能够进行货物在途运输业务处理；
（4）能够熟练完成货物的到达作业；
（5）能够对运输费用进行核算。

三、素养目标

（1）弘扬劳动精神，培育学生勤劳实干的职业素养；
（2）树立服务意识，培育为人民服务的责任感和使命感；
（3）提高法制观念，培养遵纪守法的意识。

项目背景

北京华宇铁路货物运输有限公司—小白为您服务！

大家好，我是小白，是新加入北京华宇铁路货物运输有限公司的业务员，很高兴能为您提供服务！公司坐落于风景秀丽的北京市经济技术开发区，专注于铁路货运信息服务与物流运输。作为北京的运营和管理中心，我们能够高效地为全国各地的客户提供铁路货物运输服务。我们的团队不仅具有丰富的铁路货运资源，还有着强大的运输能力，拥有各式大型铁路货车、集装箱车等。小白这里提醒您，不论您有何种货物，我们都能为您提供最佳的运输方案！我发现，很多客户都很关心我们的物流网络。事实上，我们在全国各大城市都设有分公司和物流网点。与此同时，我们与各大城市的铁路货运站也建立了紧密的合作关系，确保货物可以顺利、准时地到达目的地。最令我兴奋的是，我们还推出了在线物流信息服务！您可以随时查询货物的实时位置、核算运费或是在线下单。这一切，都是为了让您感受到我们"准时、安全、服务、经济、环保"的运营理念。现在，我得知去年的老客户华兴纺织有限公司有一票货物需要承运，具体信息如下：

华兴纺织有限公司与南通制衣厂达成了一项大量纺织原料的购销合同。华兴纺织有限公司需要向南通制衣厂托运10 000 t纱线，预计装运日期为2023年8月15日。托运人希望通过铁路进行托运。

铁路货运系统知识预备

任务一　货物托运与受理

任务布置

业务员小白应该如何受理华兴纺织有限公司与南通制衣厂的纺织原料业务呢？

任务分析

完成本任务，需要解决以下问题：
（1）分析什么是铁路整车货物运输。
（2）什么情况下的运输任务适合选择整车运输？
（3）如何完成整车货物运输？

任务资讯

任务资讯 1　铁路整车货物运输判定

一、货物的重量或体积

如果货物的重量或体积足够填满一辆或一辆以上的铁路货车，就可以进行整车运输。这里的货车可以是各种类型的，如棚车、敞车、平车和罐车等。对于中国，标记载重量大多为 50 t 和 60 t，棚车容积在 100 m^3 以上。只要达到这个重量或容积条件，就应当按整车运输。

二、货物的性质或形状

有些货物，虽然其重量、体积不够一车，但是由于它们的性质或形状需要单独使用一辆货车时，也应当按整车运输，比如需要冷藏、保温、加温运输的货物；规定按整车运输的危险货物；易于污染其他货物的污秽品；单件重量超过 2 t、体积超过 3 m^3 或长度超过 9 m 的货物等，这些都应当按整车运输。

三、托运人、收货人、发站、到站和装卸地点的一致性

托运的货物，其托运人、收货人、发站、到站和装卸地点必须相同，才能进行整车运输。

四、整车运输与集装箱运输的区别

集装箱运输也可能用一辆或多辆货车，但集装箱运输主要针对贵重、易碎、怕湿货物，这些货物通常单独装在集装箱内，而整车运输则没有这些限制，通常用于运送重量较大或体积较大的货物。

学中练　分析下列哪些货物必须按照整车办理，请填写表 3-1。

表 3-1　铁路整车货物运输判定表

货物名称	是否必须按整车运输办理（描述理由）
需要冷藏、保温、加温运输的货物	
易燃、易爆或有毒的物品	
化学物质或其他特定的工业物品	

续表

货物名称	是否必须按整车运输办理（描述理由）
蜜蜂	
散装货物	
未装容器的活动物	
单件重量超过 2 t、体积超过 3 m³ 或长度超过 9 m 的货物	

任务资讯 2　零担运输

一批货物的重量、体积、性质或形状不需要一辆铁路货车装运（用集装箱装运除外）即属于零担运输，简称为零担。

一、零担运输的条件

单件货物的体积最小不得小于 0.02 m³（单件货物重量在 10 kg 以上的除外）。
每批货物的件数不得超过 300 件。

二、零担货物的分类

根据零担货物的性质和作业特点，零担货物分为：
（1）普通零担货物，简称普零货物或普零，即按零担办理的普通货物。
（2）危险零担货物，简称危零货物或危零，即按零担办理的危险货物。
（3）笨重零担货物，简称笨零货物或笨零，是指一件重量在 1 t 以上、体积在 2 m³ 以上或长度在 5 m 以上，需要以敞车装运的货物。货物的性质适宜敞车装运和吊装吊卸的货物。
（4）零担易腐货物，简称鲜零货物或鲜零，即按零担办理的鲜活易腐货物。

任务资讯 3　集装箱运输

铁路货物运输中，符合集装箱运输条件的可按集装箱托运。

一、符合集装箱运输条件的货物

以贵重、易碎、怕湿货物为主的"适箱货物"，如家电、仪器、仪表、小型机械、玻璃陶瓷、建材、工艺品、文化体育用品、医药、卷烟、酒、食品、日用品、化工产品、针纺织品、小五金和其他适合集装箱运输的货物。

二、不能使用集装箱运输的货物

易损坏、污染箱体的货物；鲜活货物；危险货物。

任务资讯 4　整车运输、零担运输和集装箱运输的区别

整车运输、零担运输和集装箱运输在数量、货物品类、运送单位等项目上均有所不同，具体见表 3-2。

表 3-2　整车运输、零担运输和集装箱运输的区别

区别 项目	整车运输	零担运输	集装箱运输
数量区别	数量多于一个货车	零担货物规定一批货物的重量和体积不足一个货车，一件货物的体积最小不得小于 0.02 m³，每批货物的件数不得超过 300 件	使用集装箱运输的货物重量，每箱不得超过集装箱最大载重量

续表

区别\项目	整车运输	零担运输	集装箱运输
货物品类及性质区别	无限制	零担运输规定中所列 7 类货物不能按零担承运	集装箱运输规定中所列的 3 类货物不能使用集装箱装运
货物运送单位区别	整车以每车为一批，跨装、爬装及使用游车的货物，以每车组为一批	以每张运单为一批	按批办理，每批必须同一箱型且至少一箱，最多不得超过铁路货车一车所能装运的箱数
运费核收区别	不同批次的整车货物与零担货物的运价号、运价率都不同	零担集装箱按货物重量（低于起码重量的按起码重量）及其适用的零担运价率计算	一整车集装箱按货车标重及其适用的整车运价率计费

运输素质塑造

铁路货物运输与国民经济发展

铁路货物运输作为物流体系中的一部分，其重要性不言而喻。而在国民经济中，铁路货物运输的作用也同样不可忽视。掌握铁路货物运输的知识，不仅可以帮助我们优化运输效率，降低运输成本，更有助于我们更好地理解并参与国民经济的发展。

推动产业发展：铁路货物运输提供了一个高效、快速、大容量的运输方式，使大量的原材料、产品和商品得以快速地在各个地区之间流通，从而为各个产业的发展提供了便利。无论是重工业的原材料运输，还是农业的农产品运输，或是商业的商品运输，铁路货物运输都在其中起到了重要的作用。

助力区域经济：铁路货物运输极大地促进了区域间的经济交流和合作，助力了区域经济的发展。通过铁路网络，边远地区的资源得以开发利用，使区域间的经济差异得以缩小，进而推动了整个国民经济的均衡发展。

服务社会公益：铁路货物运输还在服务社会公益、保障国家战略需求等方面发挥着重要作用。如在灾害救援、粮食储备运输等重大公益活动中，铁路货物运输因其大运量、高效率的特点，常常成为首选的运输方式。

总的来说，铁路货物运输在国民经济发展中起着举足轻重的作用。因此，对铁路货物运输相关知识的理解和掌握，不仅有助于我们在物流管理领域的专业素养提升，更是对我们全面理解和参与国民经济发展的重要支持。

对于我们来说，深入学习和理解铁路货物运输的相关知识，不仅可以提升我们的专业技能，更可以帮助我们更好地理解国民经济的运行机制，提升我们的经济素养，从而在实际工作中更好地服务于社会和国家的发展。

任务实施

活动 1　填写货物运单

铁路货物运单是一种承运合同。运单是托运人与承运人之间，为运输货物而签订的一种运输合同或运输合同的组成部分。它既是确定托运人、承运人、收货人之间在铁路运输中的权利、义务和责任的原始依据，又是托运人向承运人托运货物的申请书及承运人承运货物和计收运费、填制货票和编制记录与理赔的依据。

托运人向承运人提出填写货物运单是一种签订合同的要约行为，即表示其签订运输合同的意愿。按货物运单填记的内容向承运人交运货物，承运人按货物运单记载接收货物，核收运输费用，并在运单上盖章后，运输合同即告成立，托运人、收货人和承运人即开始负有法律责任。

一、运单填写

随着技术的进步，许多铁路公司已经提供了在线填写运单的服务。在线填写铁路运单可以为发货人提供便利，但在填写时需要特别注意以下一些事项，以确保信息的准确性和安全性。

1. 确保网站安全

使用官方的、受信任的铁路公司网站进行填写；检查网址是否以"https"开头，以及浏览器地址栏是否有锁的标志。

2. 登录凭证

如果需要登录账户，应确保密码足够复杂并且独特，不要在公共计算机上登录或填写运单信息。

3. 填写详细信息

与传统的纸质运单相同，确保准确填写所有必要的货物信息、发货人和收货人信息、目的地、特殊要求等。由于是在线填写，故可以利用自动保存或草稿功能，确保填写过程中不会丢失信息。

4. 验证信息

在提交前，仔细检查所有的信息，确保没有遗漏或错误。业务员最好打印或保存一份电子备份以供参考。

5. 付款安全

如果需要在线付款，则应确保使用安全的支付方法，如信用卡、受信任的第三方支付平台等。

6. 获取确认

在提交运单后，应确保收到铁路公司的确认邮件或通知，说明他们已经收到并处理了你的运单。

7. 注意隐私

只在必要的字段中提供信息，避免提供与运输无关的额外个人信息。

8. 技术支持

如果在填写过程中遇到技术问题或有疑问，应及时联系铁路公司的客户服务或技术支持。

9. 浏览器与设备

使用更新的浏览器和操作系统，因为它们通常具有更好的安全性，有时某些功能可能在某些浏览器或设备上无法正常工作，如有必要，则尝试使用不同的浏览器。

10. 保持记录

在线提交后，保存或打印确认页面、付款收据和任何其他相关文件，这有助于将来的参考或在出现争议时提供证据。

在线填写运单为发货过程提供了便捷性，但同时也需要额外注意安全性和准确性的问题，确保遵循上述建议，并始终保持警惕。在线填写常见的铁路运单式样见表3-3。

二、运单的填写（托运人填写部分）

1. 发站栏和到站（局）栏的填写

本栏的填写应分别按《铁路货物运价里程表》规定的站名完整填记，不得简称，如："杭州北站"不能写成"杭北"。到站（局）名，填写到达站主管铁路局名的第一个字，例如：（哈）、（上）、（广）等，但到达北京铁路局的，则填写（京）字。各铁路局全称、简称对照见表3-4。

表 3-3　铁路货物运单样本

铁路货运 CHINX RAILWAY FREIGHT

中国铁路 ×× 局集团有限公司

需求号：202308PY5531 080036　　　　货物运单　　　　　　　　　整车

托运人	发站（公司）		专用线					货区		
	名称					经办人		货位		
						手机号码		车种车号		
	上门取货	取货地址				联系电话		取货里程/km		
收货人	到站（公司）		专用线					运到期限		标重
	名称					经办人		施封号		
						手机号码		篷布号		
	上门送货	送货地址				联系电话		送货里程/km		

付费方式	网银预付款	现金汇总支付	支票	银行卡	领货方式	电子领货	纸质领货	装车方	货主	施封方	铁路
货物名称	件数	包装	货物价格/元	重量/kg	箱型箱类	箱号	集装箱施封号	承运人确定重量/kg	体积/m³	运价号	计费重量/kg
合计											

选择服务	装车				费用	金额/元	税额/元	费用	金额/元	税额/元
	上门卸车				印花税			发站职送车费		
	保价运输　铁路保险　其他商业保险（自主办理）装载加固材料　仓储　冷藏（保温）				货物保价费			运费合计		
	其他服务									

增值税发票类型	普通票专用票	受票方名称：							
		识别号：							
		地址电话：							
		开户行及账号：			费用合计		大写		

托运人记事：	承运人记事：	
签章	货运员	车站日期戳

表 3-4　各铁路局全称、简称对照表

铁路局全称	铁路局简称	铁路局全称	铁路局简称
哈尔滨铁路局	哈	南宁铁路局	宁
沈阳铁路局	沈	成都铁路局	成
北京铁路局	京	昆明铁路局	昆
呼和浩特铁路局	呼	兰州铁路局	兰
郑州铁路局	郑	乌鲁木齐铁路局	乌
济南铁路局	济	青藏铁路公司	青
上海铁路局	上	武汉铁路局	武
南昌铁路局	昌	西安铁路局	西
广州铁路（集团）公司	广	太原铁路局	太
到站所属省（市）、自治区栏，填写到站所在地的省（市）、自治区名称。托运人填写的到站、到达局和到站所属省（市）、自治区名称，三者必须相符。如东海站在林密线上，而东海县在陇海线上，属于江苏省			

2. 托运人、收货人名称、地址及电话栏的填写

本栏填写时应详细填写托运人和收货人所在省、市、自治区城镇街道和门牌号码或乡、村名称。托运人或收货人装有电话时，应记明电话号码。如托运人要求货物到达后用电话通知收货人，则必须将收货人电话号码填写清楚。

3. 货物名称栏的填写

本栏填写要按《铁路货物运价规则》中"铁路货物运输品名检查表"内所列载的品名填写。按一批托运的货物，不能逐一将品名在运单内填记时，须另填物品清单一式三份，一份由发站存查，一份随同运输票据递交到站，一份退还托运人。铁路物品清单见表3-5。

表3-5 铁路物品清单表

货件编号	包 装	详细内容	件数或尺寸	重量	价格

4. 件数栏的填写

本栏按货物名称与包装种类分别填写。

5. 包装栏的填写

本栏填写有关的包装种类，如"木箱""麻袋""铁桶"等，按件承运的无包装货物填写"无"。

6. 货物价格栏的填写

本栏应填写该项货物的实际价格，全批货物的实际价格是确定货物保价运输的保价金额或货物保险运输的保险金额的依据。

铁路受保险公司委托，代办铁路货物运输保险，托运人对投保货物运输险的货物，应在货物运单"托运人记载事项"栏内加盖"已投保运输险，保险凭证××号"戳记，并在"货物价格"栏内，准确填写该批货物总价格。铁路根据总价格，确定保险金额，托运人在支付货物运费的同时，缴纳保险金。

7. 重量栏的填写

应按货物名称及包装种类分别将货物实际重量（包括包装重量）用千克记明，在合计重量栏填记该批货物的总重量。

8. 托运人记载事项栏的填写

填写需要由托运人声明的事项。例如：货物状态有缺陷，但不致影响货物安全运输，应将其缺陷具体注明。需要凭证明文件运输的货物，应将证明文件名称、号码及填发日期注明。托运易腐货物或"短寿命"放射性货物，应记明允许运输期限；需要加冰运输的易腐货物，途中不需要加冰时，应记明"途中不需要加冰"。

有关体积的注意事项：笨重货物或规格相同的零担货物，应注明货物的长、宽、高，规格不同的零担货物应注明全批货物的体积。

按规定其他需要由托运人在运单内记明的事项。

9. 托运人盖章或签字栏的填写

托运人于运单填记完毕并确认无误后，在此栏盖章或签字。

学中做 下面是一个铁路运单填写的案例，请根据案例素材填写铁路运单：

（1）运单编号：123456789。

托运人（Consignor）：

公司名称：广州纺织有限公司；地址：广州市天河区珠江新城西路8号；电话：020-8888××××；联系人：李先生。

收货人（Consignee）：

公司名称：北京时尚服饰批发市场；地址：北京市朝阳区建国路100号；电话：010-6666××××；联系人：王小姐。

发站和到站：

发站：广州；到站：北京。

货物信息（Goods Information）：

货物名称：纺织品；包装：编织袋；数量：500件；重量：25 000 kg；体积：50 m³；货值：200 000元；

运输方式：整车运输；运费支付方式：预付（由托运人支付）。

特殊说明：货物需防潮、防压，装卸时请轻拿轻放。

托运人（签名）：李先生，日期：2023年7月27日。

请按素材信息填写铁路运单表3-6。

表3-6 铁路运单

托运人	发站（公司）		专用线					货区		
	名称					经办人		货位		
						手机号码		车种车号		
	上门取货	取货地址				联系电话		取货里程/km		
收货人	到站（公司）		专用线					运到期限		标重
	名称					经办人		施封号		
						手机号码		篷布号		
	上门送货	送货地址				联系电话		送货里程/km		
付费方式	网银预付款	现金	支票汇总支付	银行卡		领货方式	电子领货　纸质领货	装车方	货主 施封方	铁路
货物名称		件数	包装	货物价格/元	重量/kg	箱型箱类	箱号	集装箱施封号	承运人确定重量/kg	体积/m³	运价号	计费重量/kg
合计												
选择服务	装车					费用	金额/元	税额/元	费用	金额/元	税额/元
	上门卸车										
	保价运输　铁路保险　其他商业保险（自主办理）										
	装载加固材料　仓储　冷藏（保温）										
	其他服务										
增值税发票类型	普通票 专用票	受票方名称：									
		识别号：									
		地址、电话：									
		开户行及账号：				费用合计		大写：			
托运人记事：						承运人记事：					
				签章			货运员			车站日期戳	

活动 2 特殊货物运单填写

铁路货物运输中的特殊货物可能包括但不限于危险品、超长/超重货物、冷藏或冷冻品、活的动植物等。对于这些特殊货物，其运单填写有额外的要求和注意事项。以下是特殊货物运单填写的一些建议和注意事项。

一、货物名称与分类

详细并准确地描述货物，例如不仅仅写"化学品"，而是指定具体的化学物质名称；标明货物的危险品类别，如"易燃液体""腐蚀品"等。

二、包装与标签

描述货物的包装方式，如"木箱""钢桶"等；如果是危险品，应确保其包装和标签符合相关规定。

三、数量与重量

准确地标明货物的数量和总重量，如果是超长/超重货物，还需要提供尺寸和体积信息。

四、特殊处理要求

对于需要特殊处理的货物，如冷藏品，明确标明其温度要求；对于活物，注明其饲养和处理要求。

五、紧急应对措施

对于危险品，提供任何可能需要的紧急处理指南，例如如何应对泄漏情况；注明联系人和紧急联系电话，以便在需要时能够迅速取得联系。

六、目的地与收货人信息

准确地提供目的地和收货人的详细信息，以确保货物能够正确并及时地到达。

七、其他证明文件

对于某些特殊货物，可能还需要提供相关的证明文件或证书，例如放射性物质的许可证。

学中做 下面是一个铁路货票填写的案例，请根据案例素材填写铁路货票。

海鲜公司计划将一批冷冻海鲜从沿海城市 A 运输到内陆城市 B。这批货物包括冷冻金枪鱼、龙虾和鳕鱼，总重量为 20 t，需要在 −20 ℃ 的低温环境中进行运输，请分组讨论完成以下内容的运单填写。

1. 货物名称与分类

货物名称：

2. 包装与标签

包装描述：

标签：

3. 数量与重量

数量：200 个保温箱

总重量：

4. 特殊处理要求

温度要求：

其他要求：避免颠簸和长时间暴露在环境温度下。

5. 紧急应对措施

如果发现温度上升，需立即调查并修复冷冻设备。

紧急联系电话：12345678（货运负责人）

6. 目的地与收货人信息

目的地：城市 B，XYZ 仓储中心

收货人：×××

联系电话：5678901

7. 其他证明文件

附带冷冻海鲜的质检证书和冷冻过程的记录。

  填写完成后，海鲜公司需将运单交给铁路公司进行确认和办理后续的运输手续。同时，公司还应确保所有箱子都已按照要求打包并贴上标签，以确保运输的顺利和安全。

任务二 货物验收

任务布置

托运手续完成后,业务员小白应该如何进行 10 000 t 纱线的接收、验货及入库工作呢?

任务分析

完成本任务,需要解决以下问题:
(1)铁路货运员小白需按照运单上的详细信息,做哪些项目检查?
(2)如何检查货物包装?
(3)如何检查货物标识?
(4)如何进行货物装车操作?

任务实施

步骤一:验货

(1)托运人在车站将发运货物清点无误后,凭运单向货运员小白进行实物交接。
(2)铁路货运员按规定检查货物名称、件数是否与运单记载相符。
(3)当一批托运的货物品名过多,运单上的"货物名称"栏不够填写时,托运人须同时提出"物品清单"一式三份(1份发站存查、1份随运单交到站、1份退还收货人)。

学中做 本任务中小白验货的程序是什么,请讨论并写出各小组意见。
_____
_____
_____

学中练 案例背景

你是一家家具厂的物流负责人,现在需要通过铁路将一批家具托运到另一个城市的零售店。这批家具包括各种床、沙发、桌子和椅子,各式家具品种繁多,且每种家具的数量也不一样。你已经清点无误,并准备了运单。

问题

在运单的"货物名称"栏可能无法填写完所有的家具名称,你应该如何解决这个问题?
你将如何确保铁路货运员在接收你的家具时,货物名称、件数是否与你的运单记载相符?
如果需要同时提出"物品清单",那么清单的内容应该是什么?你需要准备多少份?
如果在货物交接过程中,铁路货运员发现有一些家具的数量与运单上的数量不符,你应该如何处理?
_____
_____
_____

步骤二：检查货物包装

根据货物的性质、重量、运输种类、运输距离、气候差异以及货车装载等条件，检查货物包装。

（1）货物包装及加固材料是否符合运输要求。

（2）货物包装是否便于装卸作业。

（3）在运输过程中货物包装能否保证货物安全。货物有缺陷，检查认为不致影响运输安全（货物自身安全和其他货物安全）的，可在货物运单"托运记载事项"栏内注明货物状况的具体情况。

（4）装载整车货物所需要的货车装备物品或加固材料是否齐备。

学中做 本任务中小白检查货物包装的程序是什么，请讨论并写出各小组意见。

_____
_____
_____

学中练

（1）请列出至少三种货物的特性，举例说明这些特性如何影响其包装需求。

（2）在考虑货物包装是否便于装卸作业时，你会考虑哪些因素？这些因素对货物包装的设计有何影响？

（3）如何判断货物包装是否能在运输过程中保证货物安全？请结合货物的类型，以及可能遇到的气候和运输方式，给出一些实例。

（4）如果发现货物有缺陷，如何处理？应如何在运单上记录这些信息，以确保所有相关人员都能清楚地了解货物的状况？

（5）考虑到货物的重量、运输种类、运输距离和气候差异等因素，如何决定装载整车货物所需要的货车装备物品或加固材料？请给出一些例子。

（6）在实际物流运营中，你遇到过哪些与货物包装和运输相关的问题？你是如何解决这些问题的？如果你再次遇到这样的问题，你会做出哪些改进？

请讨论并写出各小组意见。

_____
_____
_____

步骤三：检查货物标识

（1）检查每件货物是否都有货物标识，货件上的旧标记是否撤换或抹销。

（2）运单和货物标识内容是否完全一致，不一致的内容以运单为主。

（3）对照运单检查确认无误后，签章承运。

学中做 本任务中小白检查服装货物标识应如何进行，请讨论并写出各小组意见。

_____
_____
_____

学中练　**案例素材**

ABC 公司承接了一批从湖南长沙发往北京的家具货物，共有 50 件货物。在装载前，公司的验收员需要对货物进行检查。他们发现以下情况：

（1）50 件货物中，有 5 件货物没有货物标识。

（2）有 10 件货物上的旧标记没有被撤换或抹销。

（3）运单和货物标识的内容在 3 件货物上不完全一致。

思考

（1）面对上述情况，验收员应该如何处理这些问题，以确保货物能够顺利、安全地运输到北京？

（2）在处理这些问题的过程中，验收员应该如何与托运人进行沟通，以减少此类问题的发生？

（3）如果验收员和托运人在货物标识问题上存在分歧，应该如何解决？

（4）对于没有货物标识的货物，验收员应该如何操作，才能确保这些货物能够顺利地到达目的地？

（5）对于运单和货物标识内容不一致的货物，验收员应该如何进行处理？

（6）在遇到这样的问题时，验收员有哪些策略或流程可以帮助他们更有效地完成任务？

（7）如何防止这种问题的再次发生，以提高物流效率？

请讨论并写出各小组意见。

_____

_____

_____

步骤四：货物入库

1. 过磅

（1）以杠式台秤、地秤过秤，使用前应进行检查。

①摆放平稳，四角着实，台板保持灵活。

②将游砣移至零点时，横梁保持平衡。

③标尺与增砣的比率必须一致。

④地秤的台板与台框间必须保持平衡、灵活。

（2）往衡器上放置或取下货件时，须关闭制动器。过秤时不准触动调整砣、砣盘，禁止以其他物品代替增砣。

（3）定期检查衡器。按台建立衡器履历簿，及时、正确地填写。

衡器发生损坏、检定证明丢失、空秤不能调整平衡、机件缺损变形，或称量误差超过国家规定标准时，均不得使用。

2. 货物入库堆码

过磅完毕的货物放入指定货位。

（1）货物堆垛码应根据箭头向上等包装指示标志进行，要做到轻拿轻放、大不压小、重不压轻、稳固整齐、标签向外、按批分清。纸箱包装的货物要箱口向上，液体货物封口向上；怕湿货物露天堆码，地面要铺垫防湿垫木，上部要起脊并苦盖严密。

（2）货垛码放形状要便于清点保管和下一道工序的装卸、搬运，保证人身、货物和行车安全。

（3）堆码时货物货签向外，留有检查通路，装车的货物须距钢轨外侧 2 m 以上，货垛与站台边沿距离不得小于 1 m。

货垛与货垛之间应留出机械或人行通道，货垛与电源开关、消火栓等设备的距离不得少于 2 m。

（4）凡存放在装卸场所内的货物，应距离货物线钢轨外侧 1.5 m 以上，并应堆放整齐、稳固。

学中做 本任务中小白应如何进行服装货物入库，请讨论并写出各小组意见。

_____

_____

学中练 案例信息

XYZ 公司承接了一批从上海发往新疆乌鲁木齐的化工原料，总计 100 件货物。在装载前，公司的验收员需要对货物进行过磅和入库堆码。他们发现以下情况：

（1）一些货物的重量与运单记录的数据存在较大差异。

（2）在入库堆码时，部分货物的箱口并未向上放置，液体货物封口也并非朝上。

（3）有些货物堆码不稳固，且部分货垛与电源开关的距离小于 2 m。

思考

（1）对于重量存在差异的货物，验收员应该如何处理？对于这种问题，公司应该如何进行预防和解决？

（2）入库堆码不规范的货物应如何调整？对于这类问题，公司应该如何提前进行培训和指导，以减少此类情况的发生？

（3）面对堆码不稳固的货物，验收员应该如何进行修正？这种问题出现的原因可能是什么？

（4）如果货垛与电源开关的距离不符合规定，会有什么潜在的风险？该如何解决这个问题？

（5）对于以上的问题，公司应该怎样修改或完善其物流运营规范，以避免这类问题的再次发生？

请讨论并写出各小组意见。

_____

_____

步骤五：货物装车

货物的装车，应做到安全、迅速、满载，遵守装载加固技术条件，并根据装卸地点和货物性质来划分承运人与托运人、收货人的责任范围。铁路装车流程如图 3-1 所示。

【第一步】装车前的准备工作

根据车站通知的调车时间，先行检查线路有无障碍，并通知装卸队准备开班。装车方案确定后，按照有关装车手续，到现场核对

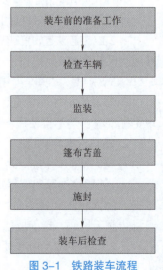

图 3-1 铁路装车流程

准备装车货物的货位、到站、收货人，检查货物包装情况，必要时还要清点件数。

同时，根据使用的车种，准备苫盖和加固材料或施封用的铁丝、封锁和工具，以及必要的设备，检查是否备齐并符合要求；需派人押运时，通知押运人到装车现场，掌握装车情况。

学中做 本任务中服装货物装车准备的注意事项是什么，请讨论并写出各小组意见。

_____

_____

学中练

小明是一家物流公司的负责人，他最近接到一项任务是将一批农产品从农村地区运输到城市。这些农产品包括易碎的水果和蔬菜，以及一些包装在纸箱里的食品。这些货物需要通过铁路进行长途运输。

为了保证货物的安全，小明需要在装车前做好充足的准备工作。他首先需要根据车站通知的调车时间，提前检查线路有无障碍，确保装车过程顺利进行；然后与装卸队进行沟通，通知他们准备开班；在装车方案确定后，到现场核对货物的货位、到站、收货人，确保所有的信息都正确无误；检查货物的包装情况，特别是易碎的水果和蔬菜，以及包装在纸箱里的食品，是否都有足够的保护，防止在运输过程中受到损害；必要时，需清点货物的件数，确保数量准确；同时根据使用的车种，准备足够的苫盖和加固材料，以及施封用的铁丝、封锁和工具，确保货物在运输过程中的稳定性，并检查这些设备是否都备齐并符合要求。最后，由于这是一次长途运输，小明需要派人押运。他需要通知押运人到装车现场，让他们了解装车的情况，以便在运输过程中做好监督。

在做好所有的准备工作后，小明才能放心地进行装车，确保货物能够安全、准时地到达目的地。

思考：如果你是小明，你还会做哪些准备工作来确保货物的安全运输？如果在准备过程中发现了问题，你会怎么解决？

请讨论并写出各小组意见。

_____

_____

_____

【第二步】检查车辆

（1）认真检查货车的车体（包括透光检查）、车门、车窗、盖阀是否完整良好。

（2）有无扣修通知、货车洗刷回送标签。

（3）货车使用上有无限制，有无装载通行限制。

（4）车内是否干净，是否被毒物污染。装载粮食、医药品、食盐、鲜活货物、饮食品、烟草制品以及有押运人押送的货物时，还应检查车内有无恶臭异味。

（5）冷藏车要检查车体设备是否完整良好，装运超限、集重货物要注意选择车型，跨装和使用游车时要选择地板高度一致的车辆。

运输组织管理

学中做 本任务中服装货物装车时,应如何检查车辆,请讨论并写出各小组意见。

_____

_____

学中练

(1)如果你在检查车内时发现了毒物污染或者有恶臭异味,应该如何处理?

(2)当使用冷藏车进行运输时,你需要进行哪些额外的检查?

(3)装运超限、集重货物时,选择车型的考量因素有哪些?如何选择适合的车型?

(4)在进行跨装和使用游车时,为何需要选择地板高度一致的车辆?这样做的原因是什么?

(5)在实际运输过程中,你可能会遇到各种突发情况,例如车辆故障、道路封闭等。你会如何处理这些情况?

请讨论并写出各小组意见。

_____

_____

【第三步】监装

装卸作业前应向装卸工组详细说明货物的品名、性质,装卸作业安全事项和需要准备的消防器材及安全防护用品,装卸剧毒品应通知公安到场监护。装卸作业时要做到轻拿轻放、堆码整齐牢固,防止倒塌。要严格按规定的安全作业事项操作,严禁货物侧放、卧装(钢瓶器除外)。包装破损的货物不准装车。装完后应关闭好车门、车窗、盖、阀,整理好货车装备物品和加固材料。

装车后需要施封、苫盖篷布的货物由装车单位进行施封与苫盖篷布。卸完后应关闭好车门、车窗、盖、阀,整理好货车装备物品和加固材料

学中做 本任务中服装货物应如何监装,请讨论并写出各小组意见。

_____

_____

【第四步】篷布苫盖

篷布仅用于苫盖敞车装运的怕湿、易燃货物或其他需要苫盖篷布的货物。毒害品、腐蚀性物品及污染性物品不得使用铁路篷布。苫盖易于损坏篷布的货物时,装车单位必须采取防护措施,防护材料由托运人提供。篷布不得横苫、垫车、苫在车内,不得代替装载加固材料。铁路篷布不得与自备篷布混苫。篷布苫盖应符合篷布苫盖的标准规定。

(1)只适用于敞车,一辆车苫盖一张篷布。

(2)篷布苫盖平坦,无货物外露;顶部起脊,两端包角密贴,两侧线条流畅;各部位尺寸不超限。

(3)绳索拴结、捆绑位置正确,绳结牢固,无松弛脱落,捆绑在丁字铁上的绳索呈蝶翅形结,

绳头余尾长度为 100~300 mm。

（4）货车手制动闸一端篷布下垂遮盖端板部分长度 ≤ 500 mm；货车手制动闸盘外露，不影响手制动闸盘及提钩杆使用。

（5）车辆两侧篷布下垂高度一致，车号外露。

使用铁路篷布时，将篷布号码填记在货物运单"铁路货车篷布号码"栏内；使用自备篷布时，应在货物运单"铁路货车篷布号码"栏内标记，并检查托运人是否在货物运单"托运人记载事项"栏内注明"自备篷布 × 张"和号码。专用铁路、铁路专用线使用铁路篷布时，由托运人凭车站填制的"货车篷布交接单"到车站领取。

制票时，应根据货物运单将铁路篷布号码填制在货票、货运票据封套篷布号码栏内，自备篷布张数和号码填记在"记事"栏内。

学中做 本任务中服装货物是否需要篷布苫盖，请讨论并写出各小组意见。

_____
_____
_____

学中练

假设你是一家大型农产品生产公司的物流经理，负责从农场将新鲜的果蔬运输到全国各地的超市。考虑到农产品的易腐性和需保持新鲜的特性，你决定使用铁路运输，由于你运输的是怕湿的农产品，所以你需要对货车进行篷布苫盖。然而，你发现托运人没有提供防护材料。这让你面临一个问题：如何在没有防护材料的情况下正确地对货车进行篷布苫盖？

思考：
在这种情况下，你会如何解决这个问题？
（1）如果你的公司没有足够的篷布，你会怎么办？
（2）在你的装车流程中，你还会对哪些事项进行检查，以确保运输的安全和有效？
（3）在装卸作业过程中，你还需要注意哪些可能会影响货物质量的因素？
（4）如果在装车过程中发现货物包装破损，你会如何处理？
请讨论并写出各小组意见。

_____
_____
_____

【第五步】施封

铁路施封是保证货运安全的一项重要措施，其目的是分清铁路与发、收货人之间的交接责任。发运货物使用篷车、冷藏车、罐车和集装箱运输时，都要按规定施封。施封的原则是：谁负责装车谁施封。由发货人施封或委托车站代封时，发货人应在货物运单上注明。货车施封时，封印必须清晰可辨。封印包括车站名称和封锁号码。

货物装载完毕，经确认装车状态完好，即关闭车门，先用粗铁丝将两侧车门下部的门扣和门鼻拧紧，并在每一车门的下部门扣处各施施封锁一枚。罐车在注油口和排油口处施封。同一车门只准施封一个，"串封"无效。

📝 **学中做** 本任务中谁负责施封，请讨论并写出各小组意见。

_____

_____

【第六步】装车后检查

（1）检查车辆装载；

（2）检查运单有无误填和漏填，车种、车号和运单、货运票据封套记载是否相符；

（3）检查货位有无误装的情况。

📝 **学中做** 本任务中装车检查核对应重点记录什么，请讨论并写出各小组意见。

_____

_____

运输素质塑造

铁路货物验收与社会责任感

铁路货物验收不能忽视社会责任感。我们要认识到验收在物流运输行业工作的社会责任。

确保货物安全：铁路货物验收是确保货物安全的关键环节。通过对货物的仔细检查，可以确保货物的完整性，防止在运输过程中出现货物损坏、丢失等问题。这不仅关乎物流企业的经济利益，也关乎消费者的权益。

保障交易公正：铁路货物验收也是保障交易公正的重要手段。验收过程中对货物的数量、重量、规格等信息的准确记录，有助于确保货主和承运人之间的交易公正，防止出现贸易争端。

支持社会稳定：正规的验收流程有助于维持市场秩序，支持社会稳定。特别是在一些关键时期，例如灾害救援、大型活动等，快速而准确的验收可以大大提升物流效率，为社会稳定提供支持。

在物流管理专业中，我们应该明确知道，每一个环节都离不开社会责任感的引导。正是由于每一个环节的工作人员都能积极履行自己的职责，才使得整个物流体系能够有效运转。因此，对于铁路货物验收等专业知识的学习，不仅仅是掌握其技术和流程，更是要理解其中蕴含的社会责任感。

任务三　货物在途运输

✓ 任务布置

10 000 t 纱线在货物运输途中，由于市场需求的急剧变化，公司决定将这批纱线运送到成都的另一家工厂。在这种情况下，需要对原先的铁路货运合同进行变更，同时还需要组织货物在途运输的调整。

✓ 任务分析

完成本任务，需要解决以下问题：

（1）在这种情况下，ABC 公司应如何熟练掌握并应用铁路货运合同的变更限制，以合法、有效地进行合同变更？

（2）ABC 公司在需要变更运输目的地时，应如何正确填制货物运输变更要求书，以确保变更的有效性和合法性？

（3）面对货物在途运输的调整，ABC 公司应如何合理组织和管理，以确保货物能够按照变更后的要求安全、准确地到达目的地？

（4）在实际操作中，ABC 公司应如何与铁路运输公司等相关方进行有效的沟通，以确保变更过程的顺利进行？

✓ 任务资讯

任务资讯 1　铁路货运合同的变更限制

铁路是按计划运输货物的，合同变更必然会给铁路运输的正常秩序带来一定影响。因此，铁路货运合同在下列情况下，不得办理变更：

（1）违反国家法律、行政法规、物资流向或运输限制的。

（2）变更后的货运期限长于货物允许的运输期限的。

（3）第二次变更到站的。

（4）变更一批货物中的一部分的。

任务资讯 2　确定变更内容

一、变更到站

货物已经装车挂运，托运人或收货人可按批向货物所在的中途站或到站提出变更到站。但是为了保证运输安全，液化气体罐车不允许进行运输变更或重新起票办理新到站，如遇特殊情况需要变更或重新起票办理新到站的，需要经铁路局批准。

二、变更收货人

货物已经装车挂运，托运人或收货人可按批向货物所在的中途站或到站提出变更收货人。

学中练

DEF 制造公司是一家主要以铁路方式进行原材料和产品运输的企业。最近,该公司从河北发运一批重要的原材料至其在福建的工厂。然而,由于市场变动,公司决定将这批原材料运送到新设立的江苏工厂,并且更改收货人。

在这种情况下,DEF 制造公司需要进行货运合同的变更操作,包括变更到站和变更收货人。然而,公司是否可以直接进行此类变更,又应如何进行操作,成了需要解决的问题。

思考

(1)在 DEF 制造公司的情况下,是否可以进行变更到站和变更收货人的操作?其操作是否违反了铁路货运合同的变更限制?

(2)DEF 制造公司在进行变更操作时,应注意哪些法律、行政法规以及物资流向或运输限制的规定,以保证变更操作的合法性?

(3)针对液化气体罐车等特殊情况,DEF 制造公司应如何处理货运合同的变更?

(4)DEF 制造公司在进行货运合同的变更时,应如何确保变更后的货运期限不超过货物允许运输的期限?

(5)对于变更一批货物中的一部分或变更到站的第二次变更等操作,DEF 制造公司应如何处理?

(6)在实际操作中,DEF 制造公司应如何与相关铁路运输公司等进行有效的沟通,以确保变更操作的顺利进行?

请讨论并写出各小组意见。

_____

_____

任务资讯 3　填制货物运输变更要求书

托运人或收货人要求变更的,应提出领货凭证或其他有效证明文件和货物运输变更要求书(见表 3-7),提不出领货凭证的应提供其他有效证明文件,并在货物运输变更要求书内注明。

表 3-7　货物运输变更要求书

					受理变更顺序号	第　号
提出变更单位名称:		印章		年　月　日		
变更事项						
	运单号码	发站	到站	托运人	收货人	办理种别
	车种车号	货物名称	件数	重量	承运日期	
	记事					
承运人记载事项						经办人

任务资讯 4 变更的处理

办理货运合同变更时还需注意以下几点:

(1)托运人变更合同的要求不是在发站提出,而是向货物所在的途中站或到站提出。

(2)由于铁路货运合同的收货人可以是托运人以外的人,他虽未参加订立合同,但作为合同一方当事人的关系人,也可以提出变更合同的要求。

(3)铁路货运合同的变更,不仅应提出变更要求书,还应提出领货凭证或其他有效证明文件,以避免变更合同后原收货人向承运人提出领货要求而出现不必要的货运纠纷。

学中练

请根据以下情境评价张先生的做法。

张先生是一家家具制造公司的采购经理。他在成都的一家木材供应商处购买了一批高质量的红木,并签订了铁路货运合同,将红木运送到他在上海的工厂。然而,由于突然出现的生产计划调整,张先生需要将这批红木立即运送到广州的另一个工厂进行加工。在这种情况下,张先生需要变更货运合同。按照规定,他应该向货物所在的途中站或到站提出变更合同的要求,而不是在发站提出。因此,张先生向货物当前所在的武汉站提交了变更要求。但是,他注意到,变更铁路货运合同需要提出变更要求书,并且还需要提供领货凭证或其他有效证明文件。为了避免变更合同后原收货人向承运人提出领货要求而出现不必要的货运纠纷,张先生提供了他与原木材供应商的采购合同作为证明文件,并写了一份详细的变更要求书。此外,张先生也通知了上海工厂的仓库经理,如果有关这批货物的变更情况,仓库经理也可以作为收货人提出变更合同的要求。张先生的周全行动避免了可能出现的货运纠纷,并保证了生产的顺利进行。

请讨论并写出各小组意见。

_____
_____
_____

任务实施

在货物运输中,经合同双方同意,对运输的货物、运期、到站及收货人等,在法律允许的范围内进行更改。变更铁路货运合同步骤如图 3-2 所示。

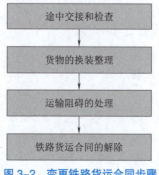

图 3-2 变更铁路货运合同步骤

运输组织管理

活动 1　铁路合同变更

一、铁路货运合同的解除的概念

铁路货运合同的解除，是指合同有效成立后，基于当事人双方的意思表示，使特定的铁路货运合同中托运人与承运人之间的权利义务关系归于消灭的法律行为。具体来说，就是整车货物和大型集装箱在承运后挂运前，零担和其他型集装箱货物在承运后装车前，托运人可向发站提出取消托运，经承运人同意，货运合同即告解除。

二、铁路货运合同的解除的条件

铁路货运合同的解除应具备下列条件之一：

（1）货运合同在货物发送前，经双方同意，可以解除，但不得因此损害国家利益和社会公共利益。

（2）订立货运合同所依据的产品调拨计划、铁路运输计划等国家计划被取消。

（3）由于不可抗力或由于一方当事人虽无过失但无法防止的外因致使合同全部义务不能履行，一方有权通知另一方解除合同。

（4）由于另一方在合同约定的期限内没有履行合同，致使合同的履行已无意义，当事人一方有权通知另一方解除合同。

三、办理手续

解除合同，发站退还全部运费及押运人乘车费，但是特种车使用费和冷藏车回送费不退，按规定支付变更手续费和保管费等费用。

学中做　请根据任务分析，10 000 t 纱线如果遇到不可抗力因素，应如何解除合同，请讨论。

_____

_____

运输素质塑造

铁路运输合同变更与解除与职业道德

在探讨铁路运输合同的变更与解除时，我们必须理解这是涉及诚信和职业道德的问题。在物流管理行业中，对合同的尊重和遵守代表着一个组织的专业程度和对职业道德的尊重。

尊重合同精神：铁路运输合同是托运人和铁路运输企业之间的重要约定，变更或解除合同应遵循公平、公正的原则，尊重合同精神。任何轻易变更或解除合同的行为都可能影响合同双方的权益，同时也可能损害物流行业的形象。

保障公平交易：合同变更与解除不仅涉及货主和运输企业的权益，也关系到整个市场的公平交易。因此，物流专业人员在处理这类问题时应具备深厚的职业道德底线，保障公平交易，维护行业良性发展。

提升行业形象：诚实守信是物流行业发展的重要基础。在实际工作中，应该尊重和执行合同，及时处理合同争议，以提升物流行业的形象，建立行业的良好声誉。

在物流管理专业学习中，除了掌握专业技术和业务知识外，同样重要的是培养良好的职业道德。因此，理解铁路运输合同变更与解除的原则和过程，不仅可以帮助我们更好地应对实际工作中的问题，更能提升我们的职业素养，为我们的职业生涯铺设坚实的基础。

学中练

情境描述

公司A与铁路公司签订了一份铁路货运合同,计划将一批货物从城市A运送到城市B。合同已经有效成立,但在货物装车前,公司A突然遇到了紧急情况,不得不取消运输计划,需要解除货运合同。

公司A决定解除货运合同,需要办理以下手续:

通知发站:公司A向发站提出取消托运的申请。

征得承运人同意:发站将通知承运人(铁路公司)关于公司A的解除申请,承运人需要同意解除合同。

退还运费和押运人乘车费:一旦合同解除,发站将退还公司A全部运费及押运人乘车费。

非退还费用:特种车使用费和冷藏车回送费不予退还。

支付变更手续费和保管费:如果有相关费用发生(例如已经进行了一部分准备工作),公司A需要按规定支付变更手续费和保管费等费用。

思考

(1)在什么情况下,合同解除需要经过双方同意?双方是否都必须同意解除?

(2)如果国家产品调拨计划、铁路运输计划等国家计划被取消,会对货物运输产生什么影响?为什么在这种情况下可以解除合同?

(3)不可抗力或无过失外因是什么?请提供一些可能导致合同解除的具体例子。

(4)如果另一方未能在合同约定的期限内履行合同,公司A解除合同后是否可以追求相关的赔偿或索赔?

(5)解除合同后,公司A需要支付的变更手续费和保管费等费用是根据什么标准来确定的?这些费用是否会有差异?

(6)在合同解除后,是否可以重新订立新的货运合同?如果可以,需要重新安排什么手续或步骤?

请根据以上提供的信息进行思考回答。

_____

_____

_____

活动 2　在途运输检查

【第一步】途中交接和检查

为保证行车安全和货物安全,对运输中的货物和运输单据要进行交接检查。

1. 交接检查手续

车站与运转车长相互间应按照列车编组顺序表和乘务员手册要求办理签证交接。交接的时间、地点由分局指定,涉及两个分局的由有关分局商定。接收方在规定的时间内将列车检查完毕。到达列车在规定时间内未经车站签证,车长不得退勤,若超过规定的时间车站未同车长办理交接,则车长要求车站值班负责人签证退勤。

2. 交接检查方法

交接检查时,施封的货车凭封印交接检查。但罐车的上部和下部封印、苫盖货物的篷布顶部、煤车标记和平整状态，在途中不交接检查。如接方发现有异状，由交方编制记录后接收。若发现重罐车开启，则应由交方编制普通记录证明，车站负责管好。在发站和中途站发现空罐车上盖张开，由车站负责关闭。

📝 学中做

（1）途中运输检查的目的是什么？

（2）列车上哪些类型的货车需要进行交接检查？

（3）车站与运转车长之间的交接检查手续是怎样的？

（4）如果涉及两个分局的货物交接，交接时间和地点是由谁指定的？

（5）如果接收方在规定时间内未能完成对列车的检查，会有什么后果？

（6）在交接检查时，施封的货车凭什么进行验证？

（7）为什么在途中不对罐车的上部和下部封印、苫盖货物的篷布顶部及煤车标记和平整状态进行交接检查？

（8）如果接收方在交接时发现货物有异常情况，该如何处理？

（9）重罐车开启时，交接方应该采取什么措施？

（10）在发站和中途站发现空罐车上盖张开的责任归属是怎样的？

请讨论并写出各小组意见。

_____
_____
_____

【第二步】货物的换装整理

货物的换装整理是指装载货物的车辆在运送过程中，发生可能危及行车安全和货物完整情况时，所进行的更换货车或货物整理作业。

1. 换装整理的范围

为保证行车安全和货物的完整性，装载货物的车辆在以经过一段距离运行后，应进行技术检查和货运检查。货车技术状态和货物装载状态的检查，分别由车辆段列检所和车长进行。

检查中发现货车偏载、超载、货物撒漏以及车辆技术状态不良时，经车辆部门扣留不能继续运行，或根据交接货物时，检查和处理的事项中规定需要换装整理的货物进行换装整理。如违反货车使用和通行限制，货物装载有异状（包括有坠落、倒塌危险或窜出），装载加固及篷布苫盖不符合规定等，若有发现应及时换装整理。

2. 换装整理的处理

换装时应选用与原车类型和标记载重相同的货车，并按照货标核对货物现有数量及状态，如数量不符或状态有异，应编制货运记录。换装后，应将货物运单、货票、票据上的车种、车号等有关各栏予以订正。

经过整理换装的货车，不论是否摘车，均应编制普通记录，证明换装整理情况和责任单位，并在货票丁联的背面记明有关事项。

换装整理的时间不应超过两天，如两天内未能换装整理完毕，则应由换装站通知到站，以便收货人查询。

📝 学中做

请根据任务分析，10 000 t 纱线如何进行换装整理，请讨论并写出各小组意见。

项目三 铁路货物运输

📝 学中练　案例背景

某国铁路公司负责长途货物运输,一辆装载货物的货车从A市出发,计划运送货物前往B市。途中,货车经过一段距离运行后,发现货车存在偏载、超载、货物撒漏以及车辆技术状态不良等问题,可能危及行车安全和货物完整性。因此,需要进行货物的换装整理作业,以保证行车安全和货物完好无损。

案例思考题目:

(1)在货车进行技术检查和货运检查时,由哪些部门或角色进行检查?分别负责检查什么内容?

(2)在什么情况下,货车可能被扣留不能继续运行,导致需要进行换装整理的处理?

(3)货物进行换装整理时,应该选择怎样的车辆,并且需要核对哪些货物信息?

(4)换装整理后,应该对货物运单、货票、票据上的哪些信息进行订正?

(5)为了确保换装整理的情况被记录,应该如何进行记录?并在什么地方记明相关事项?

(6)换装整理的时间限制是多少?如果超过时间限制,应该采取什么措施?

(7)在进行换装整理的过程中,如果发现货物数量不符或状态有异,应该如何处理?

请根据以上提供的信息进行思考回答。

【第三步】运输阻碍的处理

运输阻碍是指因不可抗力的原因致使行车中断的现象。货物运输发生阻碍时,铁路局对已承运的货物可指示绕路运输,或者在必要时先将货物卸下妥善保管,待恢复运输时再行装车继续运输。因货物性质特殊(如危险货物发生燃烧、爆炸或动物死亡、易腐货物腐烂等),绕路运输或者卸下再装,可能造成货物损失时,车站应联系托运人或收货人请其在要求的时间内提出处理办法。超过要求的时间未接到答复或因等候答复将使货物造成损失的,比照无法交付货物处理,所得剩余价款(缴纳装卸、保管、运输、清扫、洗刷除污费后)通知托运人领取。

📝 学中做　请根据任务分析,10 000 t纱线如果遇到不可抗力,应如何处理,请讨论。

任务四　货物到达交付

✓ 任务布置

10 000 t 纱线马上运送到成都，当事人应如何进行到达交付作业呢？

✓ 任务分析

完成本任务，需要解决的问题：
（1）铁路货运员需按照运单上的详细信息，做哪些项目的到达查询？
（2）如何检查货物包装？
（3）如何检查货物标识？
（4）如何进行货物装车操作？

✓ 任务资讯

任务资讯 1　货物到达交付的流程

货物到达接收，是货物运输的终点，它是一项复杂而又细致的工作，至此，运输合同即告终止。货物的到达交付流程如图 3-3 所示。

图 3-3　货物的到达交付流程

【第一步】换票

持领货凭证或介绍信在铁路货票存查联上签章，换货物运单和货物搬出证，同时交付杂费和到付运费。

【第二步】提货

凭货物运单和货物搬出证，到指定站台领取实物。收货人认真点验无误后，由车站在货物运单和货物搬出证上加盖"货物交讫"戳记，如发现损坏、短少，要索取记录，划清责任。

【第三步】办理交接

根据准备阶段的预先安排和填制好的接收入库单据，将货物点交给提货人或市内运输部门，办理交付入库或就站直拨。提货人自提就地交付时,办理了实物点交,提货人在接运入库单据的有关联次上签字盖章,即交接完毕。由储运部门组织送货或直拨时,市内运输部门把货物向仓库或直拨的单位交清,转回有收货仓库签章的货物接收入库单"回执联",交接全部终了。

【第四步】事故查询

对接收时发现的货物损坏、短少,根据索取到的货运记录或普通记录,在规定的时间内向责任方提出查询或索赔。

【第五步】统计归档

按货物运单整理运输单据,分委托单位和不同的运输形式,登记接运量,结算费用,归档有关资料。

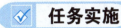
任务实施

活动1 货物到达查询

托运人在将货物托运后,将"领货凭证"寄交收货人。收货人接到"领货凭证"后,及时向到站联系货物的到达情况。

承运人组织卸车的货物,到站应不迟于卸车结束的次日内,用电话或书信向收货人发出催领通知并在货物内记明通知的方法和时间。有条件的车站可采用电报、挂号信、长途电话、登广告等通知方法,收货人也可与到站商定其他通知方法。采用电报等或商定的方法通知的,车站应按实际支出向收货人核收催领通知费用。

收货人在到站查询所领取的货物未到时,到站应在领货凭证背面加盖车站日期戳证明货物未到。

学中做

(1)领货凭证是什么?托运人如何获取领货凭证?

(2)有哪些通知收货人的方法?承运人应如何选择这些方法?

(3)如果承运人采用付费的通知方法,收货人需要支付哪些费用?

(4)为什么到站需要在领货凭证背面加盖车站日期戳证明货物未到?这样做的目的是什么?

(5)这个流程中,对于托运人、承运人和收货人的责任有什么具体的规定?

请根据以上提供的信息进行思考回答。

_____
_____
_____
_____
_____
_____

活动 2　货物交接

步骤一：卸车前的检查

1. 铅饼施封失效条件
（1）麻绳、棉绳、铁线任何一端可以从铅饼中脱出。
（2）麻绳、棉绳、铁线折断。
（3）封饼上的站名、号码无法辨认。

2. 施封货车到站检查
施封的货车，到站在接收和拆封时应进行核对检查。当发生货运事故时，将封饼与有关的货运单据一并保存，供判明责任参考。

3. 卸车拆封
卸车拆封前，应根据货物运单或货车装载清单、货运票据封套记载的施封号码与施封环号码核对，并检查施封是否有效。

拆封时，从环带空白处剪断，不得损坏环带和环盒上的印文，并保持原来长度（使用施封环剪断钳剪断的环带长度两截相加，可较原来短少 1 mm)，每一辆货车上拆下的施封环应拴在一起，妥善保管，建立登记、备查和销毁制度，保管期须满 1 年。

卸车单位在拆封前，应根据货物运单、货车装载清单或货运票据封套上记载的施封号码与施封锁号码核对，并检查施封是否有效。拆封时，从钢丝绳处剪断，不得损坏站名、号码。拆下的施封锁，对编有记录涉及货运事故的，自卸车之日起，须保留 180 天备查。

4. 按失效处理的施封锁情况
钢丝绳的任何一端可以自由拔出，锁芯可以从锁套中自由拔出。钢丝绳断开后再接，重新使用。锁套上无站名、号码和站名或号码不清、被破坏。

学中做　本任务中应如何进行卸车前检查。

___

___

___

___

___

___

步骤二：货物的交接

1. 施封货车交接
施封的货车，凭封印交接。

2. 不施封货车交接
不施封的货车、棚车和冷藏车凭车门、窗关闭状态交接，敞车、平车、砂石车不苫盖篷布的，凭货物装载状态或规定标记交接，苫盖篷布的凭篷布现状交接。如承运人发出会同卸车通知时起超过 2 h 而收货人未到站，到站应编制铁路部门普通记录表（见表 3-8）证明封印状况或货车现状后，以收货人责任拆封、卸车。

表 3-8　铁路部门普通记录表

_____铁路局普通记录

第_____次列车在_____站与_____站间 * 发站_____　发局_____　托运人_____ 到站_____　到局_____　收货人_____ 货票号码_____　车种车型_____　车号_____ 货物名称_____	
于 20_____年___月___日___时___分第_____次列车到达	
发生的事故情况或车辆技术状态：	

厂修			
段修			
辅修		轴检	

参加人员： 车站 列车段 车辆段 其他 20　　　年　　月　　日	单位戳记

注：1. 本记录一式两份，一份存查、一份交有关单位。
　　2. 编号由填发单位自行编排掌握。
　　3. 如换装整理或其他需要调查时，应作抄件送责任单位。
　　4. * 表示车长在列车内编制时填写。

（规格：185 mm×130 mm）

学中做　本任务中是否要进行施封，请讨论。

_____
_____
_____

学中练

华泰公司是一家重型机械制造商，他们需要将一批重型设备运往另一个城市的客户，也就是收货人——明达公司。由于货物的特殊性，华泰公司选择了施封的货车进行运输，并且在车门关闭后进行了封印。封印过程中，华泰公司的工作人员和铁路部门的工作人员一起进行了封印号码的记录和封印的检查。

明达公司收到了华泰公司寄来的领货凭证和施封号码后，因为在承运人发出会同卸车通知时起超过 2 h 而未到站，铁路部门便编制了铁路部门普通记录表，证明了封印状况和货车现状，并以明达公司的责任进行了拆封和卸车。

案例思考

（1）在此案例中，华泰公司在封印货车时都进行了哪些步骤？这些步骤的目的是什么？

（2）为什么需要核对施封号码和施封环号码？这一步骤在货物运输中的重要性是什么？

（3）铁路部门在拆封前，如何根据货物运单或货车装载清单、货运票据封套记载的施封号码与施封环号码进行核对？他们应该如何检查施封是否有效？

（4）如果在拆封时发现施封失效，应该怎么处理？这样的情况下，责任应该如何划分？

（5）明达公司未能及时到达，铁路部门为何要编制铁路部门普通记录表？这个记录表在解决后续可能出现的争议中起到什么作用？

（6）明达公司在未能及时到站的情况下，他们如何确保自己的权益不被侵犯？他们应该如何处理这种情况？

请根据以上提供的信息进行思考回答。

步骤三：货物的领取

1. 票据交付

（1）收货人个人：需提供"领货凭证"和个人证件（户口簿或身份证）。

（2）收货人单位：需提供"领货凭证"及单位领货证明和领货人身份证。

（3）无法提供"领货凭证"：需提供收货单位的提货证明和收货人的证件。

（4）代领货物：需提供"领货凭证"、委托介绍信和代领人身份证。

2. 费用结算

（1）需由收货人支付的费用种类（如包装整修费、整理或换装费、货物变更手续等）。

（2）铁路部门收费后的处理流程（在货票丁联盖章，留下领货凭证，加盖到站交付日期戳，将运单交给收货人）。

3. 现货交付

（1）点交货物：收货人持货运室交回的运单领取货物。

（2）运单处理：运单上加盖"货物交讫"戳记，记明交付完毕的时间，将运单交还给收货人。

（3）货场搬出：收货人持加盖"货物交讫"的运单将货物搬出货场。

（4）检查过程：门卫检查品名、件数、交付日期与运单是否相符。

（5）清扫与清扫费：搬出货物的同时，清扫货位和搬出防护、衬垫物，如未清扫，需支付清扫费。

学中做 本任务中货物的领取程序是什么，请讨论。

学中练

案例：

ABC贸易公司是一个专业的进口水果贸易公司。他们的主要业务是从国外进口各种高质量的水果，并在国内分销。最近，他们从智利进口了一批车厘子，预计会在接下来的两周内到达。

当收到托运人邮寄的"领货凭证"后，ABC贸易公司的负责人立即联系了到站，了解货物的到达情况。他们得知，承运人已经开始组织卸车，预计货物将在次日内到达。

然而，因为一些意外的情况，ABC贸易公司的负责人在承运人发出会同卸车通知后超过两小时才到达车站。到站已经开始编制铁路部门普通记录表证明封印状况或货车现状，以收货人责任拆封、卸车。

如果你是ABC贸易公司负责人，应该如何做才能顺利领取货物。

业务步骤：_____

_____

_____

步骤四：货物的暂存

在实行整车货物交付前保管的车站，货物交付完毕后，如收货人不能在当日将货物全批撤出车站，对其剩余部分，按件数和重量承运的货物，可按件数点交车站负责保管，只按重量承运的货物，可向车站声明。

对到达的货物，收货人有义务及时将货物搬出，铁路也有义务提供一定的免费保管期，以便收货人安排搬运车辆，办理仓储手续。免费保管期间规定为：由承运人组织卸车的货物，收货人应于承运人发出催领通知的次日（不能实行催领通知或会同收货人卸车的货物为卸车的次日）起算，2天（铁路局规定1天的为1天）内将货物搬出，超过此期限未将货物搬出，其超过的时间核收货物暂存费。

学中做 本任务中货物是否需要暂存，请讨论。

_____

_____

_____

步骤五：无法交付货物的处理

货物运抵到站，收货人应及时领取。拒绝领取时，应出具书面说明，自拒领之日起，3日内到站应及时通知托运人和发站，征求处理意见。托运人自接到通知之日起，30日内提出处理意见答复到站。

从承运人发出催领通知次日起（不能实行催领通知时，从卸车完了的次日起），经过查找，满30日（搬家货物满60天）仍无人领取的货物或收货人拒领，托运人又未按规定期限提出处理意见的货物，承运人可按无法交付货物处理。

无法交付货物的范围、保管期限、上报和移交手续、价款处理，应按照国家经济委员会颁发的《关于港口、车站无法交付货物的处理办法》规定办理。

对性质不宜长期保管的货物，承运人根据具体情况，可缩短通知和处理期限。在未最后确定处理意见前，铁路部门对这些货物应做到：

（1）及时收集和整理，集中专库保管，不准以货车或集装箱代库。

（2）指定专人负责，账物相符，妥善保管。

学中做 本任务中该批货物如果交付不能正常进行，应如何处理，请讨论。

运输素质塑造

铁路货物到达交付与服务质量

在物流管理领域，铁路货物的到达与交付是一项至关重要的任务，它直接影响着服务质量以及企业的信誉。同时，这也关系到对消费者权益的尊重和保护。

准时交付：准时交付货物是物流管理的基本要求，也是企业对客户的承诺。它不仅反映了企业的工作效率，也体现了对消费者时间权益的尊重。迟到或提前交付都可能影响消费者的生产和生活，因此物流专业人员应注重时间管理，努力做到准时交付。

货物安全：在货物运输过程中，保证货物的安全是每一个物流专业人员的责任。任何货物的损失或破损都可能影响消费者的权益，甚至可能引发法律纠纷。因此，我们必须关注每一环节的操作，严格执行安全规定，减少货物损失。

服务态度：在货物到达交付的过程中，物流专业人员的服务态度也是衡量服务质量的重要标准。我们应以专业、热情、耐心的态度对待每一位客户，尽可能满足他们的需求，解决他们的问题。

在学习铁路货物到达交付的知识点时，我们不仅要掌握专业知识，也要提升自己的服务素养，因为物流服务的质量直接关系到企业的竞争力和信誉。让我们在实践中不断提升，成为更优秀的物流管理专业人员。

学中练

案例

XYZ 电子有限公司是一家电子产品制造商，生产各种消费电子产品。他们有一批由海外供应商提供的电子零件，这些零件是他们下一批产品的关键组成部分。这些零件通过铁路运输，预计将在下周抵达。

当货物到达车站时，XYZ 电子公司的负责人由于一些突发的物流问题，没有能在规定的免费保管期限内，即 2 天内，将货物全部撤出车站。对此，他决定将剩余部分货物暂时存放在车站，同时也向车站声明了这一决定。

过了几天，XYZ 电子公司的负责人仍然没有来领取货物。车站方面尝试与公司负责人取得联系，但未果。由于货物已经超过了免费保管期限，车站开始收取货物的暂存费。

一周后，XYZ 电子公司的负责人因为公司内部的运营问题，表示无法领取这批货物，并出具了书面说明。车站于是按照规定通知了托运人和发站，征求处理意见。经过一段时间，托运人没有提出处理意见，车站只好按照无法交付货物的处理方式进行处理。

车站的处理方式是否妥当，请讨论。

任务五　铁路货物运费核算

✓ 任务布置

10 000 t 纱线已完成运输，根据《铁路货物运价率表》，可以查询纱线的发到基价为 0.5 元/t，运行基价为 0.02 元/(t·km)。纱线运输途径包括电气化铁路区段，这部分的里程为 500 km，电气化附加费的费率为 0.01 元/(t·km)。新路新价均摊运费的费率为 0.011 元/(t·km)，新路区段的运价里程为 200 km。根据铁路建设基金费率表，纱线的铁路建设基金费率为 0.028 元/(t·km)。铁路货物装卸搬运作业费按照整车货物的费率，每辆车的费用为 100 元，小白要开始进行运费核算了。

✓ 任务分析

完成本任务，需要解决的问题：

（1）由于费用计算涉及很多因素，例如发站到站的运价里程、货物名称、货物重量与体积、电气化铁路区段、新路区段等，如何处理这些复杂问题，并设计出有效的算法进行计费重量和运费的计算？

（2）在大规模的运输场景中，如何实现运费计算的自动化，以提高效率并减少人为错误？

✓ 任务资讯

任务资讯 1　铁路货物运输运费的计算

托运人应在发站承运货物当日支付费用。当托运人或收货人迟交运输费用时，应收取运费迟交金。

一、计算运价里程

根据运单上填写的发站栏和到站栏，按《铁路货物运价里程表》算出发站至到站的运价里程，计算货物运费的起码里程为 100 km。

铁路运费核算

二、确定货物运价等级和运价率

根据运单上填写的货物名称查找《铁路货物运输品分类与代码表》，确定出适用的运价号，然后整车零担货物按照货物适用的运价号、集装箱货物根据箱型、冷藏车货物根据车种分别在《铁路货物运价率表》中查到适用的发到基价和运行基价。

三、确定计费重量

计费重量是根据运输种别、货物名称、货物重量与体积确定的。

1. 整车货物运输计费重量的确定

整车货物除下列情况外，均按货车标记载重量计算运费。以吨为单位，吨以下四舍五入。货物重量超过标记载重量时，按货物重量计费。

（1）使用矿石车、平车、砂石车，经铁路局批准，装运《铁路货物运输品名分类与代码表》"01、0310、04、06、081"和"14"类货物按 40 t 计费，超过时按货物重量计费。

（2）表3-9所列货车装运货物时，计费重量按表中规定计算；货物重量超过规定计费重量的，按货物重量计费；加冰冷藏车不加冰运输时，按冷藏车标重计费。冷藏车的计费重量见表3-9。

表3-9 冷藏车的计费重量表

车种车型	计费重量/t
B6 B6N B6A B7（加冰冷藏车）	38
BSY（冷板冷藏车）	40
B18（机械冷藏车）	32
B19（机械冷藏车）	38
B20 B21（机械冷藏车）	42
B10 B10A B22 B23（机械冷藏车）	48
SQ1（小汽车专用平车）	85
QD3（凹底平车）	70
GH95/22、GY95/22（石油液化气罐车）	65
GH40、GY40（石油液化气罐车）	65

（3）使用自备冷藏车装运货物时按60 t计费。使用标重低于50 t的自备罐车（表3-9中所列GH95/22、GY95/22、GH40、GY40型除外）装运货物时按50 t计费。

（4）标重不足30 t的家畜车，计费重量按30 t计算。

（5）车辆长超过计划1.5倍的货车（D型长大货物车除外）而未明定计费重量的，按其超过部分以每米（不足1 m的部分不计）折合5 t与60 t相加之和计费。

2. 零担货物运输计费重量的计算

按一批办理的零担货物，其起码计费重量为100 kg。零担货物的计费单位是10 kg，不足10 kg进为10 kg。每项运费的尾数不足1角时，按四舍五入处理；每项杂费不满1个计算单位时，均按1个计算单位计算。

四、计算运价

货物适用的发到基价，加上运行基价与货物的运价里程相乘之积，算出运价，再与确定的计费重量（集装箱为箱数）相乘，算出运费：

整车货物每吨运价 = 发到基价 + 运行基价 × 运价公里

零担货物每10 kg运价 = 发到基价 + 运行基价 × 运价公里

集装箱货物每箱运价 = 发到基价 + 运行基价 × 运价公里

五、计算附加费用

根据要求分别计算货物的电气化附加费、新路新价均摊运费、铁路建设基金三项费用，再与运费相加即为货物的运输费用。

1. 电气化附加费的计算

货物运输通过电气化铁路区段的要增加电气化附加费。电气化附加费费率见表3-10。

表3-10 电气化附加费费率

种类 项目	计费单位	费率
整车货物	元/（t·km）	0.01
零担货物	元/（10 kg·km）	0.000 1
自轮运转货物	元/（轴·km）	0.03

续表

种类		项目	计费单位	费率
集装箱		1 t 箱	元/(箱·km)	0.006
		5、6 t 箱	元/(箱·km)	0.05
		10 t 箱	元/(箱·km)	0.084
		20 ft① 箱	元/(箱·km)	0.16
		40 ft 箱	元/(箱·km)	0.34
	空自备箱	1 t 箱	元/(箱·km)	0.003
		5、6 t 箱	元/(箱·km)	0.025
		10 t 箱	元/(箱·km)	0.042
		20 ft 箱	元/(箱·km)	0.08
		40 ft 箱	元/(箱·km)	0.17

其计算公式为

电气化附加费 = 费率 × 计费重量（箱数或轴数）× 电气化里程

2. 新路新价均摊运费的计算

货物运输通过铁路新路区段的要增加新路新价均摊运费。其计算公式为

新路新价均摊运费 = 均摊运价率 × 计费重量（箱数或轴数）× 运价里程

新路新价均摊运费费率见表 3–11。

表 3–11　新路新价均摊运费费率

种类	项目	计费单位	费率
整车货物		元/(t·km)	0.011
零担货物		元/(10 kg·km)	0.000 011

3. 铁路建设基金的计算

其计算公式为

铁路建设基金 = 费率 × 计费重量（箱数或轴数）× 运价里程

铁路建设基金的费率见表 3–12。

表 3–12　铁路建设基金的费率

种类	项目	计费单位	农药	磷矿石棉花	其他货物
整车货物		元/(t·km)	0.019	0.028	0.033
零担货物		元/(10 kg·km)	0.000 19	0.000 33	

六、杂费的计算

铁路货运杂费是铁路运输的货物自承运到交付的全过程中，铁路运输企业向托运人、收货人提供的辅助作业、劳务，以及托运人或收货人额外占用铁路设备、使用用具、备品所发生的费用。铁路货运杂费分为货运营运杂费，延期使用运输设备、违约及委托服务杂费和租金，占用运输设备杂费三大类。

---

① 1 ft=0.304 8 m。

铁路货物装卸搬运作业费收费项目分整车、零担、集装箱、杂项作业4种，各地区、各车站按其实际发生的项目和铁道部规定的费率标准核收。

七、费用总额

上述各项费用相加，就是运输费用总额。

运输素质塑造

铁路货物运费核算与成本管理

在物流管理领域，理解并掌握铁路货物运费核算的知识点不仅有助于我们更好地理解货物运输的成本结构，也对我们在实际工作中做出成本效益的决策有着重要的影响。

精准核算：铁路货物运费的精准核算是每一位物流专业人员的基本技能。正确的核算不仅能够保证企业的经营成本准确，还能避免因为运费误差给企业和消费者带来的经济损失。我们在核算过程中需要注意各种费用的计算，包括基本运费、附加费用和特殊货物费用等。

成本管理：物流管理的核心之一就是成本管理，而运费核算就是成本管理的基础。我们要通过学习运费核算的知识，了解运输过程中可能产生的各种费用，从而能够更好地控制和管理成本。同时，我们也可以通过运费的核算，找出可以降低成本的环节，提高物流管理的效率和效益。

决策分析：理解运费的核算方式，我们可以更好地分析和比较不同运输方式的成本，为物流决策提供有力的依据。同时，对于某些特殊的货物或者复杂的运输需求，我们也能通过运费核算，为客户提供最优的解决方案。

铁路货物运费的核算不仅仅是一个计算的过程，更是一种对成本管理、决策分析能力的提升和锻炼。让我们在实际工作中运用所学，成为更优秀的物流管理专业人员。

✅ 任务实施

铁路运输按运输地区、运送方式、车辆类型、货物种类、运输速度、运输距离、运输条件等不同情况定价并实行差别定价。正确计算运费对于保证铁路运输收入有着重要意义。铁路货物运输运费的计算流程如图3-4所示。

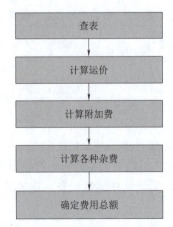

图3-4　铁路货物运输运费的计算流程

【第一步】查表

（1）通过查询《货物运价里程表》计算出发站至到站的运价里程，若发站和到站在同一条线路上，通过两站到该线起点或终点的里程相减所得即运价里程；若发站和到站不在同一条线路上，则先参照货物运价里程表和货物运价里程最短路径示意图，查明发站与到站间的最短路径，再求出相应里程。各车站间的运价里程见表3-13。

表3-13　全国主要车站间的运价里程表

北京	北京																											
天津	137	天津																										
沈阳	741	707	沈阳																									
长春	1 046	1 012	305	长春																								
哈尔滨	1 288	1 354	547	242	哈尔滨																							
济南	497	360	1 067	1 372	1 614	济南																						
合肥	1 074	973	1 680	1 985	2 227	613	合肥																					
南京	1 160	1 023	1 730	2 035	2 277	663	312	南京																				
上海	1 463	1 326	2 033	2 335	2 577	966	615	303	上海																			
杭州	1 589	1 452	2 159	2 464	2 706	1 092	451	429	201	杭州																		
南昌	1 449	1 444	2 151	2 456	2 689	1 137	478	838	837	636	南昌																	
福州	2 334	2 197	2 904	3 209	3 451	1 837	1 196	1 174	1 173	972	622	福州																
石家庄	277	419	1 126	1 431	1 673	301	914	964	1 267	1 393	1 293	1 915	石家庄															
郑州	689	831	1 538	1 843	2 085	666	645	695	998	1 124	927	1 549	412	郑州														
武昌	1 225	1 367	1 972	2 277	2 519	1 202	1 181	1 231	1 230	1 029	391	1 013	948	536	武昌													
长沙	1 583	1 725	2 330	2 635	2 877	1 560	1 222	1 200	1 199	998	418	984	1 306	894	358	长沙												
广州	2 289	2 431	3 036	3 341	2 928	2 151	1 826	1 804	1 803	1 602	1 022	1 588	2 012	1 600	1 064	706	广州											
南宁	2 561	2 703	3 411	6 313	3 855	2 538	2 098	2 076	2 075	1 874	1 294	1 860	2 282	1 870	1 336	978	1 334	南宁										
西安	1 159	1 301	1 906	2 211	2 453	1 177	1 156	1 206	1 509	1 635	1 412	2 389	511	1 047	1 405	2 111	2 383	西安										
兰州	1 811	1 948	2 552	2 962	3 099	1 853	1 832	1 182	2 185	2 311	2 088	3 065	1 599	1 187	1 723	2 081	2 787	3 059	676	兰州								
西宁	2 092	2 235	2 839	3 144	3 386	2 069	2 048	2 098	2 401	2 527	2 304	3 281	1 815	1 403	1 939	2 297	3 003	3 275	892	216	西宁							
乌鲁木齐	3 768	3 911	4 515	4 820	5 062	3 745	3 724	3 774	4 077	4 065	4 391	4 957	3 491	3 079	3 615	3 943	4 679	4 951	2 568	1 892	2 108	乌鲁木齐						
成都	2 042	2 185	2 789	3 094	3 336	2 019	1 998	2 048	2 351	2 552	2 239	2 805	1 353	1 737	1 923	2 527	1 832	842	1 172	1 388	3 026	成都						
贵阳	2 539	2 681	3 286	3 591	3 833	2 516	2 076	2 054	2 053	1 852	1 272	1 838	2 262	1 850	1 314	956	1 560	865	1 809	2 139	2 355	3 993	967	贵阳				
昆明	3 178	3 320	3 925	4 230	4 472	3 119	3 098	2 693	2 868	1 911	2 477	2 901	2 489	1 953	1 595	2 199	1 504	1 942	2 272	2 488	4 126	1 100	639	昆明				
太原	514	650	1 255	1 560	1 802	532	1 145	1 195	1 498	1 624	1 944	2 521	231	577	1 179	1 537	2 243	2 515	651	1 327	1 543	3 219	1 493	2 460	2 593	太原		
呼和浩特	667	804	1 408	1 713	1 955	1 164	1 777	1 827	2 130	2 256	2 674	1 871	1 362	1 898	2 256	2 962	3 234	1 291	1 144	1 360	3 036	2 133	3 100	3 233	640	呼和浩特		
银川	1 343	1 480	2 084	2 389	2 631	1 840	2 002	2 052	2 355	2 481	1 547	1 357	1 893	2 251	2 957	3 229	846	468	684	2 008	1 342	2 309	2 442	1 316	676	银川

学中做　本任务中该批货物从绍兴到南通，请给出查询信息。

_____

_____

（2）根据货物运单上填写的货物名称查找《铁路货物运输品名分类与代码》，确定货物的分类号和相应的运价号，常见的铁路货物运输品名分类代码如表 3-14 所示。

表 3-14　铁路货物运输品名分类与代码表（部分）

货物品名	运价号 整车	运价号 零担
磷矿石、磷精矿、磷矿粉	1	21
矿渣、铝矾土、砂、石料、砖、水渣、铁矿石、石棉、石膏、草片、石灰石、耐火黏土、金属矿石	2	21
粮食、稻谷、大米、大豆、粮食种子、食用盐、非食用盐、小麦粉、拖拉机、盐卤	2	22
麻袋片、化学农药、籽棉、石棉制品	2	24
活（禽、猪、羊、狗、牛、马）蜜蜂、养蜂器具	3	22
棉胎、絮棉、旧棉、木棉	3	24
煤炭、焦炭、生铁、木棉	4	21
氧化铝、氢氧化铝、酱腌菜	4	23
鲜冻肉、鲜冻水产品、鲜蔬菜、树苗、烟叶、干蔬菜、电极糊、放射性矿石	4	24
钢锭、钢坯、钢材、钢轨、有色金属、水泥、水泥制品、金属结构及构件	5	22
石制品、玻璃、装饰加工板、胶合板、树脂、塑料、食糖、鲜冻蛋、鲜冻奶、死禽、死畜、死兽、鲜瓜果、奶制品、肉制品、蛋制品、罐头、花卉、油漆、颜料、涂料、橡胶轮胎、调味品、酒、膨化食品、卷烟、纸及纸板、中成药	6	24
金属工具、塑料薄膜、洗衣粉、牙膏、搪瓷制品、肥皂、化妆品	7	24
洗衣机	8	22
电冰箱、电子计算机及其外部设备	8	23
工业机械、医疗器械、自行车、汽车、仪器、仪表、电力设备、灯泡、灯管、电线、电缆、电子管、显像管、磁带、电视机、钟、表、定时器、衡器	8	24
原油、汽油、煤油、柴油、润滑油、润滑脂	8	24
挂运与自行的铁道机车、车辆及轨道机械	9	—

学中做　本任务中该批货物的分类号和相应的运价号信息。

（3）根据货物运价号，在《铁路货物运价率》表中查找货物运价率，见表 3-15。

表 3-15　铁路货物运价率表

办理类别	运价号	基价 1 单位	基价 1 标准	基价 2 单位	基价 2 标准
整车	1	元 /t	5.70	元 /（t·km）	0.033 6
	2	元 /t	6.40	元 /（t·km）	0.037 8
	3	元 /t	7.60	元 /（t·km）	0.043 5
	4	元 /t	9.60	元 /（t·km）	0.048 4
	5	元 /t	10.40	元 /（t·km）	0.054 9
	6	元 /t	14.80	元 /（t·km）	0.076 5
	机械冷藏车	元 /t	11.50	元 /（t·km）	0.079 0

续表

办理类别	运价号	基价1		基价2	
		单位	标准	单位	标准
零担	21	元/10 kg	0.117	元/(10 kg·km)	0.000 55
	22	元/10 kg	0.167	元/(10 kg·km)	0.000 75
集装箱	1 t 箱	元/箱	10.10	元/(箱·km)	0.036 9
	20 ft 箱	元/箱	219.00	元/(箱·km)	1.037 4
	40 ft 箱	元/箱	429.80	元/(箱·km)	1.637 4

【第二步】计算运价

整车货物每吨运价 = 发到基价 + 运行基价 × 运价公里

零担货物每 10 kg 运价 = 发到基价 + 运行基价 × 运价公里

集装箱货物每箱运价 = 发到基价 + 运行基价 × 运价公里

【第三步】计算附加费

确定电气附加费、新路新价均摊费、铁路建设基金费。

电气化附加费 = 费率 × 计费重量（箱数或轴数）× 电气化里程

新路新价均摊运费 = 均摊运价率 × 计费重量（箱数或轴数）× 运价里程

铁路建设基金 = 费率 × 计费重量（箱数或轴数）× 运价里程

【第四步】计算各项杂费

确定应交杂费的项目：

根据铁路办理的辅助性附带作业，先确定应交什么杂费。

以《铁路货运杂费率表》为依据，确定杂费的费率，如表 3-16 所示。

表 3-16 铁路货运营运杂费费率表

顺号	项目			单位	费率
1	表格材料费	运单	普通货物	元/张	0.10
			国际联运货物	元/张	0.20
		货签	纸制	元/个	0.10
			其他材料制	元/个	0.20
		危险货物包装标志		元/个	0.20
		物品清单		元/张	0.10
		施封锁材料费（承运人装车、箱的除外）		元/个	1.50
2	冷却费			元/t	20.00
3	D 型长大货物车使用费	标重不足 180 t	不超重	元/(t·km)	0.25
			一级超重	元/(t·km)	0.30
			二级超重	元/(t·km)	0.35
		标重 180 t 以上	不超重	元/(t·km)	0.30
			一级超重	元/(t·km)	0.35
			二级超重	元/(t·km)	0.40
			超级超重	元/(t·km)	0.60

续表

顺号	项目			单位	费率
4	D 型长大货物车空车回送费			元/轴	300.00
5	整车取送车费			元/(车·km)	9.00
	集装箱取送车费	40 ft		元/(箱·km)	9.00
		20 ft		元/(箱·km)	4.50
6	机车作业费			元/0.5 h	90.00
7	押运人乘车费			元/(人·100 km)	3.00
8	货车篷布使用费	D 型篷布	500 km 以内	元/张	120.00
			501 km 以上	元/张	168.00
		其他篷布	500 km 以内	元/张	60.00
			501 km 以上	元/张	84.00
9	集装箱使用费	1 t 箱	500 km 以内	元/箱	6.50
			501~2 000 km 每增加 100 km 加收	元/箱	0.52
			2 001~3 000 km 每增加 100 km 加收	元/箱	0.26
			3 001 km 以上计收	元/箱	16.90
		20 ft 箱	500 km 以内	元/箱	130.00
			501~2 000 km 每增加 100 km 加收	元/箱	13.00
			2 001~3 000 km 每增加 100 km 加收	元/箱	6.50
			3 001 km 以上计收	元/箱	390.00
		40 ft 箱	500 km 以内	元/箱	260.00
			501~2 000 km 每增加 100 km 加收	元/箱	26.00
			2 001~3 000 km 每增加 100 km 加收	元/箱	13.00
			3 001 km 以上计收	元/箱	780.00
		铁路拼箱（一箱多批）		元/10 kg	0.20
10	货物装卸作业费	按铁道部《铁路货物装卸作业计费办法》的规定核收			
11	货物保价费	按铁道部《关于修订货物保价费率的通知》的规定核收			

 学中做 请分步骤写出本任务中的费用信息。

_____

_____

【第五步】确定计量数值并计算

装卸费以吨为单位，过秤费整车以吨，零担以百千克、集装箱以箱为单位，货车清扫、洗刷、除污以车为单位，施封以个为单位，篷布以张为单位，延期使用以每日·每张为单位，货车延期使用以车·小时为单位，集装箱以箱为单位，延期使用相关设备费率见表 3–17，租用设备费率见表 3–18。

表 3-17 延期使用运输设备、违约及委托服务杂费费率表

顺号	项目			单位	费率
1	过秤费	整车轨道衡		元／车	30.00
		整车普通磅秤		元／t	1.50
		零担		元／100 kg	0.40
		1 t 箱		元／箱	1.50
		10 t 箱		元／箱	15.00
		20 ft 箱		元／箱	30.00
		40 ft 箱		元／箱	60.00
2	货物暂存费	整车货物		元／（车·日）	30.00
		零担货物		元／（批·100 kg·日）	0.30
		1 t 箱		元／（箱·日）	1.50
		10 t 箱		元／（箱·日）	7.50
		20 ft 箱		元／（箱·日）	15.00
		40 ft 箱		元／（箱·日）	30.00
3	专用线、专用铁路货车使用费			按照铁道部《货车使用费核收办法》的规定核收	
4	D 型长大货物车延期使用费			元／（t·日）	4.00
5	货车篷布延期使用费			元／（张·日）	20.00
6	集装箱延期使用费	1 t 箱		元／（箱·日）	2.00
		10 t 箱		元／（箱·日）	20.00
		20 ft 箱		元／（箱·日）	40.00
		40 ft 箱		元／（箱·日）	80.00
7	冷藏车（取消托运时）空车回送费			元／车	150.00
8	机械冷藏车制冷费	单节型		元／（车·日）	200.00
		5 辆型		元／（车组·日）	600.00
		9 辆型		元／（车组·日）	960.00
9	货物运输变更手续费	变更到站、变更收货人	整车货物和 20 ft、40 ft 集装箱	元／批	300.00
			零担货物和其他集装箱货物	元／批	20.00
		发送前取消托运	整车货物和 20 ft、40 ft 集装箱	元／批	100.00
			零担货物和其他集装箱货物	元／批	10.00
10	清扫除污费	货位清扫	蔬菜、瓜果、牲畜	元／车	10.00
			散堆装货物	元／车	2.00
		集装箱清扫	1 t 箱	元／箱	0.20
			10 t 箱	元／箱	1.50
			20 ft 箱	元／箱	2.50
			40 ft 箱	元／箱	5.00
		货车清扫		元／车	5.00
		货车洗刷除污	整车货物 毒害品	元／车	100.00
			整车货物 其他	元／车	60.00
			按零担办理的牛、马、骡、驴、骆驼	元／头	1.00

表 3–18　租、占用运输设备杂费费率表

顺号	项目			单位	费率
1	合资、地方铁路及在建线货车占用费		冷藏车	元/(车·h)	4.90
			D 型长大货物车	元/(车·h)	8.00
			其他货车	元/(车·h)	4.40
2	合资、地方铁路车篷租占用费			元/张日	20.00
3	自备车或租用铁路货车停放费			元/(车·日)	20.00
4	车辆租用费	在营业线上	冰冷车，家畜车	元/(t·日)	4.00
			罐车、散装水泥、粮食专用车	元/(t·日)	3.60
			其他货车（机冷车、D 型长大货车除外）	元/(t·日)	3.00
		在专用线、专用铁路上	冰冷车，家畜	元/(t·日)	8.00
			罐车、散装水泥、粮食专用车	元/(t·日)	7.20
			其他货车（机冷车、D 型长大货物车除外）	元/(t·日)	6.00
		机械冷藏车	单节型	元/(车·日)	160.00
			5 辆型	元/(车组·日)	660.00
			9 辆型	元/(车组·日)	1 320.00
		长大货物车	标重 180 t 以上	元/(t·日)	8.60
			标重不足 180 t	元/(t·日)	2.40
		守车		元/(车·日)	60.00
5	铁路码头使用费			元/t	0.60
6	路产专用线租用费			元/(延米·年)	80.00

【第六步】将运费与杂费相加，确定费用总额

学中做　请写出计算过程。

项目综合测试

一、单选题

1. 货票一式（　　）联。
   A.3　　　　　　B.4　　　　　　C.5　　　　　　D.6
2. 铁路货物运单的传递过程是（　　）。
   A. 托运人→发站→到站→收货人　　　　B. 发站→托运人→到站→收货人
   C. 托运人→发站→收货人→到站　　　　D. 发站→托运人→收货人→到站
3. 铁路货物的运到逾期，是指货物的（　　）超过规定的运到期限。
   A. 实际运到天数　　　　　　　　　　　B. 实际运行时间折合成天数
   C. 实际运行里程/250　　　　　　　　　D. 货物装车日至卸车日的日期
4. 铁路货物运到逾期，铁路向收货人支付违约金，违约金的支付是根据（　　）和（　　），按承运人所收运费的百分比进行支付的。
   A. 逾期天数、运到期限天数　　　　　　B. 实际运到天数、逾期天数
   C. 运到期限天数、实际运到天数　　　　D. 逾期天数、逾期天数占运到期限天数的%
5. 铁道部规定，货物运到逾期，铁路向收货人支付违约金的最高额是所收运费的（　　）。
   A.10%　　　　　B.20%　　　　　C.30%　　　　　D.50%
6. 铁道部规定，承运人发出催领通知的次日起，如收货人于（　　）天内未将货物领出，即失去要求承运人支付违约金的权利。
   A.1　　　　　　B.2　　　　　　C.3　　　　　　D.5
7. 铁路货运合同有预约合同和承运合同，预约合同以（　　）为合同书，承运合同以（　　）作为合同书。
   A. "铁路货物运输服务订单" "货票"　　B. "铁路货物运输服务订单" "货物运单"
   C. "货票" "货物运单"　　　　　　　　D. "货票" "货签"
8. 货运合同的签订方是（　　）。
   A. 承运方、托运方　　　　　　　　　　B. 承运方、收货方
   C. 托运方、收货方　　　　　　　　　　D. 车站、货主
9. 铁路机车的作用是（　　）。
   A. 装运货物　　　　　　　　　　　　　B. 装运旅客
   C. 机组人员休息　　　　　　　　　　　D. 提供动力
10. 需要次月集中审定的"铁路货物运输服务订单"，托运人应于每月（　　）日前向铁路提报。
    A.5　　　　　　B.15　　　　　C.19　　　　　D.25

二、多选题

1. 车辆常见的标记有（　　）。
   A. 路徽　　　B. 车号　　　C. 配属　　　D. 长宽高　　　E. 容积
2. 特殊运输条件办理的货物运输包括（　　）。
   A. 阔大货物运输　　　　　　　　　　　B. 危险货物运输
   C. 灌装货物运输　　　　　　　　　　　D. 鲜活货物运输
3. 危险货物是指在铁路运输中，凡具有（　　）等特性，在运输、装卸和储存保管过程中，容易造成人身伤亡和财产毁损而需要特殊防护的货物。

A. 串味   B. 爆炸   C. 易燃   D. 毒蚀   E. 放射性

4. 按一批托运的货物，（　　）必须相同。

A. 托运人   B. 收货人   C. 货物名称

D. 发站   E. 到站   F. 装卸地点

5. 必须按快运办理的货物须同时具备哪三个条件？（　　）

A. 发站是《快运货物运输办法》中规定的车站

B. 到站是北京西站   C. 到站是深圳北站

D. 货物是整车鲜活货物   E. 整箱货

6. 以下哪些是铁路货物运输的安全预防措施？（　　）

A. 定期检查货物情况   B. 专人监管装卸过程

C. 确保货物包装牢固   D. 在车厢内放置易燃易爆物品

7. 铁路货物运输相关的法律法规，以下哪些内容是需要注意的？（　　）

A. 运输合同的签订   B. 货物的包装、标记、装卸

C. 货物的运输、交付、保管   D. 运输费用的计算和支付

8. 在铁路托运业务中，以下哪些步骤是必须的？（　　）

A. 接受客户的托运请求   B. 检查货物的数量、质量和包装

C. 将货物装入车厢   D. 签订运输合同

9. 在货物到达作业中，哪些步骤是必须完成的？（　　）

A. 将货物卸下车厢   B. 检查货物的数量和质量

C. 将货物交付给收货人   D. 收取运输费用

10. 在运输费用核算中，以下哪些因素会影响运费的计算？（　　）

A. 货物的重量   B. 货物的体积   C. 运输的距离   D. 货物的性质

三、判断题

1. 铁路运输与其他运输方式相比较，具有运量大、运送速度快、不受气候条件的影响、运输准时、使用方便等特点，铁路与其他陆上运输方式比较，还具有占地少、能耗低、事故少、污染少等优势。（　　）

2. 铁路车辆本身有动力装置。（　　）

3. 为适应我国货物运量大的客观需要，有利于多装快运和降低货运成本，我国目前以制造60 t 车为主。（　　）

4. 普通货物办理的货物运输有铁路阔大货物运输、铁路危险货物运输、铁路灌装货物运输和铁路鲜活货物运输。（　　）

5. 按一批货物的重量、体积、性质、形状分为整车运输、零担运输和集装箱运输。（　　）

6. 按一批托运的货物，其托运人、收货人、发站、到站和装卸地点必须相同。（　　）

7. 易腐货物和非易腐货物可以作为同一批进行运输。（　　）

8. 投报运输险的货物和未投报运输险的货物可以作为同一批进行运输。（　　）

9. 按保价运输的货物和不按保价运输的货物可以作为同一批进行运输。（　　）

10. 不能按一批运输的货物，在特殊情况下，如不致影响货物安全，运输组织和赔偿责任的确定，经铁路有关部门承认也可按一批运输。（　　）

项目综合测试答案请扫二维码。

项目综合技能实训

一、接受任务

运输一批价值 500 万元的电子产品（包括手机、电脑和配件）从广州运输到北京。此任务要求的目标是在 10 天内将货物安全准时运到，并且控制运费在预算的 20 万元以内。具体内容见表 3-19。

表 3-19 托运通知单

托运通知单号	HTY202300010	客户编号	DTKH000008
托运人	天津恒通电器有限责任公司 联系人：王旭发 联系电话：1376255×××× 地址：天津市滨海新区规划十六支路××号 邮编：300450		
货物详情	货物名称：电子产品		
包装方式	纸箱		
收货人	北京通达建材有限责任公司 联系人：李洪民 联系电话：1893259×××× 地址：北京市经济技术开发区宏泰路××号 邮编：066100		
结算方式	结算方式：现结 不收取取货和送货费用，无其他杂费。		
其他	货物需要投保，投保金额为货物价值，保险费费率为 2‰。 投保公司为太平洋保险公司		

根据以上客户发运计划，完成客户的运输任务。

二、制订计划

本任务由小组协作完成，小组成员由 5 人组成，组长负责管理小组工作。下面请组长根据任务需求及成员特点进行成员分工，制订工作计划表，见表 3-20。

表 3-20 工作计划表

分工	姓名	工作内容	成果
组长			
成员 1			
成员 2			
成员 3			
成员 4			

三、实施任务

任务实施表见表 3-21。

表 3-21　任务实施表

实施步骤	任务名称：公路整车货物运输	
第一步	货物托运与受理（见附件）	
第二步	货物验收装车	
第三步	货物在途运输	
第四步	货物到达交付	
第五步	铁路货物运费核算	

四、评价任务

小组提交 Word 文档的任务单，以 PPT 形式进行汇报。任务评价由小组评价、组间评价、教师评价三部分构成，各评价方权重如表 3-22 所示。

表 3-22　公路货物运输任务评价表

被考评小组					
考评地点		考评时间			
考评标准	考评内容	评分	小组自评 20%	小组互评 20%	教师评价 60%
	1. 小组工作计划合理，分工明确	10			
	2. 材料准备齐全	5			
	3. 运单填写规范完整	30			
	4. 运费计算准确	20			
	5. 验收流程合适	20			
	6. 货物到达交付方案正确	5			
	7. 团队协作密切	5			
	8. 语言表达贴切	5			
	合计	100			

✓ 项目总结

通过这个项目的学习和技能实训演练，你学会了哪些知识？你学会了哪些技能？还有哪些困惑？还有哪些需要提高？用规范的文字填写到表 3-23 中。

表 3-23　项目总结表

自我分析 学习中的难点和困惑点	总结提高 完成项目任务需要掌握的核心知识点和技能点
_____ _____ _____ _____	_____ _____ _____ _____

继续深入学习提高 需要继续深入学习的知识和技能内容清单
_____ _____ _____ _____

项目四
水路货物运输

学习目标

一、知识目标

（1）熟悉杂货班轮与集装箱货物的运输方式；
（2）熟悉水路货物运输业务流程；
（3）掌握水路货物运费结构及计算方法；
（4）掌握水路货物运输单证格式及填写规范。

二、技能目标

（1）能够正确选择水路货物运输方式；
（2）能够规范填制提单等货运单据；
（3）能够正确核算水路货物运费；
（4）能够完成水路货物运输业务操作。

三、素养目标

（1）培养严谨细致的工作态度；
（2）培养团队协作意识；
（3）树立现代水路运输理念；
（4）树立民族自豪感和自信心；
（5）培养为建设物流强国而奋斗的精神。

项目背景

天津新远国际货运有限公司成立于2013年，是经国家商务部批准的一级货运代理公司，拥有交通部批准的无船承运人（NVOCC）经营资格，是国际货运协会（FIATA）和中国国际货运代理协会（CIFA）成员。公司自创建以来全力致力于全球范围内的海运、空运、陆运以及海空联运等货运代理业务，包括揽货、租船、订舱、仓储、中转、集装箱拼箱拆箱、结算运杂费、报关、咨询等业务，在致力于为全球客户提供优质物流服务的同时，还提供船代、国际商务、国际贸易等供应链服务。

在世界各国拥有超过160家代理公司，建立了覆盖全球的服务网络；与全球多家班轮公司、航空公司、国内外收付货人及贸易商建立深度的合作；与港口、铁路、航空、海关等机构保持着紧密的业务联系；在大连、上海、广州、青岛、石家庄和越南、美国等地都设有分公司；公司还拥有一批专业从事国际货物运输、经验丰富的高级人才，并通过实行系统网络的现代化集控管理，有效地保障了优质的操作水平和服务质量，竭诚为广大客户提供顺畅、快捷、经济、高效的全方位一站式物流服务。

　　胜威外贸公司现有一批玩具需要从天津新港出口到荷兰鹿特丹港，新远国际货运有限公司经过与胜威外贸公司多次洽谈协商，最终于 2023 年 5 月 21 日与客户达成货运代理协议。胜威公司提供的商业发票及装箱单如表 4-1 和表 4-2 所示。

表 4-1　商业发票

ISSUER SHENGWEI INTERNATIONAL TRADE CO., LTD. NO. 88, XINHUA STREET, YUHUA DISTRICT, SHIJIAZHUANG, HEBEI, CHINA TEL: +86-0311-8379×××	COMMERCIAL INVOICE		
TO COLES MAYER CO., LTD NO.52 BURG MOORENSTRAAT STREET, ROTTERDAM, NETHERLANDS TEL: +86+31-29251598	NO. JSSM-INV20230518	DATE MAY 18TH, 2023	
	S/C NO. JSSM20230518	L/C NO. SM7000	
MARKS AND NUMBERS	NUMBER AND KIND OF PACKAGE DESCRIPTION OF GOODS	QUANTITY	UNIT PRICE	AMOUNT
N/M	TOYS	600 CARTONS	USD 150.00	USD 90000.00
TOTAL		600 CARTONS		USD 90000.00
SAY TOTAL	SAY NINETY THOUSAND DOLLARS ONLY			
REMARKS:				

表 4-2　装箱单

Issuer SHENGWEI INTERNATIONAL TRADE CO., LTD. NO. 88, XINHUA STREET, YUHUA DISTRICT, SHIJIAZHUANG, HEBEI, CHINA TEL: +86-0311-83793375	PACKING LIST			
To COLES MAYER CO., LTD NO.52 BURG MOORENSTRAAT STREET, ROTTERDAM, NETHERLANDS TEL: +86+31-2925×××				
	Invoice No. JSSM-INV20230518		Date MAY 18TH, 2023	
Marks and Numbers	Description of goods	Number and kind of package	G.W.（KG）	N.W.（KG）	Meas.（CBM）
N/M	TOYS	600 CARTONS	2700	2600	50.4CBM 70 CM×40 CM×30CM
Total		600 CARTONS	2700	2600	50.4
Say Total	SAY SIX HUNDRED CARTONS ONLY				

任务一　揽货接单

✓ 任务布置

客户资源是货运公司竞争的焦点，有效挖掘客户资源，成功揽货对货运公司来说至关重要。天津新远货运公司在业务中注重客户关系管理，积极拓展国内外客户资源，作为公司的业务员李维，通过老客户推荐的方式了解到石家庄胜威外贸公司现有一批玩具需要从天津运往鹿特丹，李维需要针对上述新客户制订一份拜访计划，准备新远公司的英文简介，与胜威公司相关人员接洽联系，争取揽货成功。

✓ 任务分析

完成本任务，需要解决以下问题：
（1）揽货的方式有哪些？
（2）如何完成揽货业务？
（3）如何审核客户委托书？

✓ 任务资讯

任务资讯1　揽货业务流程

揽货业务包括开发客户、接触前准备、预约客户、业务洽谈、签订合同、售后服务六个步骤，具体业务流程如图4-1所示。

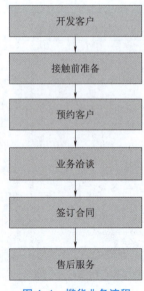

图4-1　揽货业务流程

任务资讯 2　接单业务操作

在接单业务中，首先由客户填写订舱委托书，业务员审核无误后，双方签字盖章，达成委托代理业务关系。具体业务操作如图 4-2 所示。

图 4-2　接单业务操作

任务实施

活动 1　揽货

一、揽货的定义

揽货，也称为揽载，是指从事货物运输经营的企业为了获得最大的经营效益而从货主那里争取货源的行为。揽货在公司的经营中具有非常重要的作用，它直接关系到货运企业的经营成败。

在实践中，班轮公司为了揽货首先要为自己所经营的班轮航线、船舶挂靠的港口及时间制定船期表分送给已经建立起业务关系的原有客户，并通过各种传媒广泛宣传，使其他潜在的货主都能了解公司经营的班轮运输航线及船期情况，方便客户联系托运，使自身运力得以充分利用；其次，还要在航线两端和挂靠港口及其腹地的货物集中地设置自己的分支机构、营业所或委托货运代理进行揽货的具体工作。通常情况下，班轮公司会与货运代理公司签订合作协议，预留一定数量的舱位，给予优惠运价，以期争取更多的货源。

货运代理企业设有负责揽货业务的专职部门，称为业务部、销售部、市场部等。例如中远国际货运有限公司设置了市场部专门负责揽货业务。

货代业务员岗位职责及要求

二、揽货的程序

货运代理企业的揽货程序包括以下六个步骤：

1. 开发客户

挖掘潜在客户是揽货过程的开始，也是决定揽货成败的关键所在。通常海运企业的客户包括直接客户和间接客户。直接客户是指现在正在支持本企业、使用本企业海运货运服务的客户，一般为外贸工厂、国际贸易公司等；间接客户是指其他国际货运代理企业，由于本企业在某航线上的价格优势会吸引其他货代企业将揽到的货物转给本公司。成功开发客户是货运代理企业拓展客源、增加货源、提高企业市场占有率的重要途径之一。

2. 接触前准备

在正式约见客户之前，揽货业务员还需要做许多准备工作，包括以下几个方面：

1）收集客户资料

约见客户前，揽货业务员应尽量多收集有关客户的资料和信息，包括客户的经营情况、出口商品的种类、装货港和卸货港资料、与客户有关的收（发）货人的情况、贸易规模、贸易习惯以及其他有关客户的信息资料，在此基础上建立客户档案。

2）收集竞争对手信息

收集竞争对手的信息包括两个方面的内容：一是了解竞争对手的服务内容和服务质量；二是了解竞争对手的报价。结合市场上其他货运代理企业的报价，将有利于业务员制作具有竞争力的报价。

3）制订访问计划

在约见客户之前，揽货业务员应事先制订访问计划，确定访问客户的时间和地点等。由于业务员在特定地区负责的客户较多，为使日常工作有条不紊的进行，应针对每个客户的实际情况，事先确定访问时间和访问次数，从而提高揽货的效率。

3. 预约客户

预约客户可以采用电话预约和老客户引荐的方法。约见的工作内容包括：确定约见对象，约见对象应为有决策权的关键人物；明确访问目的，通常是向客户介绍本企业的服务、费用和优势等；确定访问时间，与客户面谈应以方便客户为原则，揽货业务员可先提出某个时间，让对方选择确认，若在客户很忙时拜访，往往达不到访问的目的；选择访问地点，可以为客户公司或者本企业的会议室。

4. 业务洽谈

业务洽谈是整个揽货工作的核心内容，直接关系到揽货的成败。因此，揽货业务员应高度重视洽谈的技巧和艺术性，根据客户的具体情况做出具体分析，灵活机动地做好洽谈。

在同客户进行面谈时，首先应让客户了解本企业的优势所在。业务员应简要地向客户介绍本企业的服务信息，重点突出自身的优势以引起客户的兴趣。其次，要善于倾听，尽量了解客户的关键信息，包括贸易商品种类、贸易量、装货港、卸货港、出货规律、运输方式和收货人等，根据上述信息，及时调整谈判的内容。最后，业务员要把握每一次面谈的机会，善于抓住客户的真正需求，促进双方货运业务关系的建立。业务员在与客户洽谈时，应充满自信、表述清晰、穿着得体、态度诚恳，欢迎客户提出异议，避免与客户争吵和冒犯客户，针对客户提出的各种要求，特别是运价方面，应重点关注并及时调整洽谈策略。

5. 签订合同

通过与客户的反复接触、多次洽谈，在双方意见趋于一致的情况下，销售人员应及时把握机会，争取早日与客户签订服务合作协议。与客户签订合作协议是整个揽货业务中最重要的环节。协议的形式多种多样，内容一般应包括签订双方的名称、地址、装货港、卸货港、货物情况、运费及其支付方式等。如果客户贸易较稳定，且货运量较大，销售人员应力争与其签订长期合同，合同期满后还应力争续签；如果客户贸易相对集中，此时应尽量与客户签订短期合同，一般为几个月。如果客户暂时不愿与本企业签约，揽货业务员可以先行与客户确认运费，待时机成熟后再争取签订长期合同。揽货业务员在与客户签订合约时，应本着双赢的原则，并适当留有余地。要争取与客户保持长期的合作关系，从而揽取更多的货物。

6. 售后服务

揽货的售后服务是对从接受客户委托开始，直至货物目的港卸货交付收货人为止，所有与货物运输相关服务的总称。售后服务质量的高低决定了客户对企业的满意度，直接影响到客户与企业的未来合作。因此，业务员应与客户保持密切联系，协调好客户与海运公司、拖车车队等部门的关系，随时跟踪货物动态，在货物到达目的港之前还应及时通知收货人提前做好提货准备。货运代理企业应保证货运服务质量，提高收货人和发货人的满意度，从而与客户建立长期稳定的合作关系。

学中练

查询国际货运代理公司对揽货业务员的岗位职责和岗位要求，归纳总结企业对揽货人员的关键素质和能力要求。

三、揽货的方式

1. 电话营销

电话营销是一种效率比较高的营销方式，通过电话的初步沟通，介绍自己公司的实力及优势航线服务等，为下一步的预约见面打下基础。克服心理障碍是电话营销成功的关键，大部分电话营销都有可能被拒绝。一般刚走上工作岗位的货代业务员会很难适应，承受很大的压力，可能会产生放弃的想法，这时需要积极调整心态，或向老业务员请教。

2. 客户拜访

客户拜访是国际货运业务开发的有效方式，面对面的交流要比电话营销的成功率大很多。但是很多企业不喜欢不速之客，要结合电话营销进行预约，电话预约可以避免尴尬场面。当然，有经验的业务员会利用为老客户服务的便利，顺道拜访他们的同事或附近有相似货运需求的企业，有时只需要见个面交换一下名片，就可以为今后进一步拜访或洽谈业务打下基础。

3. 关系营销

社会关系是揽货员重要的货源信息来源，多参加一些社会交际活动，如同学会、商会、行业协会等，在这些聚会上可以认识许多合作伙伴。货源信息也可以来自老客户的引荐，或把其竞争者或相关产品公司纳入潜在客户。揽货人员可以充分利用上述的客户信息和渠道，更有效地开发客户。

4. 网络营销

通过网络查询潜在客户信息是揽货人员最常用的方法。通过国际物流服务平台网站查询客户询价信息，如锦程物流网等；通过进出口网站查询客户信息，如阿里巴巴网等；还可以利用论坛、贴吧、微博、微信等网络手段挖掘潜在顾客，节省营销时间和成本，提高揽货效率。

学中练

请结合背景资料制订一份客户拜访计划。

学中做

根据背景资料，制作一份天津新远国际货运公司的中英文简介。

活动 2　接单

一、客户委托

当货代揽货成功后，双方会签订一份委托代理协议，即客户需要根据贸易合同条款及信用证条款的内容填一份订舱委托书（托运书），委托货代去办理货物运输事项，客户必须在委托书上加盖公章，据此构成该笔业务的有效凭证。在订有长期代理合同时，可用货物明细表等单证代替委托书。委托书没有固定格式，各个公司的委托书虽不完全一样，但内容大同小异，包括托运人、起运港、目的港、货名、标记及号码、件数、重量、体积、装船日期、运费支付方式、结汇日期、可否转船及分批装运等，订舱委托书如表 4-3 所示。

学中做

请根据背景资料填写表 4-3 所示订舱委托书。

表 4-3　订舱委托书

发货人 （SHIPPER）				委托编号（D/R）	
				合同号（S/C NO.）	
				发票号（INV. NO.）	
				信用证号（L/C NO.）	
收货人 （CONSIGNEE）				开船期 （DATE OF SHIPPING）	
				运输方式 （SERVICE TYPE）	
通知人 （NOTIFY PARTY）				可否转船	
				可否分批	
装货港 （PORT OF LOADING）		卸货港 （PORT OF DISCHARGE）		运费支付 （FREIGHT）	
交货地 （PLACE OF DELIVERY）		最终目的地 （FINAL DESTINATION）		提单份数 （NO.OF ORIGINAL B/L）	
唛头 （SEAL NO.MARKS &NOS.）	件数 （NO.OF CONTAINERS OR PKGS）	货名 （DESCRIPTION OF GOODS）		毛重 （GROSS WEIGHT）	体积 （MEASUREMENT）
其他要求 （REMARK）					
委托单位盖章					

二、审核托运书

业务员在接到客户的托运书后，必须仔细审核托运书中的下列内容：

（1）装运港、卸货港、交货地、目的地。

（2）海运费及支付方式（预付还是到付）。

（3）装船期、结汇期、分批装运或者转船运输。
（4）船公司要求及箱型、箱量。
（5）货物描述，包括唛头、件数、品名、毛重和尺码。
（6）托运人、收货人和通知人。
（7）有效印鉴。

上述委托事项必须认真审核，确保内容正确完整，只要有一条缺失或者错误，就会影响后续货代业务的开展。在收到并审核托运书后，需要以托运书向船公司进行运价的最终申请，在订舱时将运价注明在订舱单上一并传真给船公司。如遇有重大更改（如变更卸货港等），必须要求客户提供书面凭据。如船货衔接存在问题，应及时联系并征求客户意见，以免耽误船期。

学中做

审核表4-4订舱委托书，找出错误之处，并予以修改。

表4-4　出口货物订舱委托书

1）发货人 NANJING XINYANG TEXTILE GARMENT CO.，LTD. HUARONG MANSION RM2901 NO.43 GUANJIAQIAO，NANJING 210065，CHINA	4）信用证号码	63211020052		
	5）开证银行			
	6）合同号码	F23LCB05126	7）成交金额	USD24780.00
	8）装运口岸	SHANGHAI	9）目的港	SAVANNAH
2）收货人 DAVID TRADE CO.，LTD 555 LEXINGTON AVENUE，NEWYORK，US	10）转船运输	NOT ALLOWED	11）分批装运	ALLOWED
	12）信用证有效期	23-06-10	13）装船期限	23-05-28
	14）运费	USD24780.00	15）成交条件	L/C
	16）公司联系人	MINGYU CHANG	17）电话/传真	025-35817665
	18）公司开户行	中国建设银行	19）银行账号	1234567890
3）通知人 NANJING XINYANG TEXTILE GARMENT CO.，LTD.	20）特别要求 FULL SET OF ORIGINAL MARINE BILLS OF LADING CLEAN ON BOARD MADE OUT TO ORDER OF SHIPPER AND NOTIFY APPLICANTS			
21）标记唛码	22）货号规格	23）包装件数	24）毛重	25）净重	26）数量	27）单价	28）总价
DAVID TRADE NEWYORK F09LCB0512	LADIES COTTON DRESS	2100PCS	20KGS	18KGS	2100PCS	USD11.80/PC	USD24780.00
	29）总件数 75CARTONS	30）总毛重 20KGS	31）总净重 18KGS	32）总尺码 21.58 CBM	33）总金额 USD24780.00
34）备注							

任务二　订舱

任务布置

天津新远货运公司业务员李维在接受胜威外贸公司的委托后,根据货主提供的有关贸易合同及信用证条款的规定,在货物出运之前的一定时间内,由操作员王梅根据客户传来的托运书内容填制订舱单,经审核无误后及时向选定的船公司或船代申请订舱。

任务分析

完成本任务,需要解决以下问题:
(1)订舱的方式有哪些?
(2)如何完成订舱业务?
(3)订舱操作需要注意哪些事项?

任务资讯

任务资讯1　订舱业务流程

订舱业务流程包括订舱准备和填写订舱单,具体业务如图4-3所示。

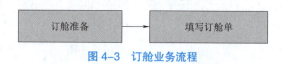

图4-3　订舱业务流程

任务资讯2　订舱准备

订舱准备包括确定港口与航线、选择船公司、落实船期,具体业务如图4-4所示。

图4-4　订舱准备

任务实施

活动1　订舱准备

一、确定港口与航线

1. 港口

港口可划分为基本港和非基本港两类。

1)基本港(Base Port)

基本港是班轮公司的船定期挂靠的港口,大多数位于中心的较大口岸,港口设备条件比较好,货载多而且稳定,通常不限制货量。例如,美国的长滩港、纽约港,中国的上海港、宁波舟山港。

运往基本港的货物多采用直达运输，无须中途转船。如因货量太少，船方决定中途转运，则由船方自行安排，承担转船费用，应按基本港运费率向货方收取运费，不得加收转船附加费或直航附加费，并应签发直达提单。

2）非基本港（Non-base Port）

凡基本港以外的港都称为非基本港。非基本港一般除按基本港收费外，还需另外加收转船附加费，达到一定货量时则改为直航，加收直航附加费。例如，美国航线的长滩（Long Beach）是美西的基本港，圣迭戈（San Diego）是非基本港。运往圣迭戈的货物运费率要在长滩港运费率的基础上增加转船附加费。

学中练

上网查询我国吞吐量排名前十的基本港。

_____

_____

_____

2. 航线

我国对外贸易主要的海运航线如下：

1）中国—北美航线

中国—北美航线也叫美加航线，主要涉及美国和加拿大。因为这两个国家濒临大西洋和太平洋，所以又可以分为北美西航线（太平洋）和北美东航线（大西洋）。

（1）北美西航线的基本港。

北美西航线的基本港有：美国的洛杉矶（LOS ANGELES）、长滩（LONG BEACH）、西雅图（SEATTLE）、旧金山（SAN FRANCISCO）、塔科马（TACOMA），加拿大的温哥华（VANCOUVER）。

（2）北美东航线的基本港。

北美东航线的基本港有：美国的纽约（NEW YORK）、诺福克（NORFOLK）、萨凡纳（SAVANNAH）、迈阿密（MIAMI）、查尔斯顿（CHARLESTON），加拿大的多伦多（TORONTO）和蒙特利尔（MONTREAL）。

中国出口货物到美国和加拿大的很多内陆城市与东岸港口有时会采取海铁联运的方式，因为美国的基本港口与各个城市都有铁路相连。另外，中国到北美东岸基本港口还有全水路的方式。

2）中国—中南美及加勒比海航线

这条航线是由美国以南，哥伦比亚和巴西以上的一些小国家组成，同时巴拿马运河又是连接大西洋和太平洋最近的通道。通常去往美国东岸及墨西哥湾和加勒比海的货物都从此通过。

该航线的基本港有：墨西哥城（MEXICO CITY）、曼萨尼约（MANZANILLO）、科隆（COLON FREE ZONE）、拉瓜伊拉（LA GUAIRA）、卡贝略（PUERTO CABEELLO）、金斯敦（KINGSTONG）、圣何塞（PUERTO QUETZAL）、危地马拉城（GUATEMAL CITY）。其中，科隆作为该航线上的最大港口和自由贸易区，承担着中南美及部分北美和南美货物的中转任务。

3）中国—南美航线

南美航线分为南美东和南美西航线，南美东航线主要包括巴西、阿根廷、乌拉圭三个国家，南美西航线主要包括哥伦比亚、智利、秘鲁、厄瓜多尔等国家。

南美的基本港有：布宜诺斯艾利斯（BUENOS AIRES）、桑托斯（SANTOS）、蒙得维的亚

（MONTEVIDEO）、布艾纳文图拉（UENAVENTURA）、伊基克（IQUIQUE）、卡亚俄（CALLAO）、瓜亚基尔（GUAYAQUIL）、瓦尔帕来索（VALPARASO）。

中国到南美东航线的港口是绕印度洋过去，到南美西是直接经太平洋过去。

4）中国—欧洲航线

这条航线可分为欧基线和波罗的海航线，主要包括法国、英国、荷兰、德国、瑞典、芬兰、比利时、丹麦、挪威、爱尔兰及部分内陆国家。

欧基线上的基本港有：安特卫普（ANTWERP）、不来梅（BREMEN）、菲利克斯托（FELIXSTOWE）、汉堡（HAMBURG）、勒阿弗尔（LE HAVRE）、鹿特丹（TTERDAM）、南安普顿（SOUTHAMPTON）。

北欧波罗海线的基本港有：哥本哈根（COPENHAGEN）、奥胡斯（AARHUS）、歌德堡（GOTHENBURG）、科特卡（KOTKA）、奥斯陆（OSLO）。

汉堡和鹿特丹是欧洲最大的中转港，很多欧洲内陆点的货物都是通过这两个港口中转的。这里是货量最多、港口最多的地区，经营这条航线的船公司有很多，竞争非常激烈。

5）中国—地中海、黑海航线

这条航线上的主要国家有：希腊、塞尔维亚、保加利亚、乌克兰、罗马尼亚、斯洛文尼亚、克罗地亚、土耳其、叙利亚、黎巴嫩、以色列及埃及等。

黑海线的主要港口有：敖德萨（ODESSA）、布尔加斯（BURGAS）、康斯坦萨（CONSTANTZA）、伊斯坦布尔（ISTANBUL）。

6）中国—中东红海航线

中东波斯湾的主要港口有：迪拜（DUBAI）、阿巴斯港（BANDAR ABBAS）、达曼（DAMMAM）、利雅得（RIYADH）、科威特（KUWAIT）、多哈（DOHA）。

亚丁湾红海的主要港口有：亚喀巴（AQABA）、亚丁（ADEN）、吉达（JEDDAH）、苏丹港（PORT SUDAN）、苏赫奈泉（SOKHNA）。

这条航线上的红海及苏伊士运河是控制通往地中海和欧洲的咽喉要道。

7）中国—非洲航线

北非航线的主要国家有：摩洛哥、阿尔及利亚、突尼斯、利比亚。主要基本港有：阿尔及尔（ALGIER）、斯克基达（SKIKDA）、奥兰（ORAN）、贝加亚（BEJAIA）、卡萨布兰卡（CASABULANCA）、丹吉尔（TANGIER）、突尼斯（TUNIS）、班加西（BENGHAZI）、米苏拉塔（MISURATA）、的黎波里（TRIPOLI）、胡姆斯（EI KHOMS）。

西非航线的主要国家有：毛里塔尼亚、塞内加尔、几内亚、喀麦隆、塞拉利昂、尼日利亚、加纳、安哥拉、利比里亚、贝宁、刚果等。主要基本港有：阿比让（ABIDJAN）、班珠尔（BANJUL）、达喀尔（DAKAR）、努瓦克肖特（NOUAKCHOTT）、科托努（COTONOU）、特马（TEMA）、阿帕帕（APAPA）、拉各斯（LAGOS）、卢安达（LUANDA）、杜阿拉（DOUALA）、洛美（LOME）。

东非航线的主要国家有：坦桑尼亚、肯尼亚、莫桑比克、马达加斯加等国家。主要基本港有：贝拉（BEIRA）、达累斯萨拉姆（DAR ES SALAAM）、纳卡拉（NACALA）、马普托（MAPUTO）、蒙巴萨（MOMBASA）、塔马塔夫（TAMATAVE）、桑给巴尔（ZANZIBAR）。

南非航线的主要国家有：南非、纳米比亚、津巴布韦、赞比亚、留尼旺岛。主要基本港有：德班（DURBAN）、开普敦（CAPE TOWN）、路易斯港（PORT LOUIS）、约翰内斯堡（JOHANNESBURG）、哈拉雷（HARARE）、鲸湾港（WALVIS BAY）、伊丽莎白港（PORT ELIZABETH）、卢萨卡（LUSAKA）。

8）中国—韩日航线

韩国的基本港有：仁川（INCHON）、釜山（BUSAN）。

日本的基本港有：名古屋（NAGOYA）、大阪（OSAKA）、东京（TOKYO）、神户（KOBE）、横滨（YOKOHAMA）。

9）中国—东南亚航线

这条航线的主要国家有：菲律宾、新加坡、马来西亚、印度尼西亚、越南、泰国、缅甸等国家。

其基本港有：新加坡（SINGAPORE）、曼谷（BANGKOK）、林查班（LAEM CHABANG）、槟城（PENANG）、巴生港（PORT KLANG）、马尼拉（MANILA）、雅加达（JAKARTA）、泗水（URABAYA）、海防（HAIPHONG）、胡志明（HOCHIMINH）、仰光（YANGON）、西哈努克（SIHANOUKVILLE）。

10）中国—澳新航线

这条航线的主要国家有：澳大利亚、新西兰及太平洋上的一些岛国。

其主要港口有：阿德莱德（ADELAIDE）、奥克兰（AUCKLAND）、布里斯班（BRISBANE）、弗里曼特尔（FREMANTLE）、悉尼（SYDNEY）、威灵顿（WELLINGTON）、墨尔本（MELBOURNE）。

学中练

胜威外贸公司现有一批玩具需要从天津新港运送到荷兰鹿特丹港，船公司为中远海运集装箱运输有限公司，请登录该公司官网（https：//lines.coscoshipping.com/home）查询运输航线及途径的基本港口。

_____

_____

_____

二、选择船公司

不同船公司的船期、航线、优势运价和服务等各不相同，货运代理应充分利用自身的专业知识和良好的业务关系，为托运人选择最佳的承运人。货代公司往往会争取某些航线的优势价格和服务，并与船公司建立长期合作关系，从而建立公司的竞争优势，获取更多的客户资源，提高公司的利润和收益。表4-5所示为国际主要船公司的优势航线。

表4-5 国际主要船公司的优势航线

船公司	优势航线
COSCO（中远海运集装箱）	跨太平洋航线，欧洲航线，欧地航线，大西洋航线，亚太航线，拉非航线，中美洲航线，东南亚及南亚航线
MSK（马士基海陆）	欧地线，美线，非洲线，拉美线，东南亚线
CMA（达飞轮船）	欧地黑线，美线，非洲线
EVERGREEN（长荣海运）	欧地线，美线，非洲线，东南亚线
APL（美国总统轮船）	美加线，中东印巴线，东南亚线，欧地线
MSC（地中海航运）	欧地线，南美线，非洲线
OOCL（东方海外）	欧地线，美线，东南亚线
YML（阳明海运）	欧地线，美线，中东印巴线

学中练

上网查询主要船公司的相关信息，将表 4-6 补充完整。

表 4-6　主要船公司相关信息

序号	LOGO	名称	公司网址	经营业务	注册地
1	OOCL We take it personally	东方海外	www.oocl.com	集装箱运输及相关业务	中国香港地区
2		中外运集装箱运输有限公司			
3		中远海运集装箱有限公司			
4		海洋网联船务公司			
5		阳明海运股份有限公司			
6		马士基（中国）			

三、落实船期

班轮运输船期表（Liner Schedule）是班轮运输营运组织工作中的一项重要内容。班轮公司制定并颁布班轮运输船期表有多方面的作用：

（1）为了招揽航线途经港口的货载，既为满足货主的要求，又体现海运服务的质量。

（2）有利于船舶、港口和货物及时衔接，以便船舶有可能在挂靠港口的短暂时间内取得尽可能高的工作效率。

（3）有利于提高船公司航线经营的计划质量。

中远海运集装箱运输公司船期表样例如图 4-5 所示。

图 4-5　中远海运集装箱运输公司船期表样例

货运代理应能够通过船公司网站、打电话、发邮件等方式查询船期，并熟悉班轮船期表的内容，船期表中英文缩写及含义见表 4-7。班轮船期表主要内容包括：航线、船名、航次编号、始发港、中途港、目的港、到离港时间及其他相关事项等。

表 4-7 船期表中英文缩写及含义

英文缩写	全称	含义
ETA	Estimated time of arrival	船舶预计抵达的时间
ETD	Estimated time of departure	船舶预计离港的时间
ETS	Estimated time of sailing	船舶预计开航的时间
ETB	Estimated time of berthing	船舶预计停靠码头的时间

经过对运价、船期、船公司等因素的综合比较，最终选择中远海运集装箱运输公司欧洲航线的远东—西北欧 AEU3 航线，025W 航次，2023 年 6 月 1 日从天津新港出发，2023 年 7 月 4 日抵达荷兰鹿特丹港。

学中练

登录三家主要船公司的官网，查询航线、港口和船期，每家公司任选两条航线，填写表 4-8。

表 4-8 主要船公司港口航线船期表

shipping company	vessel	voyage	port of loading	port of discharge	ETD	ETA	transit time	routing details

运输素质塑造

聚焦航运业高质量发展 助推航运强国建设

我国是海洋大国、航海大国、造船大国，拥有广袤的管辖海域和漫长的海岸线。发展海洋经济，建设海洋强国已经成为近年来我国水运发展的主要方向，如何建设航运强国也成为当下最重要的议题之一。

近日，交通运输部副部长付绪银在航运强国建设峰会上表示，要在《交通强国建设纲要》和《国家综合立体交通网规划纲要》总体部署和统领下，构建安全、便捷、高效、绿色、经济的现代化综合交通体系，把握好航运强国和区域经济发展的关系，在六个方面做强航运业，即基础设施强、创新能力强、行业治理强、服务保障强、绿色转型强、安全发展强，努力实现一流设施、一流技术、一流管理、一流服务，为建成人民满意、保障有力、世界前列的交通强国发挥应有作用。

中国航海学会理事长何建中在峰会上指出，要进一步提高对航运强国建设的认识，增强使命感、责任感和紧迫感。围绕航运强国建设中的重大科学问题、工程技术难题和产业发展难题加强研究，比如加强对港口自动化技术标准的研究、规范，以降低技术应用成本，提高我国港口竞争力。要进一步推广创新成果，制订智能航运技术应用行动计划，做好试验场、法律法规、保障措施配套，消除智能航运发展制约因素，助推航海数字化转型升级；要进一步发挥企业主体作用，推动产业链、创新链发展。

资料来源：人民网，打好机制"组合拳" 业界聚焦航运业高质量发展，2023 年 7 月 14 日

活动 2　填写订舱单

一、订舱的概念

订舱（Booking）是指货代接单后在截单期前向船公司或船代预订舱位。订舱时，货运代理会填制订舱单（Booking Note，B/N）。在实践中，出口商通常会以 CIF 价格条件成交，所以订舱工作多数在装货港或货物运输地由出口商办理。此时，货运代理可直接与出口商联系，取得货物运输代理权。如果货物是以 FOB 成交的，则货物运输由进口商安排，此时订舱工作就可能在货物的卸货地或输入地由进口商办理，这就是所称的卸货地订舱（Home Booking）。此时，进口商的货运代理通常会"指定"出口地的大型国际货代公司代理装运港的货运业务。

在订舱时货代需要特别注意开舱时间、截港时间、截关时间和截单时间，以免造成货物运输延误。

开舱时间（CY Opening Date）是指可以开始在集装箱堆场提取某一航次集装箱空箱的日期。开舱时间一般安排在船舶到达前一星期左右。只有在集装箱堆场宣布开舱后，才有可能提取到该航次的集装箱空箱。

截港时间（Closing Date）是集装箱堆场截止接收该航次重箱的时间，这个时间一般是预装船舶抵港的前一天或抵港的当天，有具体的时间限制。货代要特别注意重箱一定要在截港时间前进入指定的集装箱堆场，否则就无法装上该航次船舶。在实践中，截港时间有时会因船舶未准时到港而延后，所以订舱人员要与班轮公司加强沟通；有时重箱未能在截港时间进入集装箱堆场，也可向船公司申请适当延长，但延期的时间不能太长，重箱必须在装船前返回堆场。

截关时间（Closing Date）货物在装船前都会先向海关申报，海关在查验后如果同意放行，会签发一张放行条，班轮公司只有收到海关的放行条后才能够接受重箱入堆场并装船。截止收取提单补料的时间（Cut Off Time），也叫截单时间，船舶装货完毕离港前，船方必须编制好载货清单（Manifest，M/F）用于办理船舶的出口报关手续，而载货清单是根据提单的内容编制的，所以在重箱进入集装箱堆场后，船公司或船代就会要求尽快将提单补料传送给他们。如果过了这个截单时间（Cut Off Time）还未收到提单补料，就无法将该票货物编制在载货清单上，也就意味着这票货物无法装船。

二、订舱的方式

1. 预订订舱

预订订舱是托运人或国际货代向承运人订舱时，只是为了预订舱位而没有特定的货物要载。在海运中，一般是在货运旺季，运输船舶到港这一段时间提出的订舱。采用预订订舱的原因是担心舱位紧张。在许多国家，允许口头暂时订舱，危险品运输不适用这种订舱方式。

2. 确定订舱

确定订舱是托运人根据信用证或合同的要求和货物出运的时间，选择合适的船舶，在船期表或航空运输规定的截单期之前，向承运人或其代理人以口头或书面形式提出的订舱。国际货代企业在确定订舱时应该提交以下信息：船名、接货地点、装货港、卸货港、交货地点、货名、数量、包装、重量、接货方式、交货方式、所需空箱数和装箱地点等。货运代理向船公司确定订舱一般是在截单期前几天。

三、订舱的程序

1. 审单

货代公司操作部收到业务部转交的客户托运单后，要审核起运港、目的港、柜型、截关日、品名、毛重、体积、运费的支付方式等信息是否正确、齐全；审核货物是否为危险品，货物的重量及尺码是否适用客户要求的柜型；特别注意客户的特殊要求（如船证、信用证船期、启运码头、免堆期或装载要求等）；如果是特殊货物，应先向客户查询清楚货物的特征（如是否是超重货、食品、冷藏货或危险品等）。最后，致电船公司落实货物托运可否接受。如可行，则填写订舱委托书向船公司订舱，并注明特别事项；如船公司不接受，则注明原因退回业务部。

2. 订舱

确定起运港、目的港（具体港口或堆场）、货运量、船公司、截关日、货物品名、运价等信息后可填写订舱单（样例见表4-9），向选定的船公司订舱。否则，需与客户联系确认后再订舱。

表4-9 订舱单样例

Shipper（发货人） Tel： Fax： Consignee（收货人） Tel： Fax： Notify Party（通知人） Tel： Fax：		中国远洋集装箱运输有限公司 COSCO CONTAINER LINES BOOKING ORDER Tel：	
Per-carriage by （前程运输）	Place of Receipt （收货地点）	Freight Approved by Marketing Dept（市场部确认运价）	
Vessel（船名）/ Voyage（航次）	Port of Loading （装货港）		
Port of Discharging （卸货港）	Port of Delivery （交付地）	FREIGHT PREPAID（预付）	FREIGHT COLLECT（到付）
Mark & No. （标记与号码）	No.and Kind of Package & Description Goods （件数及包装种类与货名）	Gross Weigh/kg （毛重/千克）	Measurement/m³ （尺码/立方米）
Total Containers Type/Size （总箱数/箱型）	□ ×20GP □ ×40GP	□ ×40HQ	□其他
Service Type of Delivery （交付条款）	□ CY-CY □ CY-DOOR	□ DOOR-CY	□ DOOR-DOOR
Add/Tel/Pic if require to Arrange Haulage（如果安排拖车，地址/电话/负责人）			
B/L Issued （签发提单）	□ House B/L （货代单）	□ Ocean B/L （船东单）	□ Telex Release （电放）
托运条款： 1. 托运单将作为缮制提单的依据，请托运人按运输条款惯例及有关责任要求正确填写； 2. 因托运填写错误或资料不全引起的货物不能及时出运、运错目的地、提单错误不能结汇、不能提货等产生的一切责任、风险、纠纷、费用等概由托运人承担； 3. 托运人必须认真、准确填写预/到付付款方式以及各项费用明细；订舱一经确认，除非托运人特殊原因，否则不接受费用的更改。		Refer Goods（冷藏货）Temperature Required Dangerous Goods & IMDG Code/Class Signature （签名/盖章）	

订舱单的填制要求如下：

1）发货人 / 托运人

当货代向班轮公司订舱时，这一栏所填写的发货人（Shipper）可能是真正的发货人，也可能是代理订舱的货代公司，应具体注明联系人的姓名、电话和传真等信息。

2）收货人及通知人

收货人（Consignee）和通知人（Notify Party）这两个栏目填写的内容应该与客户托运单上填写的内容一致，但由于货代向班轮公司订舱时，发货人一栏可能填写的是货代企业，而不是真正的发货人，因此，有时这两个栏目可不填写。因为正式签发提单时，客户都会提供一份内容比较完整的提单补充材料（又称"提单补料"），这上面的收货人、通知人的信息才是最后的准确资料。

3）装货港及卸货港

装货港（Port of Loading）和卸货港（Port of Discharge）这两个栏目必须认真填写。我国的港口一般都有多个港区，班轮公司在同一港口可能靠泊多条航线的船舶，但不同航线的船舶靠泊不同的港区，因此，在起运港一栏不但要填写港口名称，也要填写港区名称，如深圳港蛇口港区、盐田港区等。卸货港应填写英文港名，如果有多个港区，同样要填写港区。

4）预配船名 / 航次

预配船名 / 航次（Vessel/Voyage）这一栏应填写托运人根据船期表希望预订的船名及航次。如果在订舱时尚未确定船名及航次，也可不填，留待班轮公司安排。

5）预配箱型及箱量

预配箱型及箱量（Volume）表示订舱者要预订的集装箱的类型及数量，一般以 ×20GP、×40GP、×40HQ 来表示。在"×"之前填写数字，表示订多少个该类型的集装箱。例如，4×20GP 表示 4 个 20 ft 的集装箱。

6）货物名称及重量

货物名称及重量这一栏是向船公司说明装载的是什么货物，使船公司可以判断货物的属性为普通货物还是危险品。大部分船公司是不接受危险品的。在实践中，船公司和港口对各类集装箱都有载重限制，例如：20GP 的载重量不得超过 21 t，40GP 和 40HQ 的载重量不得超过 26 t。因此，货代需如实填写货物的重量，以便准确计算箱型箱量。

7）运费及运费条款

运费（Freight）是指班轮公司与订舱者事先已经商定好的运费，也包括各种附加费的名称及金额。

运费条款（Payment Terms）是对选择运费预付（Freight Prepaid）还是运费到付（Freight Collect）的说明。运费预付是指班轮公司签发提单时，托运人必须付清运费及其他相关费用方能取得提单。运费到付是指货物到达目的港后，收货人必须付清运费及其他相关费用方能提取货物。

8）提单签发类型

提单签发类型（B/L Issued）这一栏由托运人或代理人勾选所需的提单类型，包括货代单（House B/L）、船东单（Ocean B/L）或电放（Telex Release）。

9）签名盖章

订舱单上必须有签名 / 盖章（Signature）栏目，订舱单只有在订舱者签名 / 盖章后才能生效。在目前广泛应用的网上订舱中，订舱双方往往采取电子签名或其他双方认可的签名方式。

以上是订舱单的基本内容，有些装货港的货运代理可能还提供拖箱、报关等服务。因此，订舱单上还可能要求列明安排拖车、报关时需要的装货地点、装货时间、联系人、联系电话和报关类别等项目。

3. 放舱

承运人（船公司或其代理人）在接到订舱单后会认真审核，在确认可接受的情况下，船公司就会发出一份订舱确认书，或叫放柜纸、配载通知、装货单 S/O 等，货代企业收到 S/O 以后，要先审核资料与订舱信息是否一致，确认无误后再进行后续的业务操作。

学中做

根据客户提供的发票、装箱单等信息填制表 4-9 所示订舱单。

任务三　配载装箱

📌 任务布置

天津新远货运公司操作员王梅根据客户要求，综合比对各家船公司的船期、航线、运价等因素，最终选择向中远海运公司订舱，为了能够赶上船期将货物尽快出运，接下来需要计算该批货物所需箱型、箱数，与拖车公司联系，委派车队提取空箱并运输到工厂，装箱完毕后将重箱在特定时间内集港。

📌 任务分析

完成本任务，需要解决以下问题：
（1）如何确定所用集装箱类型及数量？
（2）如何办理集装箱交接业务？
（3）装箱集港业务操作流程有哪些？

📌 任务资讯

任务资讯1　配载

配载业务包括计算货物密度、计算或者查询集装箱的单位容重、计算所需集装箱数量，具体如图4-6所示。

图4-6　配载业务流程

任务资讯2　装箱

装箱业务包括换单、提取空箱、装箱、重箱入堆场，具体业务流程如图4-7所示。

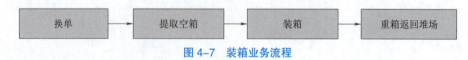

图4-7　装箱业务流程

📌 任务实施

活动1　配载

对于客户委托货代装箱的情况，货代应根据货物的品名、性质、毛重和尺码等信息判断需用的集装箱箱型和数量，在配载时，应合理选用集装箱，使其适合货物装载和运输的需要。常用集装箱的型号与装载量如表4-10所示。

表 4-10 常用集装箱配载参数

箱型	尺寸（长 × 宽 × 高）/（mm × mm × mm）	最大载重量 /t	最大容积 /m³
20 ft 柜（20′ GP）	5.69 × 2.13 × 2.18	21	33
40 ft 柜（40′ GP）	11.8 × 2.13 × 2.18	26	67
40 ft 高柜（40′ HQ）	11.8 × 2.13 × 2.72	29	76
20 ft 开顶柜（20′ OT）	5.89 × 2.32 × 2.31	20	32
40 ft 开顶柜（40′ OT）	12.01 × 2.33 × 2.15	30	65

1. 计算货物密度

货物密度是指货物单位容积的重量。计算公式为

$$货物密度 = \frac{货物单位重量}{货物单位体积}$$

根据任务背景资料可知：

商品名称：玩具；

数量：600 箱；

尺寸：70 cm × 40 cm × 30 cm；

毛重：2 700 kg；

净重：2 600 kg。

$$该货物密度 = \frac{2\,700 \div 600}{0.7 \times 0.4 \times 0.3} = 53.57（kg/m^3）$$

2. 计算或查询集装箱的单位容重

单位容重是指单位体积上货物的重量，也叫货物密度。

集装箱容重是指集装箱单位容积的重量，用集装箱的最大载重量除以集装箱的有效容积，所得的商就是集装箱的单位容重。计算公式为

$$集装箱容重 = \frac{集装箱最大载重量}{集装箱的容积 \times 箱容利用率}$$

根据上述公式计算出几种不同尺寸集装箱在容积利用率分别为 100% 和 80% 时的容重，如表 4-11 所示。

表 4-11 集装箱单位容重

箱型	最大载重 /kg	集装箱容积 /m³	箱容利用率为 100% 时的单位容重 /（kg·m⁻³）	箱容利用率为 80% 时的单位容重 /（kg·m⁻³）
20′ GP	21 740	33.1	657	821
40′ GP	26 630	67.7	393	492
40′ HQ	26 630	73.3	363	454
20′ OT	21 480	28.4	756	954

根据表 4-11 计算 40′ GP 在容积利用率为 80% 时的容重。

$$容重 = \frac{26\ 630}{67.7 \times 80\%} = 492（kg/m^3）$$

3. 计算所需集装箱数量

如果货物密度大于集装箱的单位容重，这种货一般称为重货，则用货物重量除以集装箱的最大载货重量，即得所需要的集装箱箱数。计算公式为

$$集装箱数量 = \frac{货物重量}{集装箱最大载货重量}$$

如果货物密度小于集装箱的单位容重，这种货一般称为轻货，则用货物体积除以集装箱的有效容积，即得所需要的集装箱数。计算公式为

$$集装箱数量 = \frac{货物总体积}{集装箱有效容积}$$

因为货物的密度小于 40′ GP 的容重，所以此批货物为轻货，代入上述公式计算集装箱数，有

$$货物总体积 = 0.7 \times 0.4 \times 0.3 \times 600 = 50.4（m^3）$$

$$集装箱数量 = \frac{50.4}{67.7 \times 80\%} = 0.93$$

因此，确定该批货物需要一个 40′ GP。

学中练

计算所需集装箱的箱型箱数。

有一批出运货物为纸箱包装的服装，共 400 箱，体积为 120 m³，重量为 21 t，当集装箱箱容利用率为 80% 时，在不允许与其他货物混拼的情况判断所需集装箱箱型、箱数。

_____
_____
_____
_____
_____

活动 2　装箱

一、集装箱交接

1. 整箱货与拼箱货

拼箱货

整箱货（Full Container Cargo Load, FCL）是由货方负责装箱和计数，填写装箱单，并加封志的集装箱货物，通常只有一个发货人和一个收货人。班轮公司主要从事整箱货的货运业务。

拼箱货（Less Than Container Cargo Load, LCL）是由承运人的集装箱货运站负

责装箱和计数,填写装箱单,并另行封志的集装箱货物,通常每一票货物的数量较少,因此拼箱货的集装箱内会涉及多个发货人和多个收货人。在实践中,主要由拼箱集运公司(集拼经营人)从事拼箱货的货运业务。

2. 集装箱的交接地点

货物运输中的交接地点是指根据运输合同,承运人与货方交接货物、划分责任风险和费用的地点。目前集装箱运输中货物的交接地点主要有门、集装箱堆场和集装箱货运站。

1)门(Door)

门是指收发货人的工厂、仓库或双方约定收、交集装箱的地点。

2)集装箱堆场(CY)

堆场是交接与保管空箱和重箱的场所,也是集装箱换装运输工具的场所。

堆场有前方堆场和后方堆场之分,前方堆场是为了加速船舶装卸作业,暂时堆放集装箱的场地;后方堆场是集装箱重箱或空箱进行交接、保管和堆存的场所。有些国家不分前、后方堆场。

3)集装箱货运站(CFS)

货运站是拼箱交接和保管的场所,也是拼箱货装箱和拆箱的场所。堆场和货运站也可以在同一地点,一般由拼箱集运公司经营。

3. 集装箱的交接方式

根据集装箱货物的交接地点不同,交接方式也有所不同,常见的有以下9种:

1)门到门交接方式

门到门(Door to Door)交接方式是指运输经营人在发货人的工厂或仓库接收货物,并负责将货物运至收货人的工厂或仓库交付。在这种交付方式下,货物的交接形态都是整箱交接。

2)门到场交接方式

门到场(Door to CY)交接方式是指运输经营人在发货人的工厂或仓库接收货物,并负责将货物运至卸货港码头堆场或其内陆堆场,在堆场处向收货人交付。在这种交接方式下,货物也是整箱交接。

3)门到站交接方式

门到站(Door to CFS)交接方式是指运输经营人在发货人的工厂或仓库接收货物,并负责将货物运至卸货港码头的集装箱货运站或其在内陆地区的货运站,经拆箱后向各收货人交付。在这种交接方式下,运输经营人一般是以整箱形态接收货物,以拼箱形态交付货物。

4)场到门交接方式

场到门(CY to Door)交接方式是指运输经营人在码头堆场或其内陆堆场接收发货人的货物(整箱货),并负责把货物运至收货人的工厂或仓库向收货人交付(整箱货)。

5)场到场交接方式

场到场(CY to CY)交接方式是指运输经营人在装货港的码头堆场或其内陆堆场接收货物(整箱货),并负责运至卸货码头堆场或其内陆堆场,在堆场向收货人交付。

6)场到站交接方式

场到站(CY to CFS)交接方式是指运输经营人在装货港的码头堆场或其内陆堆场接收货物(整箱),负责运至卸货港码头集装箱货运站或其在内陆地区的集装箱货运站,一般经拆箱后向收货人交付。

7)站到门交接方式

站到门(CFS to Door)交接方式是指运输经营人在装货港码头的集装箱货运站及其内陆地区

的集装箱货运站接收货物（经拼箱后），负责运至收货人的工厂或仓库交付。在这种交接方式下，运输经营人一般是以拼箱形态接收货物，以整箱形态交付货物。

8）站到场交接方式

站到场（CFS to CY）交接方式是指运输经营人在装货港码头或其内陆地区的集装箱货运站接收货物（经拼箱后），负责运至卸货港码头堆场或其内陆堆场交付。在这种交接方式下，货物的交接形态一般也是以拼箱形态接收货物，以整箱形态交付货物。

9）站到站交接方式

站到站（CFS to CFS）交接方式是指运输经营人在装货码头或内陆地区的集装箱货运站接收货物（经拼箱后），负责运至卸货港码头或其内陆地区的集装箱货运站，向收货人交付（经拆箱后）。在这种交接方式下，货物的交接方式一般都是拼箱交接。

在不同的交接方式下，集装箱运输经营人与货方承担的责任有所不同。在整箱货交接情况下，承运人承担在箱体完好和封志完整的状况下接受，并在相同的状况下交付整箱货的责任。在拼箱货交接情况下，承运人负责在箱内每件货物外表状况明显良好的情况下接受，并在相同状况下交付拼箱货物。

在实践中，班轮公司承运整箱货，集拼经营人（拼箱集运公司）负责办理拼箱货业务。因此，CY to CY 就成为班轮公司通常采用的交接方式，而 CFS to CFS 则是集拼经营人通常采用的交接方式。

二、装箱

1. 换单

集装箱拖车公司的调度人员在接到货代公司发来的订舱确认书后，会根据确认书上写明的换单时间、地点，安排好工作人员前去办理换单事宜。

换单也叫打单，就是指集装箱拖车公司向船公司设在码头的操作部门交换其发出的订舱确认书，船公司在码头的操作部门收回订舱确认书后，再打印一份集装箱设备交接单（EIR），连同一个铅封交给集装箱拖车公司。铅封就是指在集装箱装上货物后封箱用的专用标志，每个铅封都有一个号码，即封条号。每个铅封只能使用一次，铅封锁上后，除非将它损毁，否则是无法打开的。

设备交接单一式六联，分别在集装箱出场、进场时使用，以及供堆场、拖车公司和货主留存。设备交接单的内容与订舱确认书上的内容基本相同，都包含提取空箱地点、重箱返回地点、船名/航次、卸货港、目的港和箱型等。此外，设备交接单上还增加了进出场检查记录、损坏记录及代号、集装箱内外部示意图，以备集装箱检查时做记录用。集装箱发放/设备交接单的基本格式见表 4-12。

设备交接单是集装箱进出港区、场站时，用箱人、运箱人与管箱人或代理人交换集装箱及其设备的凭证，兼有发放集装箱的功能。因此，它是一种交接凭证和发放凭证。用箱人或运箱人凭集装箱交接单进出港区、场站，到交接单制定的提箱地点提取空箱，双方签字。码头、堆场留下箱管单位联合码头堆场联（共两联），将用箱人或运箱人联退还给用箱人或运箱人。码头、堆场将留下的管箱人联退还给管箱单位。设备交接单要求做到一箱一单、箱单相符、箱单同行。

表 4-12　集装箱发放/设备交接单样例

集装箱发放/设备交接单
EQUIPMENT INTERCHANGE RECEIPT　　　　　NO.

用箱人/运箱人（CONTAINER USER/HAULIER）		提箱地点（PLACE OF DELIVERY）	
来自地点（WHERE FROM）	返回/收箱地点（PLACE OF RETURN）		
船名/航次（VESSEL/VOYAGE NO.）	集装箱号（CONTAINER NO.）	尺寸/类型（SIZE/TYPE）	营运人（CNTR.ORTR.）
提单号（B/L NO.）	铅封号（SEAL NO.）	免费期限（FREE TIME PERIOD）	运载工具牌号（TRUCK, WAGON, BARGE NO.）
出场目的/状态（PPS OF GATE-OUT/STATUS）		进场目的/状态（PPS OF GATE-IN/STATUS）	进场日期（TIME-OUT）
进场检查记录（INSPECTION AT THE TIME OF INTERCHANGE）			
普通集装箱（GP CONTAINER） □正常（SOUND） □异常（DEFECTIVE）	冷藏集装箱（RF CONTAINER） □正常（SOUND） □异常（DEFECTIVE）	特种集装箱（SPECIAL CONTAINER） □正常（SOUND） □异常（DEFECTIVE）	发电机（GEN SET） □正常（SOUND） □异常（DEFECTIVE）

损坏记录及代号（DAMAGE&CODE）

	破损（BROKEN）	凹损（DENT）	丢失（MISSING）	污箱（DIRTY）	危标（DG LABEL）
左侧（LEFT）					
顶部（TOP）					
左侧（LEFT）					
右侧（RIGHT）					
前部（FRONT）					
集装箱内部（CONTAINER INSIDE）					
顶部（TOP）					
底部（FLOOR BASE）					
箱门（REAR）					

如有异状，请注明程度
及尺寸（REMARK）

注：除列明者外，集装箱及集装箱设备交接时完好无损，铅封完整无误

设备交接单的各个栏目分别由箱管单位（船公司或代理人）、用箱人或运箱人（货代或集卡车队）、码头堆场的经办人员填写，具体如下：

（1）箱管单位填写进出场集装箱交接单中的用箱人/运箱人、返回/收箱地点、船名/航次、尺寸/类型、营运人、免费期限和进（出）场目的/状态。

（2）用箱人/运箱人填写运载工具牌号、进场集装箱交接单中的来自地点、集装箱号、提单号、封志号、货重和危险品类别。

（3）码头（站、场）经办人填写进出场日期、检查记录、出场集装箱交接单中的提箱地点、集装箱号。

2. 提取空箱

换取了设备交接单后，驾驶员就可以开车进入指定的集装箱堆场，凭集装箱设备交接单提取空箱。在提取空箱时，驾驶员要在集装箱堆场办理提取空箱的交接手续，集装箱堆场会打印一份设备交接单交给驾驶员。驾驶员在提取空箱时，要认真核对所提取空箱的箱型、尺寸是否与订舱单一致，检查集装箱箱体上的箱号是否与设备交接单一致。还应与集装箱堆场的验箱人员一起对所提取的集装箱进行认真检查，只有检查合格的情况下才能将空箱提走，如果发现问题，则需及时进行解决。

3. 货物装箱

集装箱拖车驾驶员提到合格的集装箱空箱后，就可以驶往发货人指定的装货地点进行装箱作业。如果是在发货人的工厂或仓库装货，装箱作业一般由发货人自行安排；如果是在货代企业的仓库或货运站内进行，则由货代企业安排装货。装箱人应缮制集装箱装箱单（CLP）。集装箱装箱单是详细记载每一个集装箱内所装货物名称、数量、尺码、重量、标志和箱内货物积载情况的唯一单证（装箱单样例如图4-8所示），其作用如下：

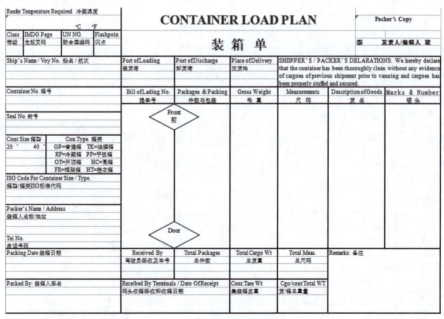

图4-8 集装箱装箱单样例

（1）装箱单是发货人向承运人提供集装箱内所装货物的明细清单。

（2）装箱单是在装箱地向海关申报货物出口的单据，也是集装箱船舶进出口报关时海关提交的载货清单的补充资料。

（3）装箱单是集装箱货运站与集装箱码头之间的货物交接单。

（4）装箱单是集装箱装、卸两港编制装、卸船舶计划的依据。

（5）装箱单是集装箱船舶计算船舶吃水和稳定性的数据来源。

（6）装箱单是在卸箱地作为办理集装箱保税运输手续和拆箱作业的重要单证。

（7）当发生货损时，装箱单是索赔的原始依据之一。

集装箱装箱单一式五联，其中码头、船代、承运人各一联，发货人、装箱人两联。发货人或货运站将货物装箱，缮制装箱单后，连同货物一起送至集装箱堆场。集装箱堆场的业务人员在五联单上签收后，留下码头联、船代联和承运人联，将发货人联、装箱人联退还给送交集装箱的发货人或集装箱货运站。发货人或集装箱货运站除自留一份备查外，将另一份寄交给收货人或卸箱港的集装箱货运站，供拆箱时使用。对于集装箱堆场留下的三联，除集装箱堆场自留码头联，据此编制装船计划外，还须将船代联及承运人联分送船舶代理人和船公司，据此缮制积载计划和处理货运事故。

装箱人在装箱作业时应注意：

（1）装载拼箱货物的集装箱应该轻、重搭配，尽量使集装箱的装载量和容积都能满载。积载后的重心应尽量接近箱子的中心，以免装卸过程中发生倾斜和翻倒。

（2）保证混装货物不会互相引起货损。

（3）不能把不同卸货港的货物混装在一个集装箱内。

（4）不同种类的包装，如木夹板包装货物与袋装货物或纤维板箱装货物之间需有保护性的隔垫材料。

（5）装箱完毕后应将箱门关闭，并锁上铅封。

4. 重箱返回堆场

装箱完成后，需由拖车驾驶经短途公路运输，将重箱返回船公司指定的集装箱堆场。堆场会根据订舱清单，核对集装箱交接单后接收重箱。集装箱堆场在验收重箱后会再打印一份设备交接单（俗称重柜纸）交给驾驶员。货代或发货人凭重柜纸上的内容办理制单、报关等手续。重箱在办理完有关出口手续后才能装船出运。

配载装船　　集装箱船图片

学中练

在目前的海运业务中，班轮公司常采用的交接方式和拼箱集运公司常采用的交接方式分别是什么？

> **学中做**
>
> 根据背景资料填制图 4-2 所示装箱单。
>
> 自评记录：
>
> _____
>
> _____
>
> _____
>
> _____

运输素质塑造

大力弘扬工匠精神 为打造中国式现代化河北场景贡献力量

在河北省政府新闻办召开的"2023年河北大工匠年度人物"记者见面会上，10位"2023年河北大工匠年度人物"现场讲述了他们以勤学长知识、以苦练精技术、以创新求突破的成长经历，展现了他们执着专注、精益求精、一丝不苟、追求卓越的工匠精神。其中，河北港口集团秦港第六分公司的王霄同志勇当港口科技创新尖兵，为临港产业强省贡献力量。

"我在六公司碰到的第一个重要项目，就是负责装船机控制系统的升级改造。"王霄说，第一次面对如此昂贵的设备，面对上千个点的编程任务，并且新旧系统安装切换时间仅仅只有 8 h，压力还是蛮大的。他仔细研读了几百页的英文资料，进行了大量实验，创新性地采用新旧系统并联调试法，不但避免了调试对生产的影响，更保证了程序的可靠性，设备试机一次成功，比预计的 8 h 还提前了 2 h。后来，王霄又陆续完成了秦皇岛港煤三期翻车机、堆料机、装船机等多项大型设备与系统的技术规格书编写和设备更新，主持完成了"车皮故障检测系统改造"等科学技术项目，解决了煤三期装卸生产瓶颈。"未来，我要带领职工继续进行技术创新，让每一名职工都成为创新型、技能型职工，共同为现代化港口建设，为临港产业强省战略贡献力量。"王霄表示。

资料来源：人民网，大力弘扬工匠精神为打造中国式现代化河北场景贡献力量，2023年4月21日

任务四　报检报关

任务布置

天津新远货运公司报关员张扬在收到胜威外贸公司的报关委托书、货物发票、装箱单后，开始着手准备报关单证，登录海关报关自动化系统预录入报关单，然后向进出口口岸海关递报关单及随附单证。

任务分析

完成本任务，需要解决以下问题：
（1）如何办理货物的出口报关？
（2）报关需要注意哪些事项？
（3）哪些商品需要报检？

任务资讯

任务资讯 1　报关业务流程

报关业务包括申报、配合查验、缴税、提取或装运货物，具体业务流程如图 4-9 所示。

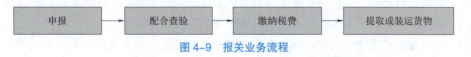

图 4-9　报关业务流程

任务资讯 2　关检融合后的通关新模式

关检融合后的通关新模式体现为一次申报、一次查验、一次放行，具体如图 4-10 所示。

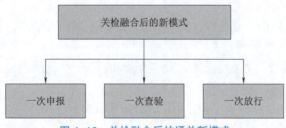

图 4-10　关检融合后的通关新模式

任务实施

活动 1　报检

一、报检的概念

报检是指办理商品出入境检验检疫业务的行为。报检分为自理报检和代理报检两种。自理报检指我国法律法规规定办理出入境检验检疫报检或委托代理报检单位办理出入境报检手续的行为。代理报检是指经国家工商行政部门注册的境内企业法人再经国家市场监督管理总局注册登记，取得代理报检资质，并依法接受进出口货物收货人、发货人、货主等相关对外贸易法人的委托，为其向海关总署代理办理出入境检验检疫报检手续的行为。代理报检一般委托货运代理公司或报关行来办理。

二、出口商品检验的范围

根据《中华人民共和国进出口商品检验法》的规定，下列商品在出口前，必须经当地海关指定的检验机构检验，未经检验或检验不合格者，一律不准出口。

（1）列入国家商检部门公布的《出入境检验检疫机构实施检验检疫的进出境商品目录》（简称《法检目录》）内的出口商品。

（2）其他法律、行政法规规定须经海关检验的出口商品。

（3）对外贸易合同（包括信用证）规定由海关检验的商品。

（4）对外贸易关系人需要海关检验的商品。

（5）输入国政府规定须经我国海关检验出证的商品。

三、关检融合改革

2018年4月，根据《深化党和国家机构改革方案》设计思路，不再保留国家质量监督检验检疫总局，将其检验检疫职能并入海关总署，其他职能纳入国家市场监督管理总局。2018年4月16日，海关总署颁布了《全国通关一体化关检业务全面融合框架方案》，实现关检业务融合。此外，海关总署对企业报关报检资质进行了下列优化整合：

（1）将检验检疫自理报检企业备案与海关进出口货物收发货人备案合并。

（2）将检验检疫代理报检企业备案与海关报关企业注册登记合并。

（3）将检验检疫报检人员备案与海关报关人员备案合并，报关人员备案后同时取得报关和报检资质。

四、报检业务流程

（1）企业完成进出口收发货人海关备案后，可在"单一窗口"企业资质模块中查看本企业下的检验检疫备案号。

（2）单击页面右上角的企业名称，进入"用户管理"—"我的资质"，补充报检资质备案信息，包括报检单位注册号和报检受理机关。

（3）进入"货物申报"系统，选择"出口整合申报"—"出境检验检疫申报"填写申请并发送海关审核，如图4-11所示。

填制出境报检单

（4）检验检疫申请过程中，如海关要求企业提供相关资料文件辅助审核，企业可以通过"检验检疫无纸化"—"电子单据申报"模块，查询出境检验检疫申请记录并上传海关要求的无纸化资料发送海关审核。

（5）海关审核通过后，企业可以使用该电子底账号进行报关申报并打印出境检验检疫申请，如图4-12所示。

项目四　水路货物运输

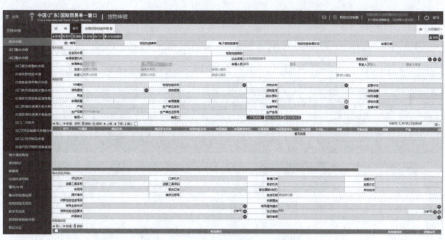

图 4-11　海关货物申报窗口

出境货物检验检疫申请

申请单位(加盖公章):	艾格进出口贸易公司			*编　号	EC0000002
申请单位登记号: 32000000015	联系人: 张艾格	电话: 86-21-23501213		申请日期: 2019 年 8 月 7 日	

发货人	(中文)	艾格进出口贸易公司
	(外文)	AIGE IMPORT & EXPORT COMPANY
收货人	(中文)	日清进出口贸易公司
	(外文)	RIQING EXPORT AND IMPORT COMPANY

选择	货物名称(中/外文)	H.S.编码	产地	数/重量	货物总值	包装种类及数量
○	木雕工艺品 WOOD CARVING CRAFTS	4420109090	中国	44640 件	JPY 21070080	1488 纸箱

[添加]　[修改]　[删除]

运输工具名称号码	TBA	贸易方式	一般贸易	货物存放地点	SHANGHAI,CH
合同号	CONTRACT04	信用证号		用途	
发货日期	2019-08-07	输往国家(地区)	日本	许可证/审批号	
启运地	上海	到达口岸	名古屋	生产单位注册号	
集装箱规格、数量及号码	40' CONTAINER X 1				

合同、信用证订立的检验检疫条款或特殊要求	标记及号码	随附单据(划"√"或补填)	
	N/M	☑ 合同	☐ 许可/审批文件
		☐ 信用证	☐ 报检委托书
		☑ 发票	☐ 其他单据
		☑ 装箱单	☐
		☐ 厂检单	
		☐ 包装性能结果单	

需要证单名称(划"√"或补填)					*检验检疫费	
☐ 品质证书	正___ 副___	☐ 植物检疫证书	正___ 副___	总金额(人民币元)	
☐ 重量证书	正___ 副___	☐ 熏蒸/消毒证书	正___ 副___		
☐ 数量证书	正___ 副___	☐		计费人	
☐ 兽医卫生证书	正___ 副___	☐			
☐ 健康证书	正___ 副___	☐		收费人	
☐ 卫生证书	正___ 副___				
☐ 动物卫生证书	正___ 副___				

申请人郑重声明: 1、本人被授权申请检验检疫。 2、上列填写内容正确属实,货物无伪造或冒用他人的厂名、标志、认证标志,并承担货物质量责任。 　　　　　　　　签名: 张艾格	领取证单	
	日期	
	签名	

注:有"＊"号栏由海关填写

图 4-12　出境检验检疫申请

学中练

登录中华人民共和国海关总署官网（http：//www.customs.gov.cn/）进入"互联网+海关"页面（见图4-13），单击"办事指南"，了解商品检验、动植物检疫等相关资讯。

图4-13 海关官网中的"互联网+海关"页面

活动2 报关

一、报关的含义

报关是指进出口货物收发货人、出入境运输工具负责人、出入境物品所有人或者他们的代理人向海关办理货物、物品或运输工具出入境手续及相关海关事务的过程，包括向海关申报、交验单据证件，并接受海关的监管和检查等。

集港报关

报关涉及的对象可分为出入境的运输工具和货物、物品两大类。由于性质不同，其报关程序也有所不同。运输工具（如船舶、飞机等）通常应由船长、机长签署到达、离境报关单，交验载货清单、空运单、海运单等单证向海关申报，作为海关对装卸货物和上下旅客实施监管的依据。而货物和物品则应由其收发货人或其代理人，按照货物的贸易性质或物品的类别，填写报关单，并随附有关的法定单证及商业和运输单证报关。

二、报关所需单证

报关所需单证有报关委托书（电子）、报关单、货物发票、货运单和装箱单等。

（1）报关委托书。当采用代理报关，委托货代或报关行代为申报时，使用报关委托书。无纸化通关要求报关委托书需在线完成。先登录电子口岸，单击无纸化通关，进行电子口岸的备案。报关行将名称和组织机构代码或者其他的信息给货代或托运人，托运人在网上发起委托，填写内容与纸质要求一致；也可以报关行发起委托，托运人在网上确认。确认完成后报关行会直接收到电子版报关委托书。

（2）进出口货物报关单。一般进口货物应填写报关单一式两份；需要由海关核销的货物，如加工贸易货物和保税货物等，应填写专用报关单一式三份；货物出口后需国内退税的，应另填一份退税专用报关单。进口货物报关单如图4-14所示。

（3）货物发票。要求份数比报关单少一份。对货物出口委托国外销售，结算方式是待货物销售后按实销金额向出口单位结汇的，出口报关时可准予免交。

（4）货运单包括陆运单、空运单和海运进口的提货单及海运出口的装货单。海关在审单和验货后，在正本货运单上签章放行退还报关单，凭此提货或装运货物。

（5）货物装箱单。其份数同发票。散装货物或单一品种且包装内容一致的件装货物可免交。

（6）海关认为必要时，还应交验贸易合同、货物产地证书等。

（7）其他有关单证。包括：经海关批准准予减税、免税的货物，应交海关签章的减免税证明，北京地区的外资企业需另交验海关核发的进口设备清单。已向海关备案的加工贸易合同进出口的货物，应交验海关核发的“登记手册”。

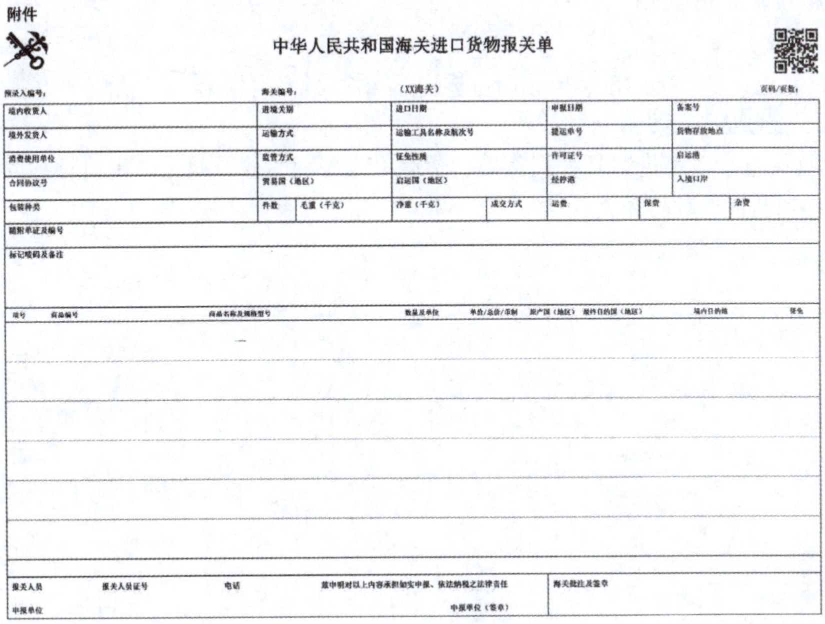
附件

中华人民共和国海关进口货物报关单

预录入编号：　　海关编号：　　（XX海关）　　页码/页数：

境内收货人	进境关别		进口日期		申报日期		备案号
境外发货人	运输方式		运输工具名称及航次号		提运单号		货物存放地点
消费使用单位	监管方式		征免性质		许可证号		启运港
合同协议号	贸易国（地区）		启运国（地区）		经停港		入境口岸
包装种类	件数	毛重（千克）	净重（千克）	成交方式	运费	保费	杂费
随附单证及编号							
标记唛码及备注							

项号	商品编号	商品名称及规格型号	数量及单位	单价/总价/币制	原产国（地区）	最终目的国（地区）	境内目的地	征免

报关人员　报关人员证号　电话　兹申明对以上内容承担如实申报、依法纳税之法律责任　海关批注及签章

申报单位　申报单位（签章）

图 4–14　进口货物报关单

学中练

思考通关的含义及通关与报关的关系。

三、报关的基本程序

根据《海关法》规定，出口货物应在货物装入运输工具的 24 h 之前，向海关申报；进口货物的报关期限为自运输工具申报进境之日起 14 日内，由收货人或其代理人向海关报关；转关进口货物除应在 14 日内向进境地海关申报外，还须在载运进口货物的运输工具抵达指运地之日起

14日内向指运地海关报关。超过这个期限报关的，由海关征收滞报金。

1. 申报

接受报关委托（报关委托书）—准备报关单证—报关单预录入（海关报关自动化系统）—递单（报关随附单证及进出口货物报关单交进出口口岸海关）—海关审单。

2. 配合查验

海关查验时进出口货物的收、发货人或其代理人应当到场，查验一般在海关监管区内进行。海关查验货物时货物代理人负责搬移货物，开拆和重封货物的包装。海关认为必要时，可以进行复验。

查验的方式包括彻底查验、抽查和外形查验。在使用上述方法的同时，还应结合使用地磅、X光机等设施和设备进行查验。

3. 缴纳税费

$$税费 = 进出口货物的完税价格 \times 税率$$

4. 放行（提取或装运货物）

进口货物放行章盖在进口货物提货单、货运单或特制的放行条上，出口货物放行章盖在出口货物装货单或特制的放行条上。

绘制报关业务流程图。

海关严打进出口伪瞒报

2023年年初，上海海关所属外高桥港区海关查验二科关员在对一批申报为"塑料桌子"的出口货物开展查验时发现，集装箱底部夹藏有170箱喷漆，每箱24罐，罐体上印有"DANGER"字样。2023年3月，深圳蛇口集装箱码头SCT曾发生一起集装箱着火事故，疑似因危险品瞒报引发。深圳海关进一步强化关区危险品风险监控，对于涉及危险品伪瞒报逃检被行政处罚或者被追究刑事责任的企业，予以重点管控，严厉打击涉危商品的高危低报、多危少报、涉危不报等伪瞒报行为。3月28日，深圳蛇口海关向各船公司发出协助函，请求协助配合提供相关5家货代公司的订舱出口情况。蛇口海关表示，近期查发多起伪瞒报案件，部分包含危化品，涉及多家货代公司。

近期，海关又查获一批伪瞒报非法出口烟花爆竹的集装箱，总重 25.42 t。这些藏身普通集装箱里的烟花爆竹就像一颗"不定时炸弹"，存在巨大安全隐患。据悉，宁波海关所属北仑海关关员在对一批出口货物实施查验时发现，该集装箱近门处前两排摆放了笔记本等作为掩饰，其余货物皆为简易纸箱包装的烟花爆竹，共计约 25.42 t。烟花爆竹属于《危险货物品名表》列明的第 1 类危险货物，国家对烟花爆竹的运输、储存都有严格的规定。

依据《中华人民共和国进出口商品检验法》及其实施条例、《海运出口危险货物包装检验管理办法》及《国际海运危险货物规则》等规定，海运出口危险货物的包装容器的材质、形式及包装方法应与拟装危险货物的性质相适应，收发货人或其代理人应当如实向海关申报。对于进出口伪瞒报危险货物的行为，海关将依法严厉打击。如果在海关调查中，该批货物被判定为涉及伪瞒报，货柜将会面临被暂扣的风险，这将给处于同一批货柜中的其他合规申报的货物带来非常不利的影响。

部分货主、货代在利益驱使下铤而走险，通过瞒报谎报进行偷运等行为，导致恶劣的结果，针对此，各个船公司陆续发布通知强调关于加强货物瞒报/漏报/误报管理等情况，对于危险品伪/瞒报者处以重罚。因此，在从事货运业务中务必坚守道德底线，做到诚信守法。

资料来源：锦程物流网，海关严打进出口伪瞒报，2023 年 5 月 30 日

任务五　缮制提单

任务布置

装船完毕后,天津新远货运公司操作员王梅凭已签署的场站收据,在支付了预付运费的前提下,就可以向船公司(中远公司)换签船东提单。

如果客户要求签发货代提单,新远货运公司单证员胡欣在接收到场站收据后就可以着手填制海运提单,并签发给胜威公司,以便其尽快去银行办理结汇。

任务分析

完成本任务,需要解决以下问题:
(1)提单的种类有哪些?
(2)如何缮制提单?
(3)如何签发、变更提单?

任务资讯

任务资讯1　提单业务

提单业务流程包括缮制提单、审核提单、签发提单、变更提单,具体如图4-15所示。

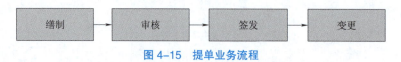

图4-15　提单业务流程

任务资讯2　提单的作用

提单是承运人签发给托运人的货物收据,是托运人与承运人运输合同的证明,是货物所有权的凭证,具体如图4-16所示。

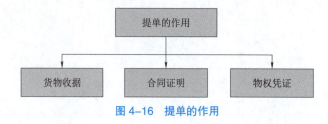

图4-16　提单的作用

活动1 缮制提单

一、提单的概念

提单（bill of lading，B/L），是国际结算中的一种重要单据，是指用以证明海上货物运输合同和货物已经由承运人接收或者装船，以及承运人保证据以交付货物的单证。提单中载明的向记名人交付货物，或者按照指示人的指示交付货物，或者向提单持有人交付货物的条款，构成承运人据以交付货物的保证。

二、提单的作用

（1）提单是承运人签发给托运人的货物收据。
（2）提单是托运人与承运人运输合同的证明。
（3）提单是货物所有权的凭证。

提单填制

三、提单的种类

按不同的标准，提单可以划分为不同种类。

1. 按货物是否已装船为标准

1）已装船提单

已装船提单（On Board B/L；Shipped B/L）指整票货物全部装船后，由承运人或其代理人向托运人签发的货物已经装船的提单。该提单上除了载明其他通常事项外，还须注明装运船舶名称和货物实际装船完毕的日期。

2）收货待运提单

收货待运提单（Received for Shipment B/L）简称待装提单或待运提单，是指承运人虽已收到货物但尚未装船，应托运人要求而向其签发的提单。由于待运提单上没有明确的装船日期，而且又不注明装运船的船名，所以在跟单信用证的支付方式下，银行一般不受理此类提单。

2. 按提单收货人一栏的记载为标准

1）记名提单

记名提单（Straight B/L）指在提单"收货人"一栏内具体填上特定收货人名称的提单，记名提单只能由提单上所指定的收货人提取货物，且记名提单不得转让。记名提单可以避免因转让而带来的风险，但也失去了其代表货物可转让流通的便利。银行一般不愿意接受记名提单作为议付的单证。

2）不记名提单

不记名提单（Open B/L；Blank B/L；Bearer B/L）指在提单"收货人"一栏内记明应向提单持有人交付货物（To the Bearer；To the Holder）或在提单"收货人"一栏内不填写任何内容（空白）的提单。不记名提单，无须背书即可转让，这就意味着，不记名提单由出让人将提单交付受让人即可转让，谁持有提单，谁就有权提货。

3）指示提单

指示提单（Order B/L）指在提单"收货人"一栏内只填写"凭指示"（To Order）或"凭某人指示"（To the Order of...）字样的提单。指示提单，需经过记名背书或空白背书转让。指示提单除由出让人将提单交付给受让人外，还应背书，这样提单才得到转让。

如果提单的收货人一栏只填写"To Order",则称为托运人指示提单,记载"To the Order of the Shipper"与记载"To Order"一样,都是托运人指示提单。在托运人未指定收货人或受让人以前,货物仍属于托运人。如果提单的收货人一栏填写了"To the Order of..."，则称为记名指示提单。在这种情况下,由记名的指示人指定收货人或受让人。记名的指示人可以是银行,也可以是贸易商等。

3. 按对货物外表状况有无批注为标准

1）清洁提单

清洁提单（Clean B/L）指没有任何有关货物残损、包装不良或其他有碍于结汇的提单,事实上提单正面已印有"外表状况明显良好"（In Apparent Good Order and Condition）的词句,若承运人或其代理人在签发提单时未加任何相反的批注,则表明承运人确认将货物装船时外表状况良好的同样货物交付给收货人。在正常情况下,向银行办理结汇时都应提交清洁提单。

2）不清洁提单

不清洁提单（Unclean B/L；Foul B/L）指承运人在提单上加注有货物及包装状况不良或存在缺陷,如水湿、油渍、污损、锈蚀等批注的提单。承运人通过批注,声明货物是在外表状况不良的情况下装船的,在目的港交付货物时,若发现货物损坏,可归因于这些批注的范围,从而减轻或免除自己的赔偿责任。在正常情况下,银行拒绝以不清洁提单办理结汇。实际操作中,当货物及外包装状况不良或存在缺陷时,托运人会出具保函,并要求承运人签发清洁提单,以便能顺利结汇。

4. 按提单签发人不同为标准

1）船公司签发的提单

船公司签发的提单也称作主提单,其英文全称是 Master Bill of Lading（MBL）,又称船东提单、船东单,通常也被称为主单,一般是为整箱货签发的提单。

2）货运代理签发的提单

由货运代理签发的提单称为分提单,其英文全称是 House Bill of Lading（HBL）,又称货代提单、货代单。在集装箱班轮运输中,货代通常为拼箱货签发提单,因为拼箱货是在集装箱货运站内装箱和拆箱,而货运站又大多有仓库,所以有人称其为仓提单（House B/L）。

5. 按签发提单的时间为标准

1）倒签提单

倒签提单（Anti-Dated B/L）是指承运人或其代理人应托运人的要求,在货物装船完毕后,以早于货物实际装船日期为签发日期的提单。当货物实际装船日期晚于信用证规定的装船日期时,若仍按实际装船日期签发提单,托运人就无法结汇。为了使签发提单的日期与信用证规定的装运日期相符,以便顺利结汇,承运人应托运人的要求,在提单上仍以信用证的装运日期填写签发日期。

2）预借提单

预借提单（Advanced B/L）是指货物尚未装船或尚未装船完毕的情况下,信用证规定的结汇期（即信用证的有效期）即将届满,托运人为了能及时结汇,而要求承运人或其代理人提前签发的已装船提单,即托运人为了能及时结汇而从承运人那里借用的已装船提单。

3）顺签提单

顺签提单（Post-Date B/L）是指在货物装船完毕后,应托运人的要求,由承运人或其代理人签发的提单。但是该提单上记载的签发日期晚于货物实际装船完毕的日期,即托运人从承运人处得到的以晚于货物实际装船完毕的日期作为提单签发日的提单。

4）过期提单（Stale B/L）

过期提单有两种含义：一是指出口商在装船后延滞很久才交到银行议付的提单，根据《跟单信用证统一惯例》的规定，"如信用证无特殊规定，银行将拒受在运输单据签发日期后超过21天才提交的单据。在任何情况下，交单不得晚于信用证到期日。"二是指提单晚于货物到达目的港，这种提单在实践中也称为过期提单。因此，近洋国家的外贸合同一般都规定有"过期提单也可接受"的条款（Stale B/L is Acceptance）。

四、提单的内容及缮制方法

1. 提单的内容

1）正面内容

提单的正面内容包括必要记载事项和一般记载事项。其中必要记载事项参考我国《海商法》第七十三条规定，提单正面内容一般应包括：货物的品名、唛头、包数或者件数、重量或体积以及运输危险货物时对危险性质的说明、承运人的名称和主营业所、船舶的名称、托运人的名称、收货人的名称、装货港和在装货港接收货物的日期、卸货港、多式联运提单增列接收货物地点和交付货物地点、提单的签发日期、地点和份数、运费的支付、承运人或者其代表的签字。

2）背面内容

提单的背面印有各种条款，一般分为两类：一类属于强制性条款，其内容不能违背有关国家的法律法规、国际公约或港口惯例的规定，违反或不符合这些规定的条款是无效的；另一类是任意性条款，即上述法规、公约和惯例没有明确规定，允许承运人自行拟订的条款。所有这些条款都是表明承运人与托运人以及其他关系人之间承运货物的权利、义务、责任与免责的条款，是解决他们之间争议的依据。

海运单和提单的区别

2. 提单的缮制方法

不同船公司的海运提单格式不尽相同，但提单内容基本一致。参考表4-13中远洋海运集团有限公司的提单样例，缮制方法见表4-14。

表4-13 海运提单（OCEAN BILL OF LADING）样例

1）SHIPPER		
2）CONSIGNEE		10）B/L NO.
3）NOTIFY PARTY		中国远洋海运 集团有限公司 CHINA COSCO SHIPPING CO.，LTD. ORIGINAL
4）PLACE OF RECEIPT	5）OCEAN VESSEL	
6）VOYAGE NO.	7）PORT OF LOADING	
8）PORT OF DISCHARGE	9）PLACE OF DELIVERY	

续表

11）MARKS AND NO.	12）NOS.&KINDS OF PKGS	13）DESCRIPTION OF GOODS	14）G.W.（kg）	15）MEAS(m^3）
16）TOTAL NUMBER OF CONTAINERS OR PACKAGES（IN WORDS）				
17）FREIGHT AND CHARGES	REVENUE TONS	RATE	PER	PREPAID	COLLECT

PREPAID AT	PAYABLE AT	18）PLACE AND DATE OF ISSUE
TOTAL PREPAID	19）NUMBER OF ORIGINAL B（S）L	
LOADING ON BOARD THE VESSEL DATE		20）SIGNED ON BEHALF OF THE CARRIER

表 4-14 提单的缮制方法

项目	内容	填写要求
1. 托运人（Shipper）	发货人，全称和地址	①信用证下通常为信用证受益人； ②如果信用证要求以第三者为托运人，则必须按信用证的要求予以缮制； ③托收项下为合同卖方
2. 收货人（Consignee）	提单的抬头	①信用证项下应在记名、凭指示和记名指示中选择一个； ②托收项下填"To Order"或"To Order of Shipper"
3. 通知人（Notify Party）	承运人在货物到港后通知的对象，一般为收货人的代理人的全称及详细地址	①信用证下应按信用证要求填写； ②若信用证未作规定，为确保单证一致，此栏可留空，但提交给船公司的副本必须详细记载申请人全称、地址和电话等； ③托收项下可填合同的买方
4. 收货地点（Place of Receipt）	收货的地点	
5. 船名（Ocean Vessel）	实际装运的船名	
6. 航次（Voyage No.）	实际装运的航次	
7. 装运港（Port of Loading）	实际装运货物的港口	

续表

项目	内容	填写要求
8. 卸货港（Port of Discharge）	一般是目的港	①如 L/C 规定两个以上港口或笼统写"××主要港口"，只能选择其中之一或填列具体卸货港名称； ②如 L/C 规定卸货港名后有"In Transit to ××"，只能在提单上托运人声明栏或唛头下方空白处加列
9. 交货地点（Place of Delivery）	最终目的地	如果货物的目的地就是卸货港，此栏留空
10. 提单的号码（B/L No.）		承运人或其代理人按承运人接受托运货物的先后次序或按舱位入货的位置编排的号码
11. 唛头（Marks and No.）		①按信用证或合同规定填写； ②应与发票等单据内容相同； ③如无唛头规定时可填注"No Marks"（N/M）
12. 货物包装及件数（Nos.& Kinds of Pkgs）		①一般散装货物该栏只填"In Bulk"，大写件数栏可留空不填； ②如货物包括两种以上不同包装单位（如纸箱、铁桶），应分别填列不同包装单位的数量，然后再表示件数
13. 商品名称（Description of Goods）		①按信用证或合同规定填写； ②货物描述可用货物统称； ③按货物是散装货、裸装货和包装货的实际情况填写
14. 毛重（Gross Weight）	货物的总毛重	货物毛重以吨表示
15. 尺码（Measurement）	货物的总体积	货物的体积以立方米表示
16. 合计（Total Number of Containers or Packages）	集装箱箱数或包装件合计（大写）	用"Say...Only"表示，例如货物共计 20 纸箱，可以在此栏填写"Say Twenty Cartons Only"
17. 运费和其他费用（Freight and Charges）	运费金额及支付方式	一般不填写运费金额，只根据贸易术语填写运费的支付方式： 运费预付可填"Freight Prepaid"； 运费到付可填"Freight Collect"
18. 签发地点和日期（Place and Date of Issue）	承运人接管货物的地点与时间	①提单签发地点为装运港所在城市的名称； ②提单签发日期为货物交付承运人或装船完毕的日期，应不晚于信用证或合同规定的最迟装运时间
19. 正本提单份数（Number of Original B/L）		根据信用证规定的正本提单签发份数，一般为两至三份，用英文大写字母表示
20. 承运人签字（Signed On Be Half of The Carrier）	船长或承运人或其代理人签字盖章	船长、承运人或其代理人签字时需表明身份。代理人签字时，还要表明所代表的委托人的名称和身份

活动 2　签发、更正及补发提单

一、海运提单的签发

提单必须经过签署才能产生效力。有权签发提单的人有承运人、载货船的船长及承运人授权的代理人。签署提单的方法有手签、印模、打孔、盖章等。在实践中，除信用证规定必须手签提单外，一般都采用盖章的方式。

作为承运人签发的提单，提单的签字栏上应填写：×××AS CARRIER。

作为代理人签发的提单，提单的签字栏上应填写：×××AS AGENT FOR THE CARRIER。

由船长签发的提单，提单的签字栏上应填写：×××AS MASTER。

提单有正本和副本之分。正本提单一般签发一式两份或三份，这是为了提单流通过程中万一遗失时，可以应用另一份正本。各份正本具有同等效力，但其中一份提货后，其余各份均告失效。副本提单承运人不签署，份数根据托运人和船方的实际需要而定。副本提单只用于日常业务，不具备法律效力。

正本提单一般都标有 Original 的字样，副本标有 Copy 的字样。有些国家的提单也会用 Original、Duplicate、Triplicate 分别表示全套正本提单的第一联、第二联和第三联。

提单上记载的提单签发日期应该是提单上所列货物实际装船完毕的日期。在集装箱运输的实践中，为了给承运人签发提单方便，一般都以船舶开航之日作为提单签发日期。但是要注意，开航日期 Sailing Date 不一定是 On Board Date。

二、海运提单的更正、补发

1. 提单的更正

海运提单签发之后，如果托运人提出更改已确认的提单，应尽量赶在船舶开航之前办理，以减少因改单产生的费用和手续。如果船舶已经开航，提单已经签发，托运人才提出更改提单的要求，且更改的内容不涉及主要问题，在不妨碍其他提单利害关系人利益的前提下，承运人可以考虑更改，但要收取一定的改单费；如果更改的内容涉及主要问题，且妨碍其他提单利害关系人的利益，或影响承运人交货条件，承运人要征得相关方的同意才能更改或收回原提单。

2. 提单的补发

如果托运人不慎将提单遗失或损毁，要求补发提单，承运人要根据具体情况具体处理，一般要求其提供担保或交纳保证金，而且要依据一定的法定程序将原提单声明作废，才能补发新提单。

学中做

根据背景资料，填制表 4–13 所示海运提单。

自评记录：_____

_____

_____

_____

_____

_____

任务六　费用结算

✓ 任务布置

天津新远货运公司客服人员赵雪根据与胜威公司签订的协议中规定的结算周期，统计应收款项，制作对账单，发送电子邮件与胜威公司相关业务人员核对账单信息，确认后通知公司财务部门开具发票，送发票给胜威公司并催收相关款项。海运费费率、附加费率及公司服务费率见表4–15~表4–17。

表4–15　海运费费率表

POL	POD	20ft（USD）	40ft（USD）
Tianjin	Rotterdam	1 850.00	3 500.00

表4–16　附加费率表

SURCHARGE	PRICE（CNY）	UNIT	REMARK
Amendment Fee	500	B/L	At Cost
Document Fee	450	B/L	
Telex Release Fee	500	B/L	At Cost
THC	775	20GP	
	1 155	40GP	
	1 585	40HQ	
ISPS	10	20GP	
	15	40GP	
	15	40HQ	
BAF	80	20GP	
	120	40GP	
	120	40HQ	

表4–17　天津新远公司服务费率表

ITEM	PRICE（CNY）	UNIT	REMARK
Customs Clearance Fee	150.00	Shipment	
Customs Inspection Fee	200.00	Shipment	At Cost
Document Transfer Fee	150.00	B/L	
Trailer Fee	1 250.00	20GP	Empty container pick up fee & full container return fee are included in the trailer fee
	1 650.00	40GP	
	1 650.00	40HQ	

任务分析

完成本任务，需要解决以下问题：

（1）如何计算海运运费？

（2）如何与客户结算费用？

（3）费用结算方式有哪些？

任务资讯

任务资讯1　费用结算业务流程

费用结算业务包括统计应收款项、核对账单、催收款项、费用结算，具体流程如图4-17所示。

图4-17　费用结算业务流程

任务实施

活动1　统计应收款项

一、计算集装箱海运费（Ocean Freight）

集装箱海运费由基本运费（Basic Freight）和附加费（Surcharges）两部分构成。整箱货的海运运费通常按包箱费率计算，拼箱货的海运运费一般按普通杂货班轮运输海运运费来计算。

1. 运价

基本运费率是指每条航线的运价表中对货物必收的基本运费单价，又称为运价。运价有计算标准，也称为计费标准，表示方法为每公吨或每立方米单价，也称一运费吨，一般表示为 FT（Freight Ton）或 W/M（Weight/Measurement）。

$$基本运费 = 运价 \times 运量$$

2. 计费标准

在班轮运输中，主要使用的计费标准是按重量和按容积计算运费，以公吨（简称吨，t）和立方米（m^3）为计费单位。

（1）以"W"表示，指该种商品应按商品的毛重计算运费。

（2）以"M"表示，指该种商品应按尺码或体积计算运费。

（3）以"W/M"表示，指该商品应分别按其毛重和体积计算运费，并选择其中运费较高者收取运费。

（4）以"Ad.Val."表示，指该种商品应按其FOB价格的一定百分比计算运费。这种运费称为从价运费。

（5）以"Ad.Val.or W/M"表示，指该种商品应分别按其FOB价格的一定百分比和毛重体积计算运费并选择其中运费较高者收取运费。

（6）以"W/M plus Ad Val."表示，指这种货物除应分别按其毛重和体积计算运费，且选择其中运费较高者外，还要加收按货物FOB价格的某一百分比计算的运费。

（7）起码运费（Minimum Rate/Minimum Freight），也称起码提单，指以一份提单为单位，最少收取的运费。不同承运人的起码运费标准也有所不同。

3. 附加费

在计算全程应收运费时，还必须计收各项附加费。由于在实践中，附加费的种类较多，客服人员应特别注意，防止漏计或错计。

1）超重附加费（Heavy Lift Additional）

超重附加费是指每件商品的毛重超过规定重量时所增收的附加运费。这种商品称为超重货，通常货物超过 5 t 时增收超重附加费。超重附加费是按重量计费的，而且重量越大其附加费率越高。如果超重商品需要转船，则每转船一次，加收一次。

2）超长附加费（Long Length Additional）

超长附加费是指每件商品的长度超过规定长度时所增收的附加运费。这种商品称为超长货，通常货物超过 9 m 时增收超长附加费。超长附加费是按长度计收的，而且长度越长其附加费率越高。如果超长货物需要转船，则每转一次，加收一次。如商品既超长又超重，则两者应分别计算附加费，然后按其中收费高的一项收取附加费。

3）直航附加费（Direct Additional）

直航附加费是指托运人要求承运人将其所托运的货物从装船后不经过转船而直接运抵航线上某一非基本港时所增收的附加费。通常船公司都规定，托运人交运一批商品必须达到某一数量，才同意船舶直接航线运抵非基本港，并按规定增收直航附加费。

4）转船附加费（Transshipment Additional）

转船附加费是指商品必须在中途挂靠港口换装另一船舶才能至目的港时，承运人为此而增收的附加费。商品在转船时发生的换装费、仓储费以及二程的运费等费用，均由负责第一程船运输的承运人承担，并包括所增收的转船附加费在内，其盈亏由收取转船附加费的第一程船舶运输的承运人自理。

5）选港（卸）附加费（Optional Additional）

由于商品在托运时，托运人不能确定具体的卸货港，要求在预先指定的两个或两个以上的卸货港中，待船开航后再做选定，这样就会使这些商品在舱内的积载增加困难，甚至会造成舱容的浪费，因而增收一定的附加费。托运人先指定的选择卸货港，必须是船舶该航次原定的停靠港，并且要按承运人的规定，在船抵达第一个选卸港 48 h 之前向船舶代理人告知货物的卸货港。

6）变更卸货港附加费（Alteration of Destination Additional）

变更卸货港附加费是指商品不在提单上记名的卸货港卸货而增收的附加费。变更卸货港应由全套正本提单持有人提出，在海关当局准许下，还必须经船方同意方可变更卸货港，并按规定支付附加费，而且所变更的卸货港应在航线上原定的停靠港的范围内。另外，当变更卸货港的运费率超过原卸货港的运费率时，提出变更要求方还应补交运费差额；反之，不予退还。同时由于因需要翻舱所引起的额外费用和损失，亦均由提出变更要求方负担。

7）绕航附加费（Deviation Surcharge）

绕航附加费是指因某一段正常航线受战争影响、运河关闭或航道受阻塞等意外情况发生，迫使船舶绕道航行，延长运输距离而增收的附加运费。绕航附加费是一种临时性的附加费，一旦意外情况消除船舶恢复正常航线航行，该项附加费即行取消。

8）燃油附加费（Bunker Surcharge，Bunker Adjustment Factor，BAF）

燃油附加费指因国际市场上燃油价格上涨，使船的燃油费用支出超过原核定成本中燃油费用所占比例，承运人在不调整原定运价的前提下，为补偿燃油费用的增加而增收的附加费，当燃油价格回落后，该项附加费亦会调整直至取消。

9）货币贬值附加费（Currency Adjustment Factor，CAF）

货币贬值附加费是指由于国际金融市场汇率发生变动，计收运费的货币贬值，使承运人实际收入减少，为弥补货币兑换过程中的汇兑损失而加收的附加费。

10）港口附加费（Port Additional）

港口附加费是指某些港口（包括基本港和非基本港）的情况比较复杂（如船舶进、出需要通过闸口），在装卸效率低或者港口费用较高等情况下，承运人增收的附加费。

11）港口拥挤附加费（Port Congestion Surcharge）

港口拥挤附加费指由于港口拥挤，船抵港后要长时间停泊，为补偿船期严重延误的损失而增收的附加费。港口拥挤附加费也是一种临时性的附加费，其变动性较大。一旦港口拥挤情况得到改善，该项附加费即进行调整或取消。

12）旺季附加费（Peak Season Surcharge，PSS）

旺季附加费也称高峰附加费，是在集装箱运输旺季时，承运人根据运输供求关系状况而加收的附加费。

13）洗舱附加费（Cleaning Charge）

船装载污染货物后，或因有些货物外包装破裂，内容物外泄时，为不再污染以后装载的货物，必须在卸完污染物后对货舱进行清洗，承运人对由此而支出的费用增收洗舱附加费。一般根据污染程度、清洗难度而定。

14）超额责任附加费（Additional for Excess of Liability）

超额责任附加费指托运人要求承运人承担超过提单上规定的责任限额（按实际损失）时而增收的附加费，此时所托运的商品通常都是贵重商品。超额责任附加费是按照商品的 FOB 价格的一定百分比计收的，托运人在托运时应同时提供商品的 FOB 价格。

15）码头操作费（Terminal Handling Charge，THC）

码头操作费是货物进出口时需要支付给码头的费用，根据船公司和国家的不同，收取的方式和金额也不同。按起运港和目的港不同可划分为 OTHC（Origin Terminal Handling Charge，起运港码头操作费）和 DTHC（Destination Terminal Handling Charge，目的港码头操作费）两种。

4. 计算方法

晨星公司从大连出口 200 箱文具到费利克斯托，每箱毛重 650 kg，体积 0.36 m^3，经上海转船。综合比较航期、运价、服务等因素后，选择中远公司作为本批货物的承运人。经查表 4-18 所示中远集团第一号运价表中的中国–欧洲航线集装箱费率表可知，文具为 9 级货物，海运基本费率为 USD135/ft，计费标准为 W/M，转船附加费率为 USD45/ft，燃油附加费率为 USD70/ft，计算该批货物的杂货班轮运费。

杂货班轮运费计算方法如下：

650 kg=0.6 t，因为 0.6＞0.36，所以该批货物为重货，取毛重为计费重量。

$$海运费 = 运价 \times 运量$$
$$= (135+45+70) \times 0.6 \times 200$$
$$= 30\,000（美元）$$

如该批货物采用集装箱整箱运输，大连到费利克斯托的集装箱整箱费率为 USD2150/20 ft，转船费率在直达费率基础上加 USD100/20 ft，旺季附加费 USD125/20 ft，燃油附加费 USD50/20 ft。计算该批货物的集装箱班轮运费。

集装箱班轮运费计算方法如下：

$$毛重 = 0.6 \times 200 = 120（t）$$

$$体积 = 0.36 \times 200 = 72（m^3）$$

根据货物的毛重和体积，结合 20 ft 集装箱的载重量和容积，应选用 6 个 20 ft 集装箱。

$$\begin{aligned}海运费 &= 基本运价 \times 箱数 + 附加费 \times 箱数 \\ &= 全包价（ALL\ IN\ RATE）\times 箱数 \\ &= (2\,150 + 100 + 125 + 50) \times 6 \\ &= 14\,550（美元）\end{aligned}$$

根据节约运费的原则，该批货物建议采用集装箱整箱运输。

表 4-18　中国 – 欧洲航线集装箱费率表

中远集团第一号运价表 COSCO GROUP TARIFF NO.1	Page	
	Rev	
	Efft. Date	
	Corr. NO.	

中国—欧洲航线集装箱费率表 CHINA—EUROPE CONTAINER SERVICE							
上海、新港、大连、青岛——鹿特丹、汉堡、费利克斯托、安特卫普、勒阿佛尔 SHANGHAI, XINGANG, DALIAN, QINGDAO——ROTTERDAM, HAMBURG, FELIXSTOWE, ANTWERP, LE HAVRE							
等级	直达 DIRECT			经中国香港或上海、新港转船 TRANSHIPMENT VIA HONGKONG, CHINA OR SHANGHAI, XINGANG		
	LCL W/M	CY/CY		LCL W/M	CY/CY	
		20 ft	40 ft		20 ft	40 ft
1~8	120.00	1 850.00	3 500.00	130.00	2 050.00	3 900.00
9	125.00	1 950.00	3 700.00	135.00	2 150.00	4 100.00
10 和 11	130.00	2 050.00	3 900.00	140.00	2 250.00	4 300.00
12~20	135.00	2 150.00	4 100.00	145.00	2 350.00	4 500.00
CHEMICALS, N.H.		2 050.00	3 900.00		2 250.00	4 300.00
SEMI-HAZARDOUS	130.00	2 650.00	5 050.00	140.00	2 850.00	5 450.00
HAZARDOUS	148.00	3 300.00	6 300.00	158.00	3 500.00	6 700.00
REEFER		3 850.00	6 100.00		4 050.00	6 500.00

学中做

现有一批货物从广州港运往欧洲，体积 58 m³，毛重 36.3 t，托运人要求选择卸货港为汉堡港 Hamburg 或鹿特丹港 Rotterdam，基本运费率为 USD45.0/ft，三个以内选卸港的附加费率为每运费吨加收 USD3.5，计费标准为"W/M"。如该批货物选用拼箱或者杂货运输，请计算海运费。如选用集装箱整箱运输，海运费的基本费率为 USD1200.0/TEU、USD1600.0/FEU，货币贬值附加费为 10%，燃油附加费为 15%，请计算海运费。

计算过程：_____

二、计算其他费用（Other Charges）

货运代理客服人员在统计应收款项时，除了要核算应付给船公司的海运费及附加费以外，还要熟悉各项货运操作可能产生的费用，例如：拖车运费、通关服务费、代理费、码头费、办单费、货物查验费、仓储费等。

活动2　核对账单

按照报价单制作好应收款项对账单，再次检查核对无误后，一般采用邮件或传真的形式发送给货主企业相关负责人，提示对方及时对账并回复邮件或传真确认。

收到客户的传真或邮件确认后，打印一份送交公司财务部，由财务人员按照对账单内容开具发票。财务开具的发票一般是对账单中的包干费部分，因为实报实销项目为代垫费用，故应由各供应商开具发票，可以由货代企业转交给货主。如果货主对费用存在异议，则货代公司的客服人员应立即与客户沟通，确保费用顺利结算。

活动3　催收款项

财务部门开好发票后，与实报实销的发票一起邮寄给客户，并电话追踪客户的签收情况。确认客户收到发票后，应向客户催收相关款项。与货主企业确认其付款后，让其传真付款水单。收到付款水单后，转交财务并让财务查询付款到账情况，与财务确认款项到账后，整理全套结汇单证（结汇报关单、出口收汇核销单）及应交付给客户的其他单证（提单、发票等），邮寄或直接送交客户。

活动4　费用结算

一、票结

票结是指每票货物结算一次，可以预付也可以到付。采用票结时应注意下列事项：

（1）要求货主在委托货代公司操作开始前，将空白支票或现金交给货代公司，由货代公司出具收据。

（2）货代公司在每票货物操作完毕后，从该支票或现金直接支取费用。

（3）货主开具空头支票、透支或预缴现金不足的，应在货代公司通知后立即补齐，并按逾期时间支付违约金。

（4）非因货代公司原因产生的超出结算期限的未结费用，货主需要在接到货代公司通知后尽快支付，并按逾期时间支付违约金。

（5）货代公司应当在各项费用结清后出具发票给货主，此前可以为满足对方的要求出具收据。

二、月结

月结是指不按每票走货结账，而是按月结清所涉费用。月结一般是到付。采用月结时应注意下列事项：

（1）货代公司于次月某日之前提供前一个月的费用结算清单给货主核对。

（2）货主必须于该日前对之进行核对，并以书面形式向货代公司确认或提出异议，否则视为同意。

（3）货主对货代公司出具的费用结算清单全部或部分有异议的，应于该日前，就确认或没有异议的部分按时支付，不得拒付全部费用。

（4）对货主有异议的全部或部分费用，货代公司应立即与货主协商，并于货主提出书面异议的一周内重新制作费用结算清单给货主。

（5）货代公司对货主所付费用，应立即开具发票或收据给货主。

（6）货代公司在代垫金额较大的情况下，一般为税款及海运费，有权要求货主先行支付代垫费用。

（7）货代公司保有应收费用的增补权。

学中做

根据上述海运运价表、附加费明细表等信息，核算本票货物费用。

计算过程：_____

_____

_____

_____

运输素质塑造

交通强国建设取得进展

自十九大报告首次明确提出要建设"交通强国"的发展战略以来，中央到地方各级政府围绕交通强国建设进行了积极实践。党的二十大报告再次提出，建设现代化产业体系，坚持把发展经济的着力点放在实体经济上，推进新型工业化，加快建设制造强国、质量强国、航天强国、交通强国、网络强国、数字中国。

根据交通强国的建设要求，到2035年，我国将基本建成"人民满意、保障有力、世界前列"的交通强国，到2050年全面建成交通强国，实现"人享其行、物优其流"。作为一项长期国家战略，交通强国的建设也采取了分步骤、试点推进的模式。自2019年年底启动试点工作以来，交通运输部已组织68家试点单位开展了367项试点任务，取得了阶段性成果。

从具体内容看，实现了试点任务各地区全覆盖、行业内外各类型单位全覆盖、重点任务全覆盖。例如，中远海运集团进行的"基于区块链的航运商业网络平台建设试点"。各地各部门通过开展试点工作，不断完善国家综合立体交通网，推动交通运输高质量发展取得新成效。

资料来源：新京报，二十大报告再次提到的交通强国建设已取得这些进展，2022年10月16日

项目综合测试

一、单选题

1. 按商品 FOB 价格的一定百分比计收的集装箱运输附加费是（　　）。
   A. 旺季附加费　　B. 货币贬值附加费　　C. 超额责任附加费　　D. 目的地交货费

2. 一票货物于 2022 年 9 月 10 日开始装船,并于同月 12 日全部装上船,同日船舶开航。问:如果在同月 11 日应托运人要求,承运人签发的已装船提单通常称之为（　　）。
   A. 倒签提单　　B. 顺签提单　　C. 预借提单　　D. 待运提单

3. 班轮公司运输的集装箱货物的交接方式通常是（　　）。
   A.CY/CFS　　B.CFS/CFS　　C.CFS/CY　　D.CY/CY

4. 在班轮运输中,承送人对于货物的责任起讫为（　　）。
   A. 自卖方仓库至买方仓库　　B. 自装运港至目的港
   C. 自装运港起吊至目的港脱钩　　D. 自接收货物至交付货物

5. 凡运往非基本港的货物,达到或超过规定的数量,船舶可直接挂靠,但要收取（　　）。
   A. 转船附加费　　B. 直航附加费　　C. 港口附加费　　D. 选港附加费

6. 门到门（Door To Door）的集装箱运输最适合于（　　）交接方式。
   A. 整箱交,整箱接　　B. 整箱交,拆箱接
   C. 拼箱交,拆箱接　　D. 拼箱交,整箱接

7. 海运提单收货人栏内显示"To Order"表示该提单（　　）。
   A. 不可转让　　B. 经背书后,可以转让
   C. 不经背书即可转让　　D. 可以由持有人提货

8. FCL 进场如发现箱体外表有损坏,堆场应在（　　）单证上做批注。
   A.D/O　　B.CLP　　C.S/O　　D.EIR

9. 鹿特丹是（　　）集装箱货物运输航线上的港口。
   A. 远东—北美西海岸　　B. 澳大利亚、新西兰
   C. 远东—北美东海岸　　D. 欧洲—地中海

10. 我国规定海运出口货物在装船前（　　）h 向运输工具所在地或出境地海关申报。
    A.12　　B.24　　C.36　　D.48

二、多选题

1. 选择海上货物承运人时,主要考虑的因素包括（　　）。
   A. 运输服务的定期性　　B. 运输速度　　C. 运输费用
   D. 运输的可靠性　　E. 承运人的经营状况和承担责任的能力

2. 在使用提单的正常情况下,收货人要取得提货的权利,必须（　　）。
   A. 将全套提单交回承运人　　B. 将任一份提单交回承送人
   C. 提单必须正确背书　　D. 付清应支付的费用
   E. 出具保函

3. 货代企业承办集拼业务必须具备的条件有（　　）。
   A. 有 CFS 装箱设施和装箱能力
   B. 与国外卸货港有拆箱分运能力的航运或货运企业有代理关系
   C. 经批准有权从事集拼业务
   D. 能签发自己的抬头提单

4. 集装箱海运费主要由（　　）组成。
   A. 基本海运费　　　B. 附加运费　　　　　C. 起码运费　　　　　D. 港口费用
5. 有权签发提单的人有（　　）。
   A. 承运人　　　　　　　　　　　　　B. 载货船的船长
   C. 承运人的代表　　　　　　　　　　D. 载货船的船长的代表
6. 下列（　　）属于远东—北美东航线的港口。
   A. 纽约　　　　　　B. 新泽西港　　　　　C. 查尔斯顿港　　　　D. 新奥尔良港
7. 海运集装箱装箱单的作用是（　　）。
   A. 作为发货人、集装箱货运站与集装箱堆场之间货物的交接单证
   B. 作为向船方通知集装箱内所装货物的明细表
   C. 在卸货地点办理集装箱保税运输的单据之一
   D. 当发生货损时，是处理索赔事故的原始单据之一
   E. 可以证明货物已经交付或货物交付时的状态
8. 关检融合整合申报的主要内容包括（　　）。
   A. 整合原报关报检申报数据项　　　　B. 将原报关报检单整合成一张报关单
   C. 将单据单证整合为一套随附单证　　D. 将参数整合为一组参数代码
9. 班轮运输的特点是（　　）。
   A. 定线、定港、定期和相对稳定的运费费率
   B. 通常由船方负责对货物的装卸，运费中包括装卸费
   C. 船方与货主之间不规定装卸时间
   D. 船方与货主之间规定滞期、速遣条款
10. 在国际海上集装箱货物运输中，场站收据的作用包括（　　）。
    A. 是出口货物报关的凭证之一
    B. 是承运人已收到托运货物并开始对其负责的证明
    C. 是换取海运提单或联运提单的凭证
    D. 是船公司、港口组织装卸、理货和配载的凭证

三、判断题

1. 班轮条款下的装卸费用均由班轮公司负担。（　　）
2. "House Bill of Lading" 不能换取提货单。（　　）
3. 清洁提单上一定记载有"Clean"字样。（　　）
4. 进出口货物收发货人自己能办理本单位进出口货物的报关、报检业务，也能代理其他单位报关、报检。（　　）
5. 未经海关注册登记和未取得报关、报检从业资格而从事报关、报检业务的，由海关予以取缔，没收违法所得，可以并处罚款。（　　）
6. 在集装箱运输中，"TEU"和"FEU"二者在集装箱船的载箱量、港口集装箱吞吐量、允许装载的货物重量和体积等方面都按照两倍关系来进行计算。（　　）
7. 提单的空白背书，是指在提单背面不做任何背书。（　　）
8. 倒签提单是指提单签发日期早于货物实际装船日期的提单。（　　）
9. 拼箱货的集装箱内的货物会涉及多个发货人。（　　）
10. 订舱是托运人或其代理人向班轮公司或其代理人申请货物运输，承运人对这种申请给予承诺的行为。（　　）

项目综合技能实训

一、接受任务

2023年5月21日上午9：00，天津新远货运公司收到客户廊坊经远外贸公司的委托书、商业发票、装箱单等，根据以上客户提供的货运信息，协助客户完成该批货物的水路出口运输任务。商业发票及装箱单如表4-19和表4-20所示。

表4-19　商业发票

ISSUER： JINGYUAN MECHANICAL EQUIPMENT CO.，LTD. No.34，HEPING ROAD，GUANGYANG DISTRICT，LANGFANG，HEBEI，CHINA TEL：+86-0316-32127777 FAX：+86-0316-32127777		INVOICE	
TO： SOUTH EAST ENGINEERING CO.，LTD. 54 PORT CHILLIWACK ROAD，SA 5210，ADELAIDE，AUSTRALIA TEL：+61-76259888 FAX：+61-76259899		DATE（CHINA DATE）： MAY. 12 2023	
		INVOICE NO.：PSA23111103	
		S/C NO.：PSA23111105	
FROM TIANJIN，CHINA TO ADELAIDE，AUSTRALIA BY SEA			
DESCRIPTION OF GOODS	QUANTITY	UNIT PRICE	AMOUNT
F8310 GEAR	510 CTNS	US$61.50	US$31 365.00
TOTAL			US$31 365.00
TOTAL VALUE：SAY U.S. DOLLARS THIRTY ONE THOUSAND THREE HUNDRED AND SIXTY FIVE ONLY			
REMARKS： TRADE TERM：CIF FULL（3/3）SET OF CLEAN ON BOARD OCEAN BILL OF LADING MADE OUT TO ORDER			

表4-20　装箱单

ISSUER： Jingyuan Mechanical Equipment CO.，LTD. No.34，Heping Road，Guangyang District，Langfang，Hebei，China Tel：+86-0316-32127777 Fax：+86-0316-32127777			PACKING LIST	
TO： South East Engineering CO.，LTD. 54 Port Chilliwack Road，SA 5210，Adelaide，Australia Tel：+61-7625 9888 Fax：+61-7625 9899			DATE（CHINA DATE）： MAY. 12 2023	
			INVOICE NO.：PSA23111103	
			S/C NO.：PSA23111105	
DESCRIPTION OF GOODS	QUANTITY （PACKAGES）	N.W.（KGS）	G.W.（KGS）	MEASUREMENT （CBM）
F8310 GEAR	400 WOODEN CASES	35 000.00	37 000.00	241.80
TOTAL	400 WOODEN CASES	35 000.00	37 000.00	141.80

二、制订计划

本任务由小组协作完成,小组成员由 5 人组成,组长负责管理小组工作。下面请组长根据任务需求及成员特点进行成员分工,制订工作计划表 4–21。

表 4–21　工作计划表

分工	姓名	工作内容	成果
组长			
成员 1			
成员 2			
成员 3			
成员 4			

三、实施任务

按照步骤实施任务,并填写表 4–22。

表 4–22　任务实施表

主要实施步骤	任务名称:水路货物运输
第一步	揽货接单
第二步	订舱(见表 4–23)
第三步	配载与装箱

续表

主要实施步骤	任务名称：水路货物运输
第四步	报检报关
第五步	缮制提单（见表4-24）
第六步	费用结算

表 4-23　订舱委托书

发货人（SHIPPER）			委托编号（D/R）	
			合同号（S/C NO）	
			发票号（INV. NO）	
			信用证号（L/C NO.）	
收货人（CONGSIGNEE）			开船期（DATE OF SHIPPING）	
			运输方式（SERVICE TYPE）	
通知人（NOTIFY ARTY）			可否转船	
			可否分批	
装货港（PORT OF LOADING）		卸货港（PORT OF DISCHARGE）	运费支付（FREIGHT）	
交货地（PLACE OF DELIVERY）		最终目的地（FINAL DESTINATION）	提单份数（NO.OF ORIGINAL B/L）	
唛头（SEALNO. MARKS &NOS）	件数（NO.OF CONTAINERS OR PKGS）	货名（DESCRIPTION OF GOODS）	毛重（GROSS WEIGHT）	体积（MEASUREMENT）
其他要求（REMARK）				
委托单位盖章				

表 4-24 提单

1）SHIPPER		10）B/L NO.
2）CONSIGNEE		C O S C O 中国远洋运输（集团）总公司 CHINA OCEAN SHIPPING（GROUP）CO.
3）NOTIFY PARTY		
4）PLACE OF RECEIPT	5）OCEAN VESSEL	ORIGINAL BILL OF LADING
6）VOYAGE NO.	7）PORT OF LOADING	
8）PORT OF DISCHARGE	9）PLACE OF DELIVERY	

11）Container seal No.　　12）NOS. &KINDS OF PKGS　　13）DESCRIPTION OF GOODS　　14）G.W.（kg）
15）MEAS（m³）

16）TOTAL NUMBER OF CONTAINERS OR PACKAGES（IN WORDS）

FREIGHT & CHARGES	REVENUE TONS	RATE	PER	PREPAID	COLLECT
PREPAID AT	PAYABLE AT		17）PLACE AND DATE OF ISSUE		
TOTAL PREPAID	18）NUMBER OF ORIGINAL B（S）L				
LOADING ON BOARD THE VESSEL 19）DATE			20）BY		

四、评价任务

小组提交 Word 文档的任务单，以 PPT 形式进行汇报。任务评价由小组评价、组间评价、教师评价三部分构成，各评价方权重见表 4-25。

表 4-25 水路货物运输任务评价表

被考评小组					
考评地点			考评时间		
考评标准	考评内容	评分	小组自评 20%	小组互评 20%	教师评价 60%
	1. 工作计划合理	10			
	2. 材料准备齐全	5			
	3. 提单填写完整	25			
	4. 运费计算准确	25			
	5. 业务操作规范	25			
	6. 团队协作密切	5			
	7. 语言表达贴切	5			
	合计	100			

项目总结

通过这个项目的学习和技能实训演练，你学会了哪些知识？你学会了哪些技能？还有哪些困惑？还有哪些需要提高？用规范的文字填写到表 4-26 中。

表 4-26 项目总结表

自我分析
学习中的难点和困惑点
_____
_____
_____
_____
_____

总结提高
完成项目任务需要掌握的核心知识点和技能点
_____
_____
_____
_____
_____

继续深入学习提高
需要继续深入学习的知识和技能内容清单
_____
_____
_____
_____
_____

项目五
航空货物运输

学习目标

一、知识目标
（1）熟悉航空货物运输方式；
（2）熟悉航空货物运输业务流程；
（3）掌握航空货物运费结构及计算方法；
（4）掌握航空货物运输单证格式及填写规范。

二、技能目标
（1）能够正确选择航空货物运输方式；
（2）能够规范填制航空货运单等单据；
（3）能够正确核算航空货物运费；
（4）能够完成航空货物运输业务操作。

三、素养目标
（1）培养劳动精神和奋斗精神；
（2）培养遵纪守法意识；
（3）增强民族自豪感和自信心；
（4）树立科技创新意识；
（5）践行诚信的价值观。

项目背景

浩通国际货运代理有限公司创建于2002年，目前员工超过500人，总部位于深圳，以国际空运、进出口快件为主要业务，在全国各中心城市（深圳、香港、广州、东莞、上海、北京、中山、佛山、宁波、天津、大连、青岛、厦门等）都建立了自己的分公司和仓储基地。

公司的国际代理网络遍及欧洲、北美、澳洲、东南亚、中东、南美及非洲地区，提供世界各主要机场和港口的清关派送、运费托收、转运及进口运输等各项服务，拥有近1 500 m^{2}的大型货仓和中转场所，运力充足，并与境内外多家知名物流巨头、航空公司紧密合作，运输范围遍及全球100多个国家和地区，现已形成亚欧航线、中东航线、北美航线、南美航线、东南亚航线等多条主力优势国际空运航线，能够及时快速地响应客户的进出口货运要求。

浩通公司整合华南、华东、华北及西南等区域的航线运价优势,在满足客人时效、舱位、报关等条件下,为客人提供运价优越、选择多样、操作便捷、安全高效的最佳物流方案,最大程度地满足客人目标需求。目前,浩通公司拥有职业化程度高、专业化技能强的高素质团队,凭借对国际空运行业资深专业的探究,时时掌握货运行业前沿动向,配以先进的电子操作系统,为客人提供优质便捷的物流服务。

通过多元化的增值服务提高企业产品的核心竞争力,优化物流链,提高企业的综合竞争力,降低企业经营成本,在服务和利润两个统一体中找到物流企业与客户双赢的结合点,以诚信经营、专业服务取得客户的认可,立志打造世界知名的物流品牌,在全球一体化的浪潮中更好地维护客户的权益,提供更加优质现代化的物流服务。

2023年5月10日,浩通国际货运代理有限公司销售部员工张萌接到客户——广州朝阳外贸公司的业务咨询,该公司计划托运一批陶瓷样品(型号:JM1548)到美国西雅图,收货人为美国捷克贸易公司。这批陶瓷样品共4箱,每箱规格为600 mm×400 mm×400 mm,每箱重量为30 kg。在经过与客户的沟通洽谈后,浩通公司成功揽货接单。接下来需要根据客户提供的发票、装箱单等资料完成该批货物的国际航空货运业务。客户提供的商业发票及装箱单见表5-1和表5-2。

表5-1 商业发票

ISSUER GUANGZHOU CHAOYANG TRADE CO., LTD. NO. 48, LIURONG STREET, YUEXIU DISTRICT, GUANGZHOU, GUANGDONG, CHINA TEL: +86-020-83793542	COMMERCIAL INVOICE		
TO JACK TRADE CO., LTD NO.12 GRAND STREET, NEWYORK, USA TEL: +001-212-282-3146	NO. JSSM-INV20230505		DATE MAY 5TH, 2023
	S/C NO. JSSM20230505		L/C NO. SM12220
MARKS AND NUMBERS	NUMBER AND KIND OF PACKAGE DESCRIPTION OF GOODS	QUANTITY	UNIT PRICE	AMOUNT
N/M	CERAMIC SAMPLE JM1548	4 CARTONS	USD 75.00	USD 300.00
TOTAL		4 CARTONS		USD 300.00
SAY TOTAL	SAY THREE HUNDRED DOLLARS ONLY			
REMARKS:				

表 5-2　装箱单

Issuer GUANGZHOU CHAOYANG TRADE CO., LTD. NO.48, LIURONG STREET, YUEXIU DISTRICT, GUANGZHOU, GUANGDONG, CHINA TEL: +86-020-83793542			PACKING LIST		
To JACK TRADE CO., LTD NO.12 GRAND STREET, NEWYORK, USA TEL: +001-212-282-3146			Invoice No. JSSM-INV20230505		Date MAY 5TH, 2023
Marks and Numbers	Description of goods	Number and kind of package	G.W.(KG)	N.W.(KG)	Meas.(CBM)
N/M	CERAMIC SAMPLE JM1548	4 CARTONS	120.0	110.0	0.384CBM 60 CM × 40 CM × 40CM × 4 CTNS
Total		4 CARTONS	120.0	110.0	0.384
Say Total	SAY FOUR CARTONS ONLY				

任务一　揽货报价

任务布置

广州朝阳外贸公司有一批陶瓷样品需要出口到美国西雅图（共 4 箱，每箱尺寸为 600 mm × 400 mm × 400 mm，每箱重量为 30 kg），拟采用空运。客户向浩通货运代理公司询价，公司销售部业务员张萌经过与客户的反复接洽和报价后，成功接单。

任务分析

完成本任务，需要解决以下问题：
（1）如何揽货？
（2）如何计算运费？
（3）如何给客户报价？

任务资讯

任务资讯 1　报价业务操作

报价业务包括了解客户需求、选择航线航班、计算运费、制作报价单，具体业务流程如图 5-1 所示。

图 5-1　报价业务流程

任务资讯 2　航空直达运价

航空直达运价包括普通货物运价（GCR）、指定商品运价（SCR）、等级货物运价（CCR）、集装货物运价（UCR），具体如图 5-2 所示。

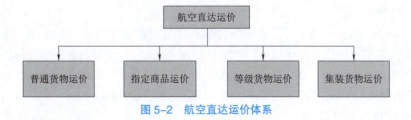

图 5-2　航空直达运价体系

任务实施

活动 1　揽货

承揽货物是航空货运业务的核心环节。业务员在操作时，需向客户介绍公司的业务范围、服务项目、收费标准，特别是优惠运价、优势航线和特色服务等。

在揽货环节，业务员需向客户询问并记录相关信息，包括货物品名、重量、体积、包装、目的机场、要求时间、要求航班、运单类别、所需运输服务，并与客户确认是否需要代办报检、报关、保险等信息。结合客户的货运要求，根据公司的报价系统，选择最佳航线和最佳承运人，争取最低运费，在此基础上正确核算运费并向客户报价。

活动 2　报价

一、运费构成

1. 航空运费（Weight Charge）

航空运费是指承运人将一票货物自始发地机场运至目的地机场所收取的航空运输费用。该费用根据每票货物所适用的运价和货物的计费重量计算而得。

$$航空运费 = 计费重量 \times 适用运价$$

2. 其他费用（Other Charges）

在组织一票货物自始发地至目的地运输的过程中，除航空运输外，还包括地面运输、仓储、制单、国际货物的报关等环节，提供这些服务的部门所收取的费用即为其他费用。一般只有在承运人或代理人提供服务时才收取，包括货运单费、垫付款、危险品处理费和运费到付手续费、声明价值附加费等。

1）货运单费（Documentation Charges）

航空货运单工本费是填制航空货运单的费用。货运单费应填制在货运单的"其他费用"栏中，用两字代码"AW"表示。若由航空公司来收取，则填"AWC"；若由航空公司的代理人来收取，则填"AWA"，此项费用归销售代理人所有。中国民航规定均填"AWC"，意为此项费用归出票航空公司所有。

2）垫付款和垫付费

垫付款（Disbursements）指在始发地机场运输一票货物时发生的部分其他费用。这部分费用仅限于货物地面运输费、清关处理费和货运单工本费。此项费用填入货运单的"其他费用"栏。例如："AWA"表示代理人填制的货运单，即上述货运单费；"CHA"表示代理人代替办理始发地清关业务；"SUA"表示代理人将货物运输到始发地机场的地面运输费。垫付款仅适用于货物费用及其他费用到付，且为目的地国家可接收的货物；垫付款由最后一个承运人向提货人收取；垫付款的数额不能超过货运单上全部航空运费总额，但可允许达到 100 美元标准。注意：在有些国家不办理垫付款业务。

垫付费（Disbursements Fees）是根据垫付款的数额而确定的费用，代码为"DB"，归出票航空公司所有，在货运单的"其他费用"栏中表示为"DBC"。垫付费数额为垫付款的 10%，但每一票货物的垫付费不得低于 20 美元或等值货币。

3）危险品处理费（Charges for Shipments of Dangerous Goods-Handling）

对于收运的危险品货物，除了按危险品规则收运并收取航空运费外，还应收取危险货物收运手续费，代码为"RA"，在货运单"其他费用"栏内，表示为"RAC"。自中国至 IATA 业务一区、二区、三区，每票货物的最低收费标准均为 400 元人民币。

4）运费到付货物手续费（CC Fee）

在运费到付时，收货人除支付货物的航空运费和其他费用外，还应支付到付货物手续费。此项费用由最后一个承运航空公司收取，并归其所有。各个国家 CC Fee 收费标准不同。对于运至中国的运费到付货物，到付运费手续费为货物的航空运费和声明价值附加费总和的 2%，最低收费标准为CNY100。

到付运费手续费=（货物的航空运费+声明价值附加费）×2%

5）声明价值附加费（Valuation Charges）

《华沙公约》中对由于承运人自身的疏忽或故意造成的货物的灭失、损坏或延迟交付规定了最高赔偿责任限额。如果货物的价值较高，托运人想要获得足额赔偿，就必须事先向承运人声明价值。由于托运人声明价值增加了承运人的责任，故承运人要收取声明价值费，否则即使出现更多的损失，承运人对超出的部分也不承担赔偿责任。货物的声明价值（Valuation Charges）是针对整件货物而言，不允许对货物的某部分声明价值。声明价值费的收取依据货物的实际毛重，计算公式为

声明价值附加费=（货物声明价值－货物毛重×20美元/kg）×声明价值附加费费率

声明价值费的费率通常为0.5%。大多数航空公司在规定声明价值费率的同时还规定声明价值费的最低收费标准。如果根据上述公式计算出来的声明价值费低于航空公司的最低标准，则托运人要按照航空公司的最低标准缴纳声明价值费。

二、航空运价基础

1. 计价货币

航空货物运价一般以运输始发地国货币公布，有的国家以美元代替其本国货币公布。以美元公布货物运价的国家视美元为当地货币。运输始发地销售的航空货运单的任何运价、运费值均应为运输始发地货币，即当地货币。

2. 运价有效期

销售航空货运单所使用的运价应为填制货运单之日的有效运价，即在航空货物运价有效期内适用的运价。

3. 计费重量

计费重量是据以计算运费的货物的重量，货物的计费重量可以是货物的实际毛重或体积重量或较高重量分界点的重量，计量单位是千克（kg）或者磅（lb）。

1）实际毛重（Actual Gross Weight）

货物实际重量是指一批货物包括包装在内的毛重。一般规定每千克货物的体积小于或等于 6 000 cm^3 或 366 in^3 的货物；或体积小于 166 in^3，其重量大于 1 lb 的货物，以货物的实际重量作为计费重量。

国际航协规定，如货物的毛重以千克表示，计费重量的最小单位是 0.5 kg，当重量不足 0.5 kg 时，按 0.5 kg 计算；超过 0.5 kg 不足 1 kg 时按 1 kg 计算。如果货物的毛重以 lb 表示，当货物不足 1 lb 时，按 1 lb 计算。有的国家和地区使用的是每千克（kg）货物 7 000 cm^3 或 427 in^3，或每磅货物 194 in^3 的标准来判别是重货还是轻货。

2）体积重量（Volume Weight）

将货物的体积按规定比例折合成的重量称为体积重量。每千克货物体积超过 6 000 cm^3 或 366 in^3，或 1 lb 重量体积超过 166 in^3 者，以体积重量作为计费重量。其计算方法为：首先测量出货物的最长、最宽和最高部分的尺寸（cm），三者相乘计算出体积，尾数四舍五入，然后再除以 6 000 cm^3，确定体积重量。

4. 起码运费

起码运费的类别代号为 M，又称为最低收费标准，是指航空公司办理一票货物自始发地至

目的地机场所能接受的最低运费,即不论货物的重量或体积大小,在两点之间运输一批货物所应收取的最低金额。不同地区有不同的最低运费。

三、航空运价体系

国际航协运价是全世界范围内的标准运价,主要目的是协调各国的货物运价,是各个航空公司运价的参考。对于特种货物运输,各国一般都采用国际航协运价;对于一般货物运输,大多在国际航协运价基础上有一定的折扣。

航空运价包括协议运价和国际航协运价。其中航协运价分为公布的直达运价和非公布直达运价。直达运价包括普通货物运价(GCR)、指定商品运价(SCR)、等级货物运价(CCR)、集装货物运价(UCR),这是在航空货运中常见的运价类别。非公布直达运价包括比例运价和分段相加运价。比例运价是《运价手册》公布的一种不能单独使用的附加数(Add-on Amounts)。货物的始发地或目的地无公布的直达运价时,可采用比例运价与公布的直达运价相加,构成非公布的直达运价。对于相同运价种类,当货物运输的始发地至目的地无公布直达运价和比例运价时,只能采用分段相加的办法,组成运输起讫地点间的运价,一般采用最低组合运价。

四、航空运费的计算

1. 普通货物运价(General Cargo Rate,GCR)

普通货物运价是指除了等级货物运价和指定商品运价以外的适合于普通货物运输的运价,该运价公布在 TACT Rates Books Section 中,它是适用范围最为广泛的一种运价。

普通货物运价根据货物重量不同,分为若干个重量等级分界点运价。N 表示标准普通货物运价,指的是 45 kg 以下的普通货物运价(如无 45 kg 以下运价时,N 表示 100 kg 以下的普通货物运价)。同时,普通货物运价还公布了 Q45、Q100、Q300 等不同重量等级分界点的运价。这里,Q45 表示 45 kg 以上(包括 45 kg)普通货物的运价,以此类推。对于 45 kg 以上的不同重量分界点的普通货物,运价均用 Q 表示。

用货物的计费重量和其适用的普通货物运价计算而得的航空运费,不得低于运价资料上公布的航空运费的起码运费(M)。

【例1】由北京运往新加坡一箱水龙头接管,毛重为 35.6 kg,体积尺寸为 50 cm × 70 cm × 60 cm,计算该票货物的航空运费。公布运价见表 5-3。

表 5-3　公布运价(一)

| BEIJING | CN | BJS | |
Y.RENMINBI	CNY	KGS	
SINGAPORE	SG	M	230.00
		N	36.56
		45	27.50
		300	23.46

解:(1)按实际重量计算。

体积:50 cm × 70 cm × 60 cm = 210 000 cm^3;

体积重量:210 000 cm^3 ÷ 6 000 cm^3/kg = 35 kg;

毛重:35.70 kg;

计费重量：36 kg；

适用运价：36.56 元/kg；

航空运费：36×36.56=1 316.16（元）。

（2）按较高重量分界点的较低运价计算。

计费重量：45 kg；

适用运价：27.50 元/kg；

航空运费：45×27.50=1 237.50（元）。

两者比较，取运费较低者，即航空运费为 1 237.50 元。

2. 指定商品运价（Specific Commodity Rate，SCR）

指定商品运价是指适用于自规定始发地至规定目的地运输特定品名货物的运价。通常情况下，指定商品运价低于相应的普通货物运价。就其性质而言，该运价是一种优惠性质的运价。在航空运单中，Rate Class 用"C"表示。

1）指定商品编号代码

在 TACT RATES BOOKS 的 SECTION2 中，根据货物的性质、属性以及特点等对货物进行分类，共分为十大组，每一组又分为十个小组。同时，用 4 位阿拉伯数字进行编号，这个编号就是指定商品货物的品名编号。

0001~0999：可食用动物和植物产品；

1000~1999：活动物及非食用动物和植物产品；

2000~2999：纺织品、纤维及其制品；

3000~3999：金属及其制品，不包括机器、车辆和电器设备；

4000~4999：机器、车辆和电器设备；

5000~5999：非金属矿物和产品；

6000~6999：化工及有关产品；

7000~7999：纸张、芦苇、橡胶和木材制品；

8000~8999：科学、专业和精密仪器、器械及配件；

9000~9999：其他。

在业务中常用的指定商品代码主要有以下几种：0008，新鲜的水果、蔬菜；0300，鱼（可食用的）、海鲜、海产品；1093，沙蚕；2199，纱、线、纤维、纺织原料、服装（包括鞋、袜）、纺织品；7481，橡胶轮胎、橡胶管。

2）指定商品的使用规则

满足以下三个条件，才可以直接使用指定商品运价：

（1）运输始发地至目的地有公布的指定商品运价；

（2）托运人所交运的货物品名与有关指定商品运价的货物品名相吻合；

（3）货物的计费重量满足指定商品运价使用时的最低重量要求。

【例2】由北京运往日本东京 21 箱生菜共 320 kg，每件体积长、宽、高分别为 60 cm×45 cm×25 cm，计算其航空运费。公布运价见表 5–4。

表 5-4　公布运价（二）

BEIJING		CN		BJS
Y.RENMINBI		CNY		KGS
TOKYO		JP	M	230.00
			N	37.51
			45	28.13
		0008	300	18.80
		0300	500	20.61
		1093	100	18.43
		2195	500	18.80

查找"TACT Rate Books"的品名表，茼蒿使用"0008"的指定商品运价。由于货主交运的重量符合指定商品运价使用时的最低重量要求，故运费计算如下：

解：

体积：$60\ cm \times 45\ cm \times 25\ cm \times 20 = 1\ 350\ 000\ cm^3$；

体积重量：$1\ 350\ 000\ cm^3 \div 6\ 000\ cm^3/kg = 225\ kg$；

计费重量：320.00 kg；

适用运价：SCR0008/Q300　18.80 元/kg；

航空运费：$320 \times 18.80 = 6\ 016$（元）。

3. 等级货物运价（Commodity Classification Rate，CCR）

等级货物运价是指在规定的业务区内或业务区之间运输特别指定的等级货物的运价。等级货物运价是以在普通货物运价基础上附加（S）或附减（R）一定百分比的形式表示，所以运价的使用须结合"TACT Rate Books"一同使用。

IATA 国际航空区划

等级货物包括以下各种货物：活动物；贵重货物；书报杂志类货物；作为货物运输的行李；灵柩或骨灰；汽车等。

等级货物运价的确定方法如下：

（1）当出现"the Normal GCR"时，表示使用运价表中的 45 kg 以下的普货运价。

（2）当出现"the Normal GCR 的百分比"（如 150% of the Normal GCR）时，表示使用运价表中的 N 运价的基础上乘以这个百分比（即 150%N）。

（3）当出现"appl. GCR"时，表示适用运价表中的普货运价。

（4）当出现"appl. GCR 的百分比"（如 125% of appl. GCR）时，表示在所适用的普货运价上乘以这个百分比。

运输活体动物所用的容器、饲料、饮用水等重量包含在货物的计费重量内。IATA 公布的活体动物运价表见表 5-5。

表 5-5 活动物运价表

IATA Area (Rule 1.2.2 "Definitions of Areas")

	within1		within2 (see also Rule 3.7.1.3)	Within3	between 1&2		between 2 and 3	Between 3&1	
	to/from Canada	other sectors			to/from Canada	other sectors		to/from Canada	other sectors
all live animals except: A.baby poultry less than 72 hours old B.monkeys and primates C.cold blooded Animals'	150% of appl. GCR except: 9 below	normal GCR except: 10 below	150% of normal GCR except: 4 below	normal GCR except: 2, 3, 17 below	150% of appl. GCR except: 6, 12 below	normal GCR except: 6, 14 below	normal GCR except: 3, 7, 16 below	150% of appl. GCR except 3 below	normal GCR except: 3, 13, 15 below
A.baby poultry less than 72 hours old	150% of appl. GCR except: 9 below	appl.GCR	normal GCR except: 4 below	normal GCR or over 45kgs except: 3, 17 below	150% of appl. GCR except: 12 below	normal GCR or over 45 kgs except: 5, 14 below	normal GCR or over 45 kgs. except: 3, 16 below	150% of appl. GCR except 3 below	normal GCR or over 45kgs except: 3, 13, 15 below
B.monkeys and primates	150% of appl. GCR except: 9 below	appl.GCR	150% of normal. GCR except: 1 below	normal GCR except: 3, 17 below	150% of appl. GCR except: 12 below	appl. GCR except: 14 below	normal GCR except: 3, 16 below	150% of appl. GCR except 3 below	appl. GCR except: 3, 15 below
C.cold blooded animals'	125% of appl. GCR except: 8 below	normal GCR except: 10 below	150% of normal. GCR except: 1 below	normal GCR except: 2, 3, 17 below	125% of appl. GCR except: 11 below	normal GCR except: 14 below	normal GCR except: 3, 16 below	125% of appl. GCR except 3 below	normal GCR except: 3, 13, 15 below

199

【例 3】 由北京运往纽约一只大熊猫，重 370 kg，体积长、宽、高分别为 160 cm × 120 cm × 150 cm，计算其航空运费。公布运价见表 5–6。

表 5–6　公布运价（三）

BEIJING Y.RENMINBI	CN CNY		BJS KGS	
NEWYORK	US		M	430.00
			N	64.46
			45	48.13
			100	45.19
			300	41.80
			500	38.56

解：查找活动物运价表，从北京运往纽约，属于三区运往一区的美国，运价的构成形式是"150% of Appl. GCR"。

体积：160 cm × 120 cm × 150 cm = 2 880 000 cm^3；

体积重量：2 880 000 ÷ 6 000 = 480（kg）；

计费重量：480 kg；

适用运价：S150% of Applicable GCR；

150% × 41.80 = 62.70（元/kg）；

航空运费：480 × 62.70 = 30 096（元）。

由于重量接近下一个较高重量点 500 kg，试算运费如下。

计费重量：500 kg；

适用运价：S150% of Applicable GCR

150% × 38.56 = 57.84（元/kg）

航空运费：500 × 57.84 = 28 920（元）

两者比较，取运费较低者，即航空运费为 28 920 元。

学中练

计算航空运费：

Routing：Beijing, CHINA（BJS）to OSAKA，JAPAN；

Commodity：FRESH APPLES；

Gross eight：EACH 65.2 kg，TOTAL 5 PIECES；

Dimensions：102 cm × 44 cm × 25 cm × 5。

公布运价见表 5–7。

表 5–7　公布运价（四）

BEIJING Y.RENMINBI	CN CNY		BJS KGS	
OSAKA	JP		M	230.00
			N	37.51
			45	28.13
		0008	300	18.80
		0300	500	20.61

计算运费：_____

_____

_____

_____

_____

五、运价的使用顺序

（1）如果有协议运价，则优先使用协议运价。

（2）在相同运价种类、相同航程、相同承运人条件下，公布直达运价应按下列顺序：优先使用指定商品运价，其次使用等级货物运价，最后使用普通货物运价。

（3）如果货物可以按指定商品运价计费，但因其重量没有满足指定商品运价的最低重量要求，则用指定商品运价计费结果与普通货物运价计费结果相比较，取低者。如果该指定商品同时属于附加的等级货物，则只允许采用附加的等级货物运价和指定商品运价的计费结果比较，取低者，不能与普通货物运价比较。

（4）如果货物属于附减的等级货物，即书报杂志类、作为货物运输的行李等，其等级货物计费可以与普通货物运价计算的运费相比较，取低者。

（5）如果运输两点间无公布直达运价，则应使用非公布直达运价。

学中练

根据背景资料计算这批陶瓷样品的航空运费，并填写报价单。

经查运价表得知该批货物从广州到西雅图的运价为 41.50 元 /kg。

计算航空运费：_____

_____

_____

_____

_____

填写表 5-8 所示报价单。

表 5-8　空运出口报价单

Item	Unit Price	UOM	Quantity	Subtotal	Remark
Customs Clearance fee	250	AWB			At cost
Customs Inspection fee	100	AWB			At cost
Handling fee	150	AWB			
Document fee	50	AWB			
THC	0.5	kg			Min: CNY50
Pick-up fee	1.5	kg			Min: CNY200
Air Freight	41.5	kg			
Total					

运输素质塑造

中国民用航空局发布《"十四五"航空物流发展"十四五"专项规划》以助力航运发展

近日，民航局印发《"十四五"航空物流发展专项规划》（简称《物流规划》），《物流规划》中明确，推进"十四五"时期航空物流发展，要坚持市场主导、安全可靠、系统观念、平急结合、创新融合五项工作原则。发展目标为到2025年，初步建成安全、智慧、高效、绿色的航空物流体系，航空物流保障能力显著增强，降本增效成效显著，体系自主可控能力大幅提升，航空物流对高端制造、邮政快递、跨境电商等产业服务能力持续提高。

《物流规划》提出，"十四五"时期我国航空物流以推动高质量发展为主题，以降本增效为核心，坚持安全发展底线与智慧民航建设主线，加快航空物流供给侧结构性改革。到2025年，初步建成安全、智慧、高效、绿色的航空物流体系，航空物流保障能力显著增强，降本增效成效显著，体系自主可控能力大幅提升，航空物流对高端制造、邮政快递、跨境电商等产业服务能力持续提高。

疫情期间运力不足，是中国航空公司全面转型的重要窗口。高运费率给货运代理、跨境电商物流等资源集成商带来了更高的挑战，能够实现全面转型的物流供应商更有可能获得市场份额的增加。结合《物流规划》，航空物流未来几年的发展将伴随贸易格局调整、新一轮科技革命及产业升级、中国品牌乘跨境电商东风出海等趋势，对中国航空物流提出了新的要求，具有门到门一体化能力的航空公司有望加速成长。

资料来源：锦程物流网，航空货运即将迎来春天，2022年2月21日

任务二　委托运输

✓ 任务布置

广州朝阳外贸公司在收到浩通货运代理公司的报价后，经过比对认为该公司所报运价以及所选择的航线及航空公司等方面都比较合理，于是在货代人员张萌的协助下填写国际航空货物托运书并签字，货代人员审核托运书无误后签字确认，完成该批货物的委托业务。

✓ 任务分析

完成本任务，需要解决以下问题：
（1）如何指导客户填写托运书？
（2）如何审核客户托运书？

✓ 任务资讯

任务资讯1　委托运输业务流程

委托运输业务流程包括客户填写托运书、业务员审核托运书，具体如图5-3所示。

图5-3　委托运输业务流程

任务资讯2　托运书审核要点

货运业务员在审核托运书时应重点关注价格和航班日期。

✓ 任务实施

活动1　填写托运书

航空货代与发货人就出口货物运输事宜达成意向后，可以向发货人提供所代理的航空公司的国际货物托运书。根据《华沙公约》的相关规定，托运书必须由托运人自己填写，并在上面签字或盖章。委托时，发货人除了应填制托运书外，还应提供贸易合同副本、出口货物明细发票、装箱单以及检验、检疫和通关所需要的单证和资料等。某些特种货物，如活动物、危险品由航空公司直接收运。

托运书（Shipper's Letter of Instruction，SLI）是托运人办理货物托运时填写的书面文件，也是填开航空货运单的凭据，表单上列有填制货运单所需的各项内容，并印有授权于承运人或其代理人代其在货运单上签字的文字说明。

各公司托运书的内容格式有所不同，但一般包括下列内容：
1. 托运人（SHIPPER'S NAME AND ADDRESS）
填托运人的全称、街名、城市名称、国名，以及便于联系的电话号、电传号或传真号。

2. 收货人（CONSIGNEE'S NAME AND ADDRESS）

填收货人的全称、街名、城市名称、国名（特别是在不同国家内有相同城市名称时，必须要填上国名）以及电话号、电传号或传真号，本栏内不得填写"to order"或"to order of the shipper"（按托运人的指示）等字样，因为航空货运单不能转让。

3. 始发站机场（AIRPORT OF DEPARTURE）

填始发站机场的全称。

4. 目的地机场（AIRPORT OF DESTINATION）

填目的地机场的全称（不知道机场名称时，可填城市名称），如果某一城市名称用于一个以上国家时，应加上国名。例如：LONDON UK 伦敦，英国；LONDON KY US 伦敦，肯达基州，美国。

5. 要求的路线/申请订舱（REQUESTED ROUTING/REQUSETING BOOKING）

本栏用于航空公司安排运输路线时使用，但如果托运人有特别要求时，也可填入本栏。

6. 供运输用的声明价值（DECLARED VALUE FOR CARRIAGE）

可在本栏内填入"NVD"（NO Value Declared 未声明价值），如本栏空着未填写时，承运人或其代理人可视为货物未声明价值。

7. 供海关用的声明价值（DECLARED VALUE FOR CUSTOMS）

国际货物通常要受到目的站海关的检查，海关根据此栏所填数额征税。如无须声明价值，可在本栏内填入"NCV"。

8. 保险金额（INSURANCE AMOUNT REQUESTED）

中国民航各空运企业暂未开展国际航空运输代保险业务，本栏可空着不填。

9. 处理事项（HANDLING INFORMATION）

填附加的处理要求，例如：另请通知（ALSO NOTIFY）。除填收货人之外，如托运人还希望在货物到达的同时通知他人，请另填写通知人的全名和地址。

10. 货运单所附文件（DOCUMENT TO ACCOMPANY AIR WAYBILL）

填随附在货运单上运往目的地的文件，应填上所附文件的名称，例如：托运人的动物证明（SHIPPER'S CERTIFICATION FOR LIVE ANIMALS）。

11. 件数和包装方式（NUMBER AND KIND OF PACKAGES）

填该批货物的总件数，并注明其包装方法，例如：包裹(Package)、纸板盒(Carton)、盒(Case)、板条箱（Crate）、袋（Bag）、卷（Roll）等。

12. 实际毛重（ACTUAL GROSS WEIGHT）

本栏内的重量应由承运人或其代理人在称重后填入，如托运人已经填上重量，承运人或其代理人必须进行复核。

13. 运价类别（RATE CLASS）

本栏可空着不填，由承运人或其代理人填写。

14. 计费重量（CHARGEABLE WEIGHT）

本栏内的计费重量应由承运人或其代理人在量过货物的尺寸（以厘米为单位）后，由承运人或其代理人算出计费重量后填入，如托运人已经填上时，承运人或其代理人必须进行复核。

15. 费率（RATE/CHARGE）

本栏可空着不填。

16. 货物的品名及数量（包括体积及尺寸）[NATURE AND QUANTITY OF GOODS (INCL. DIMENSIONS OR VOLUME)]

填货物的品名和数量（包括尺寸或体积）。货物中的每一项均须分开填写，并尽量填写详细，本栏所属填写内容应与出口报关发票和进口许可证上所列明的相符。危险品应填写适用的准确名称及标贴的级别。

17. 托运人签字（SIGNATURE OF SHIPPER）

托运人必须在本栏内签字。

18. 日期（DATE）

填托运人或其代理人交货的日期。

学中做

根据给定资料填制托运书。

2023年5月10日，浩通国际货运代理公司接到朝阳外贸公司的委托，需将一批陶瓷样品出口到美国西雅图，收货人为美国捷克贸易公司。这批陶瓷样品共4箱，每箱规格为600 mm×400 mm×400 mm，每箱重量为30 kg。该批货物的运费及运价请参考表5-9，无声明价值。

表5-9 国际航空货物托运书（SHIPPER'S LETTER OF INSTRUCTION）

托运人姓名及地址 /SHIPPER'S NAME &ADDRESS:	
运杂费 /CHARGES:	
通知人 /ALSO NOTIFY:	
收货人姓名及地址 /CONSIGNEE'S NAME &ADDRESS:	
始发站 /AIRPORT OF DEPARTURE:	
处理情况（包括包装方式，货物标志及号码等）/HANDLING INFORMATION（INCL.METHOD OF PACKING, INDENTIFY MARKS & NO. ETC.）:	
到达站 /AIRPORT OF DESTINATION:	
件数 /NO.OF PIECES:	
实际毛重（千克）/ACTUAL GROSS WEIGHT（KG）:	
计费重量（千克）/CHARGEABLE WEIGHT（KG）:	
运价 /RATE:	
货物品名及数量（包括体积）/NATURE &QUANTITY OF GOODS（INCL. DIMENSIONS OR VOLUME）:	
所附文件 /DOCUMENTS ATTACHED:	
托运人证实以上所填全部属实并愿遵守承运人的一切载运规章。THE SHIPPER CERTIFIES THAT THE PARTCULARS ON THE FACE HEREOF ARE CORRECT AND AGREE TO THE CONDITIONS OF CARRIAGE OF THE CARRIER.	
托运人签字 /SIGNATURE OF SHIPPER:	日期 /DATE:
经手人 /AGENT:	日期 /DATE:

活动 2　审核托运书

航空货代在接受托运人委托后，在单证操作前，通常会指定专人对托运书进行审核。审核重点应看价格和航班日期。审核后，审核人员必须在托运书上签名并注明日期以示确认。委托时，发货人除应填制国际货物托运书，还应提供贸易合同副本、出口货物明细发票、装箱单以及检验及通关所需要的单证和资料给航空货运代理，以便航空货运代理办理订舱、提货、报关、制单等手续。

学中做

审核表 5-10 的国际货物托运书，找出错误之处并更正。

表 5-10　国际货物托运书

SHIPPER'S LETTER OF INSTRUCTION

托运人姓名及地址 /SHIPPER'S NAME &ADDRESS： ZHUHAI JINDIAN TRADE CO.，LTD. ZHUHAI COLLEGE ROAD No.52 ZHUHAI 322000，CHINA	
运杂费 /CHARGES：	AWC50
通知人 /ALSO NOTIFY：	SINGAPORE HUAYI GARMENTS CO. LTD.
收货人姓名及地址 /CONSIGNEE'S NAME &ADDRESS： SINGAPORE HUAYI GARMENTS CO. LTD.	
始发站 /AIRPORT OF DEPARTURE：	SINGAPORE
处理情况（包括包装方式，货物标志及号码等）/HANDLING INFORMATION（INCL.METHOD OF PACKING，INDENTIFY MARKS & NO. ETC.）： PACKED IN 20 CARTONS HUAYI GARMENTS F01LCB05127 CTN NO.23 SINGAPORE	
到达站 /AIRPORT OF DESTINATION：	ZHUHAI
件数 /NO.OF PIECES：	450 PIECES
实际毛重（千克）/ACTUAL GROSS WEIGHT（KG）：	269.5
计费重量（千克）/CHARGEABLE WEIGHT（KG）：	300.0
运价 /RATE：	CNY41.5/KG
货物品名及数量（包括体积）/NATURE &QUANTITY OF GOODS（INCL.DIMENSIONS OR VOLUME）：	LADIES COTTON SHIRTS
所附文件 /DOCUMENTS ATTACHED：	1COMMERCIAL INVOICE 1PACKING LIST
托运人证实以上所填全部属实并愿遵守承运人的一切载运规章。THE SHIPPER CERTIFIES THAT THE PARTCULARS ON THE FACE HEREOF ARE CORRECT AND AGREE TO THE CONDITIONS OF CARRIAGE OF THE CARRIER.	
托运人签字 /SIGNATURE OF SHIPPER： CINDY WANG	日期 /DATE： 21 MAY，2023
经手人 /AGENT： MENG ZHANG	日期 /DATE： 21 MAY，2023

任务三　配舱订舱

✓ 任务布置

浩通公司在接到广州朝阳外贸公司的货运委托后，立即安排操作员李元为这批货物进行预配舱及预订舱操作，并且在货物装载之前，对货物在飞机上的积载位置设计合理的方案。然后，根据发货人的要求和货物的属性，向选定的航空公司订舱。

✓ 任务分析

完成本任务，需要解决以下问题：
（1）如何预配舱和预订舱？
（2）如何开展配舱业务操作？
（3）如何开展订舱业务操作？

✓ 任务资讯

任务资讯1　预配舱业务流程

预配舱业务包括汇总托运单，计算各航线货物的总件数、重量、体积，接触前准备，选择合适的航空公司，为每票货物配运单号，具体业务流程如图5-4所示。

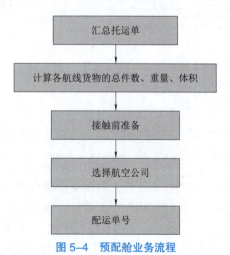

图5-4　预配舱业务流程

任务资讯2　订舱业务操作

订舱的流程是接到发货人的发货预报后，向航空公司领取并填写订舱单，同时提供货物的名称、体积（必要时提供单件尺寸）、重量、件数、目的地、要求出运的时间和其他要求（温度、装卸要求、货物到达目的地时限）等相应的信息。订妥舱位后，向航空公司领取舱位确认书和集装器领取凭证，具体如图5-5所示。

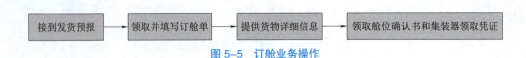

图 5-5 订舱业务操作

任务实施

活动 1　预配舱和预订舱

货代汇总所接受的委托和客户的预报并输入电脑，计算出各航线的件数、重量、体积，按照客户的要求和货物情况，根据各航空公司不同机型对不同板箱的重量和高度要求，制定预配舱方案，并对每票货配上运单号。一般情况下，航空公司会将运单定期发放给与其有运价协议的航空货代公司。

货代根据所制定的预配舱方案，按航班、日期打印出总运单号、件数、重量、体积，向航空公司预订舱。由于此时货物还没有入仓库，预报和实际的件数、重量、体积会有差别，故需等到配舱时再做调整。

货代向航空公司订舱时要尽量准确，避免出现亏仓或分批到货的情况。大宗货物、紧急物资、特种货物、贵重货物等必须预订舱位。

学中做

根据上述背景资料填制表 5-11 预订舱单。

表 5-11　预订舱单

TEL：		联系人：		FAX：	
运单号	目的站	件数/数量	体积	品名	航班/日期

活动 2　配舱和订舱

配舱是指在货物装载之前，对货物在飞机上的积载位置所做的方案。配舱时，需确保运出的货物都已入库，此时需要核对货物的实际件数、重量、体积与托运书上登记数量的差别；应注意对预订舱位、板箱的有效利用及合理搭配，按照各航班机型、板箱型号、高度、数量进行配载。同时，对于货物晚到、未到情况及未能顺利通关放行的货物要及时调整处理，为制作配舱单做准备。这一过程一直延续到单、货交接给航空公司后才结束。

空运集装器

订舱是指将所接收空运货物向航空公司申请并预定舱位。货物订舱需根据发货人的要求和货物标志的特点而定。货运代理公司根据客户的订舱委托书向航空公司订舱，订舱可分为线上和线下两种方式。

订舱的基本步骤是在接到发货人的发货预报后，向航空公司领取并填写订舱单，同时提供货物的名称、体积（必要时提供单件尺寸）、重量、件数、目的地、要求出运的时间和其他要求（温度、装卸要求、货物到达目的地时限）等相应的信息。航空公司根据实际情况安排航班和舱位。

货运代理公司订舱时，可依照发货人的要求选择最佳的航线和最佳的承运人，同时为发货人争取最低、最合理的运价。订舱后，航空公司签发舱位确认书，同时提供装货集装器领取凭证，以表示舱位订妥。

学中做

请根据背景资料登录中国国际货运航空公司官网（http://www.airchinacargo.com）查询航线及舱位信息，如图 5-6 所示，完成货物的订舱操作。

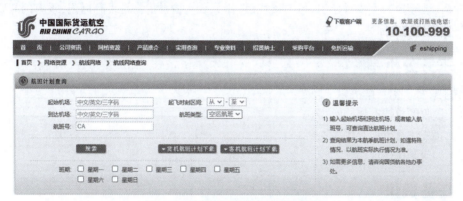

图 5-6　中国国际货运航空公司官网

任务四　交接单货

任务布置

操作员李元在接受朝阳外贸公司提供的单据后，需要认真审核单据是否齐全、内容是否完整。如有问题，需要与客户及时沟通并解决问题。接货时对货物（陶瓷样品）进行过磅和丈量，并根据发票、装箱单清点核对货物。接单接货后，李元认真检查货物是否有标记，没有的需要补上，同时给每件货物贴上标签。

任务分析

完成本任务，需要解决以下问题：
（1）接收的单据有哪些？
（2）接货注意事项有哪些？
（3）如何制作标记和标签？

任务资讯

任务资讯1　交接单据业务流程

交接单据业务包括接单、接货、制作标记、制作标签，具体如图 5-7 所示。

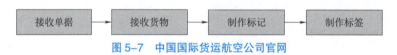

图 5-7　中国国际货运航空公司官网

任务资讯2　标签的种类

根据标签的作用，可以分为识别标签、特种货物标签和操作标签。
根据签发单位的不同，可以分为航空公司标签和分标签。

任务实施

活动1　接收单据

空运代理接受客户提供的下列单据后，需要认真审核单据是否齐全、内容是否完整。审核要点如下：
（1）发票、装箱单：发票盖公司章（业务科室、部门章无效），标明价格术语及价格。
（2）托运书：要注明目的港名称或目的港所在城市名称，明确运费预付或运费到付、货物毛重、收发货人、电话和传真号码。托运人签字处一定要有托运人签名。
（3）报关单：注明经营单位的注册号、贸易性质、收汇方式，在申报单位处加盖公章。
（4）外汇核销单：出口单位备注栏加盖公章。
（5）许可证：合同号、出口口岸、贸易国别、有效期要符合要求，与其他单据相符。

（6）进料/来料加工核销本：要审查进料/来料加工核销本上的合同号与发票是否相符。

（7）索赔/返修协议：要提供正本，双方盖章；对方没盖章的，签字也可以。

（8）到付保函：运费到付的，需要提供到付保函。

（9）关封：必须提供海关关封。

活动 2　接收货物

航空货运代理把即将发运的货物从发货人手中接过来并运送到自己的仓库。接收货物一般与接单同时进行。对于通过空运或铁路运往出境地的货物，货运代理按照发货人提供的运单号、航班号及接货地点、日期，代其提取货物。如货物已在始发地办理了出口报关手续，发货人应同时提供始发地海关的关封。

接货时应对货物进行过磅和丈量，并根据发票、装箱单或送货单清点货物，核对货物的数量、品名、合同号或唛头等是否与货运单上所列一致。货代人员在检查货物的包装是否符合运输要求时，要注意以下事项：托运人的货物包装要求坚固、完好、轻便；为了不使密闭舱飞机的空调系统堵塞，不得使用带有碎屑、草末等材料做包装；包装上要详细写明收货人、通知人与托运人的姓名和地址；若包装出现轻微破损的情况，则应在货运单的"Handling Information"中详细标注。

活动 3　制作标记和标签

接单接货后，货运代理应认真检查货物是否有标记，没有的需要补上，同时给每件货物贴上标签。

1. 标记

标记是在货物外包装上由托运人书写的记号，内容包括托运人和收货人的姓名、地址、联系电话、合同号等。

2. 标签

当货物送至货站后，货运代理会根据航空公司的运单号码，制作主标签和分标签贴在货物上，以便起运港及目的港的货主、货代、货站、海关、航空公司及收货人识别。

根据标签的作用，可以分为识别标签、特种货物标签和操作标签等。

（1）识别标签是说明货物的运单号码、件数、重量、尺寸、始发站、目的站的一种运输标志，分为挂签和贴签。

（2）特种货物标签是说明货物性质的各类识别标志，分为活动物标签、危险品标签和鲜活易腐物品标签。如图5-8（a）和图5-8（b）所示。

(a)　　　　　　　　　　(b)

图 5-8　特种货物标签

（a）活动物标签；（b）鲜活易腐物品标签

（3）操作标签是说明货物储运注意事项的各类标志，例如不可倒置、保持干燥和易碎物品等。按签发单位不同，标签分为航空公司标签和分标签两种。

①航空公司标签，也叫主标签，是对其所承运货物的标志，各航空公司的标签虽然在格式、颜色上有所不同，但内容基本相同。标签上的3位阿拉伯数字代表所承运航空公司的代号，后8位数字是总运单号码。例如，中国国际航空公司的3位数字代号是999。航空公司标签如图5-9和图5-10所示，航空公司条形码标签如图5-11所示。

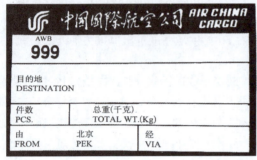

图5-9　主标签

图5-10　主标签

图5-11　航空公司条形码标签

②分标签是货运代理对出具分运单货物的标志。凡出具分运单的货物都要制作分标签，填制分运单号码和货物到达城市或机场的三字代码，如图5-12所示。一件货物贴一张航空公司标签，有分运单的货物，每件再贴一张分标签。

项目五 航空货物运输

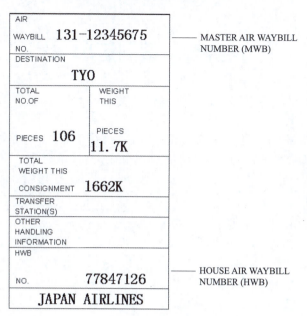

图 5-12 分标签

学中做

请为该批货物（陶瓷样品）选择合适的标记标签，制作标签并将标签内容填写完整。

运输素质塑造

南航"客改货"航班运送近 8 t 防疫物资驰援西藏林芝

2022 年 8 月 17 日上午 10 时 37 分，搭载 479 件、近 8 t 防疫物资的中国南方航空 CZ3477 航班从广州出发，顺利抵达西藏林芝。本次航班为广东首个飞往林芝的防疫物资"客改货"包机航班，南方航空物流有限公司（以下简称"南航物流"）积极助力西藏早日战胜疫情。

受疫情影响，西藏对防疫物资需求紧急，南航物流急客户之所急，充分利用客机客舱和腹舱空间加大运力，实现广州与林芝之间的高效运输。

接到客户需求后，南航物流立即成立保障小组，召开保障协调会，制定多部门联动的运输方案，开通"绿色通道"，高效保障物资装运。业务骨干现场把关防疫货物组板质量、防潮雨布覆盖情况，确保防疫物资安全顺利出运。

8 月 10 日至 17 日，南航物流共保障 4 个航班，运送 12.8 t 防疫物资驰援西藏，助力雪域高原疫情防控，为畅通物流渠道、稳定供应链等，提供有力支撑。

资料来源：中国航空新闻网，南航"客改货"航班运送近 8 t 防疫物资驰援西藏林芝，2022 年 8 月 23 日

任务五 填制运单

任务布置

浩通公司在接受朝阳公司提供的相关货运单据后,安排单证员王惠根据发票、装箱单、订舱委托书等资料,按照单单一致、单证一致的原则填制航空货运单。

任务分析

完成本任务,需要解决以下问题:
(1)航空运单的作用有哪些?
(2)如何填制航空运单?

任务资讯

任务资讯1 航空运单的种类

航空运单可以分为主运单(MAWB)和分运单(HAWB)。航空主运单是由航空公司签发的货运单。航空分运单是由航空货运代理公司或集中托运人(即航空货代)签发的航空运单。

任务资讯2 运单填制步骤

航空运单填制步骤包括整理相关单据、填制航空运单和核对航空运单,具体如图5-13所示。

图5-13 运单填制步骤

任务实施

活动1 认知航空运单

一、航空运单

航空货运单(Air Waybill AWB)是承运货物的航空公司或其代理人,在收到所承运的货物并接受托运人的运输要约后,签发给托运人的货物收据并承诺进行运输的凭证。航空货运单是航空货物运输中的一种重要单证,它是托运人与承运人或其代理人签订的运输合同,也是进行航空运输的凭证。与海运提单不同,它不是货物的物权凭证,是不可转让的运输单据。

航空运单有主运单(MAWB)和分运单(HAWB)之分。航空主运单是由航空公司签发的货运单,航空分运单是由航空货运代理公司或集中托运人签发的航空运单。直接运输的货物,填制航空主运单,并将收货人提供的货物随机单据钉在航空主运单后面;集中托运的货物,必须先为每票货物填开航空货代公司的分运单,然后再填开航空公司的主运单,所有分运单与随行单据装入一个信封,钉

航空运单

在主运单后面。

二、航空运单的作用

航空运单是航空货物运输中的重要单据，航空运单各联及作用如表 5-12 所示。

（1）它是托运人与航空承运人之间缔结的货物运输契约。

（2）它是承运人签发的已接收货物的证明。

（3）它是承运人据以核收运费的单据和结算的凭证。

（4）它是国际进出口货物办理报关的单证之一。

（5）它可作为保险证书。

（6）它是承运人组织货物运输的依据。

表 5-12　航空运单各联及作用

顺序	名称	颜色	作用
1	Original 3（正本 3）	蓝色	交托运人，作为承运人收到货物以及承托双方运输合同成立的证明
2	Original 1（正本 1）	绿色	交承运人（出票航空公司），作为运费结算的依据
3	Copy 9（副本 9）	白色	交代理人，供代理人留存
4	Original 2（正本 2）	粉红色	交收货人
5	Copy 4（副本 4）	黄色	交付联，收货人提货后应签字并交承运人留存
6	Copy 5（副本 5）	白色	交目的站机场
7	Copy 6（副本 6）	白色	交第三承运人
8	Copy 7（副本 7）	白色	交第二承运人
9	Copy 8（副本 8）	白色	交第一承运人

学中练

思考航空主运单与分运单的关系。

活动 2　填制航空运单

一、填制基本要求

航空运单有正面、背面条款之分，虽然不同航空公司有自己的航空运单格式，但各航空公司所使用的航空运单大多借鉴 IATA 所推荐的标准格式，差别并不大。航空货运单样例见表 5-13。

（1）航空运单要求用英文大写字母打印，各栏内容必须准确、清楚、齐全，不得随意涂改。

（2）航空运单已填内容在运输过程中需要修改时，必须在修改项目的近处盖章，注明修改货运单的空运企业名称、地址和日期。修改时应将所有剩余的各联一同修改。

（3）航空运单的各栏目中，有些栏目有阴影。其中，有标题的阴影栏目仅供承运人填写；

没有标题的阴影栏目一般不需要填写，除非承运人有特殊需要。

（4）在始发站货物运输开始后，货运单上的运输声明价值（Declared Value for Carriage）一栏的内容不得再做任何修改。

（5）每批货物必须全部收齐后，方可填开货运单，每一批货物或集中托运的货物均填写一份货运单。

二、航空运单的填写要求

世界各国航空公司名称及代码

航空货运操作代码

①始发站机场：填写 IATA 统一制定的始发站机场或城市的三字代码。

[1A] IATA 统一编制的航空公司代码，如我国的东方航空公司代码是 781。

[1B] 运单号。

②托运人姓名和地址（Shipper's Name and Address）：填写托运人姓名、地址、所在国家及联系方式。

③托运人账号（Shipper's Account Number）：只在必要时填写。

④收货人姓名和地址（Consignee's Name and Address）：填写收货人姓名、地址、所在国家及联系方式。

⑤收货人账号（Consignee's Account Number）：同③栏，只在必要时填写。

⑥出票航空公司代理的名称和所在城市（Issuing Carrier's Agent Name and City）。

⑦代理人的 IATA 代号（Agent's IATA Code）：航空公司为便于内部系统管理，要求其代理人在此处填制相应数字代码。采用货物财务结算系统（Cargo Accounts Settlement System，CASS）清算的代理人按规定填入相应代号。

⑧代理人账号（Account No.）：一般无须填写，除非承运人另有需要。

⑨始发站机场及所要求的航线（Airport of Departure and Requested Routing）：这里的始发站应与①栏填写相一致。

⑩支付信息（Accounting Information）：此栏只有在采用特殊付款方式时才填写。

[11A]（C、E）去往（To）：分别填入第一（二、三）中转站机场的 IATA 代码。

[11B]（D、F）承运人（By）：分别填入第一（二、三）段运输的承运人。

⑫货币（Currency）：填入运费始发地的国际标准化组织货币代码。

⑬收费代号（CHCS Code）：表明支付方式。

⑭运费及声明价值费（weight charge/valuation charge，WT/VAL）：预付（Prepaid，PPD）或到付（Collect，COLL）。如预付在 PPD 一栏中填入"X"，到付在 COLL 一栏中填入"X"。需要注意的是，航空货物运输中运费与声明价值费支付的方式必须一致，不能分别支付。

⑮其他费用（Other）：也有预付和到付两种支付方式。填入方法同⑭栏。

⑯运输声明价值（Declared Value for Carriage）：在此栏填入发货人要求的用于运输的声明价值，如果发货人不要求声明价值，则填入"NVD（No Value Declared）"。

⑰海关声明价值（Declared Value for Custom）：发货人在此填入对海关的声明价值，或者填入"NCV（No Customs Valuation）"，表明没有声明价值。

⑱目的地机场（Airport of Destination）：填写最终目的地机场的全称。

⑲航班及日期（Flight/Date）：填入货物所搭乘航班及日期，由承运人填写。

⑳保险金额（Amount of Insurance）：在航空公司提供代保险业务而托运人也有此需要时填写投保的金额。如航空公司不提供此项业务或托运人不需要时，此栏应填写"×××"。

㉑操作信息（Handling Information）：一般填入承运人对货物处理的有关注意事项，如对于危险货物可填写"Dangerous Goods as per Attached Shipper's Declaration"字样，对于要求装上货机的危险货物，还应加上"Cargo Aircraft Only"字样，而如果不需要附托运人危险货物申报单，则本栏填写"Shipper's Declaration Not Required"字样等。

[22A]～[22I] 货物运价、运费细目。

[22A] 货物件数和运价组合点（No. of Pieces RCP, Rate Combination Point）：填入货物包装件数。如15箱即填"15"。当需要组成比例运价或分段相加运价时，在此栏填入运价组合点机场的IATA代码。

[22B] 毛重（Gross Weight）：填入货物实际毛重。

[22C] 重量单位：可选择千克(kg)或磅(lb)，以千克为单位用代号"K"，以磅为单位用代号"L"。

[22D] 运价等级（Rate Class）：针对不同的航空运价共有6种等级，分别是M（Minimum，起码运费）、C（Specific Commodity Rates，特种运价）、S（Surcharge，附加的等级货物运价）、R（Reduced，附减的等级货物运价）、N（Normal，45 kg以下货物适用的普通货物运价）、Q（Quantity，45 kg以上货物适用的普通货物运价）。

[22E] 商品代码（Commodity Item No.）：在使用指定商品运价时需要在此栏填写指定商品代码；在使用等级货物运价时需要在此栏填写附加或附减运价的比例。

[22F] 计费重量（Chargeable Weight）：此栏填入航空公司据以计算运费的计费重量。

[22G] 运价（Rate/Charge）：填入该货物适用的运输费率。

[22H] 运费总额（Total）：此栏数值应为起码运费值或者是运价与计费重量两栏数值的乘积。

[22I] 货物的品名，数量，含尺码或体积（Nature and Quantity of Goods [incl. Dimensions or Volume]）：货物的尺码应以cm或in为单位，可以表示为长×宽×高，例如："DIMS: 40 cm×50 cm×20 cm"。

㉓其他费用（Other Charges）：除运费和声明价值附加费以外的其他费用。根据IATA规则，各项费用分别用三个英文字母表示，其中前两个字母是某项费用的代码，如运单费就以AW开头、地面运输费以SU开头；第三个字母是C或A，分别表示费用应支付给承运人（Carrier）或货运代理人（Agent）。

㉔～㉖分别记录运费（Charge）、声明价值费（Valuation Charge）和税款金额（Tax），有预付与到付两种方式。

㉗和㉘分别记录需要付与货运代理人（Due Agent）和承运人（Due Carrier）的其他费用合计金额。

㉙无名称阴影栏。本栏不需要打印，除非承运人需要。

㉚预付、到付的总金额（Total Prepaid、Total Collect）：预付总金额为预付各栏目之和，到付总金额为到付各栏目之和。

㉛发货人的签字（Signature of Shipper or His Agent）：由托运人或其代理人在本栏内签字或盖章。

㉜签单日期、地点、承运人或其代理人的签字。填开货运单日期采用日、月、年的顺序。填开货运单地点为机场或城市的全称或缩写。

㉝货币换算（Currency Conversion Rates）：填写目的站国家货币代号及兑换比率。

表 5-13 航空运单

[1A] ① [1B]

Shipper's Name and Address	Shipper's Account Number		Not Negotiable AIR WAYBILL ISSUED BY ⑩								
②	③		Copies 1, 2and 3 of this Air Waybill are originals and have the same validity.								
Consignee's Name and Address	Consignee's Account Number		It is agreed that the goods Shipper certifies that description of goods and declared value for carriage on the face hereof are consistent with actual description of goods and actual value of goods and that particulars on the face hereof are correct.								
④	⑤										
Issuing Carrier's Agent Name and City			Accounting Information								
⑥											
Agent's IATA Code	Account No.										
⑦	⑧		⑩								
Airport of Departure (Addr. of First Carrier) and Requested Routing											
⑨											
To	By First Carrier/Routing and Destination	to	by	to	by	Currency	CHGS Code	WT/VAL		Other		Declared Value for Carriage	Declared Value for Customs
								PPD	COLL	PPD	COLL		
[11A]	[11B]	[11C]	[11D]	[11E]	[11F]	⑫	⑬	⑭	⑭	⑮	⑮	⑯	⑰

Airport of Destination	For carrier Use Only		Amount of Insurance	INSURANCE - If Carrier offers insurance, and such insurance is requested in accordance with the conditions thereof, indicate amount to be insured in figures in box marked "Amount of Insurance."
	Flight/Date	Flight/Date		
⑱	[19A]	[19B]	⑳	

Handling Information

㉑

No. of Pieces RCP	Gross Weight	kg lb	Rate Class		Chargeable Weight	Rate/Charge	Total	Nature and Quantity of Goods (incl. Dimensions or Volume)
				Commodity Item No.				
[22A]	[22B]	[22C]	[22D]	[22E]	[22F]	[22G]	[22H]	[22I]

续表

Prepaid	Weight Charge	Collect	Other Charges
㉔			
	Valuation Charge		
㉕			㉓
	Tax		
㉖			
Total other Charges Due Agent			Shipper certifies that the particulars on the face hereof are correct and that insofar as any part of the consignment contains dangerous goods, such part is properly described by name and is in proper condition for carriage by air according to the applicable Dangerous Goods Regulations.
㉗			
Total other Charges Due Carrier			
㉘			㉛
㉙			
Total Prepaid	Total Collect		Signature of Shipper or his Agent
㉚			㉜
Currency Conversion Rates	CC Charges in Dest. Currency		
㉝			Executed on （date） at （place） Signature of Issuing Carrier or its Agent

学中做

请各小组根据上述背景资料填制航空货运单，并开展小组自评。

自评记录：_____

_____

_____

_____

_____

_____

_____

_____

任务六　装板发运与费用结算

✓ 任务布置

操作员李元在完成该批货物的报关手续后,编制出仓单,持相关凭证到航空公司提板箱,结合货物的毛重体积等具体情况合理装板箱。然后,持盖有海关放行章的货运单到航空公司签单,并将单货交给航空公司,由航空公司安排货物运输,在货物运输过程中需要全程跟踪航班信息,并做好与各方费用结算的工作。

✓ 任务分析

完成本任务,需要解决以下问题:
(1)如何办理装板发运业务?
(2)如何进行费用结算?

✓ 任务资讯

任务资讯 1　装板发运业务流程

装板发运业务包括报关、编制出仓单、提板箱与装板箱、签单与交接发运、信息跟踪,具体流程如图 5-14 所示。

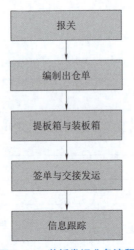

图 5-14　装板发运业务流程

任务资讯 2　费用结算

货代公司与发货人、承运人、国外代理人之间进行费用结算,具体如图 5-15 所示。

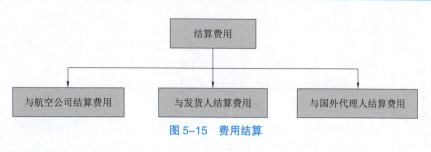

图 5-15　费用结算

任务实施

活动 1　装板发运

1. 报关

客户可自行选择报关行,也可委托货运代理公司进行报关。将发货人提供的出口货物报关单内容录入电脑,并在报关单上加盖报关单位的报关专用章,然后将报关单与有关发票、装箱单、货运单随附有关证明文件备齐向海关申报。海关审核无误后在用于发运的货运单正本和出口报关单上加盖放行章。在发货人用于产品退税的单证(出口收汇核销单)上加盖验讫章,粘上防伪标志,完成出口报关手续。

2. 编制出仓单

配舱方案制订后就可开始编制出仓单。出仓单主要载明出仓单日期、承运航班的日期、装载板箱形式及数量、货物进仓顺序编号、总运单号、件数、重量、体积、目的地三字代码和备注。出仓单样例如表 5-14 所示。

表 5-14　出仓单

单号	件数	重量	目的港	板号

学中练

请根据上述背景资料填制表 5-14 出仓单。

3. 提板箱与装板箱

航空货运主要以集装箱、集装板的形式装运。订妥舱位后,航空公司吨控部门根据货量发放航空集装板、箱的凭证,货代凭此证向航空公司箱、板管理部门领取箱、板,同时领取塑料薄膜和网。航空货代一般将 2 m³ 以下的货物交由航空公司拼装;大于 2 m³ 的大宗货物或集中托运拼装货物,一般均由货运代理在自己的场地或航空公司指定的场地装板箱。

提板箱与装板箱时要注意:不要用错集装箱、板;不要超装箱板尺寸;货物要垫衬,封盖好塑料纸;封装整齐,结构稳定;对于大宗货物或集中托运货物,尽可能将整票货物装一个或几个箱板内运输,多余的货物也尽可能装一个箱、板,防止散乱、遗失。

4. 签单与交接发运

货运单盖好放行章后还需到航空公司签单。航空公司的地面代理规定,只有签单确认后才允许将单、货交给航空公司。

交给航空公司的单据包括：主运单和分运单、航空货物清单、出库仓单、装箱单、国际货物交接清单。在实际操作中，航空货代一般在航班时间内向航空地面代理交接。

航空货物装机

把与单据相符的货物交给航空公司，交货前必须粘贴或拴挂货物标签，根据标签清点和核对货物，填制国际货物交接清单。

大宗货和集中托运货以整箱、整板称重交接；零散小货按票称重，计件交接。航空公司审单验货后，在交接签单上验收，将货物存入出口仓库，单据交吨控部门，以备配舱。

5. 信息跟踪

航空货代从接受委托开始，一直到将货物交收货人的整个过程，应始终与委托人及有关人员保持密切的信息往来。

货物装机后，货代即向买方发出装运通知，以便对方准备付款、赎单及办理收货等，直至完成货物运输。单、货交接给航空公司后，航空公司会因种种原因，如航班取消、延误、溢载、故障、改机型、错运、倒垛或装板不符规定等，未能按预定时间出运，所以货运代理公司从单、货交给航空公司后就需对航班、货物进行跟踪。

需要联程中转的货物，在货物出运后，要求航空公司提供二、三程航班的中转信息。有些货物事先已预订了二、三程，也还需要确认中转情况；有时需直接发传真或电话与航空公司的海外办事处联系货物中转情况，及时将上述信息反馈给客户，以便遇到不正常情况及时处理。

学中做

访问航空公司官网（例如：http://www.airchinacargo.com）或航班跟踪网站（例如：https://flightadsb.variflight.com），查询航班实时信息。

运输素质塑造

"数实融合"赋能　推动智慧民航建设

党的二十大报告提出，加快建设制造强国、质量强国、航天强国、交通强国、网络强国、数字中国；加快发展数字经济，促进数字经济与实体经济深度融合，打造具有国际竞争力的数字产业集群。而此前制定的《交通强国建设纲要》曾提出，要强化前沿关键科技研发，大力发展智慧交通，推动大数据、互联网、人工智能、区块链、超级计算等新技术和交通行业的深度融合，推进数据资源赋能交通发展。

近年来，我国出台了一系列政策，推动这些新技术与交通行业深度融合。未来，我国交通出行场景将会深度实现数字化，构筑美好数字生活新图景。随着科学技术的迅猛发展，交通运输业正在与各种新技术进行深度融合。其中，民航局发布《关于落实数字中国建设总体部署 加快推动智慧民航建设发展的指导意见》指出，要坚持以习近平新时代中国特色社会主义思想为指导，深入贯彻党的二十大精神，遵循基础夯实、数字赋能、能力提升、环境优化的战略路径，全面提升智慧民航建设的系统性、协同性和安全性，推动行业数字化转型、智慧化运行，更好地谱写交通强国民航新篇章，为推进中国式现代化贡献力量。

资料来源：中共青年报，"数实融合"赋能下 交通强国建设再提速，2023年3月9日

活动 2　费用结算

一般是货代公司与发货人、承运人、国外代理人之间进行费用结算。
（1）与航空公司结算费用：支付航空运费及代理费，同时收取代理佣金。
（2）与发货人结算费用：向发货人收取航空运费、地面杂费、各种服务费和手续费。
（3）与国外代理人结算费用：国外段运费和利润分成。航空货运代理公司之间存在长期的互为代理协议，与国外代理人结算时一般采取应收应付相互抵消，在一定期限内以清单冲账的办法。

学中练

根据背景资料确定与发货人结算的各项费用，参考表 5-15 费用结算邮件样例，给客户撰写一封英文电子邮件。

_____
_____
_____
_____
_____

表 5-15　费用结算电子邮件样例

TO：cindy@huayang.com
SUBJECT：Quotation - Airfreight Tianjin–Mumbai

Dear Cindy,
Thank you for your inquiry of silk dress. We can make an offer for you as follows:
Goods: silk dress
Chargeable weight:162kg
Quotation:CNY4537（Include Air freight:　　Surcharge:　　Profit:　　）
We hope that our quotation meets with your requirements and look forward to your order. We are at your disposal should you require any further information.
Yours sincerely,

Jenny
Sales manager
ABC Forwarding Co. Ltd.

运输组织管理

运输素质塑造

亚洲物流航运及空运会议——沪港合作新机遇分论坛在上海举行

2023年7月7日，"亚洲物流航运及空运会议——沪港合作新机遇分论坛"（以下简称"ALMAC"）在滴水湖畔举行。本次论坛由上海市贸促会、香港贸发局及临港集团联合举办，在沪港合作会议机制20周年之际，论坛创新了沪港合作机制下市场、行业和企业的合作模式，聚焦"科技与开放""贸易与投资"等核心内容，重点探讨"区域全面经济伙伴协定（RCEP）""高端航运服务""航运仲裁"以及"智慧航运和可持续供应链"等主题内容，旨在进一步增强香港地区与上海乃至长三角地区在国际贸易领域的合作联动，推动临港新片区与香港地区"两港合作、共赢发展"新局面的形成。

亚洲物流航运及空运会议是具有国际影响力的行业交流平台。2022年11月，在香港地区举办的第十二届亚洲物流航运及空运会议上，专门设立临港专题论坛，开设"上海临港新片区"展馆，全面展示长三角及上海临港新片区与粤港澳大湾区联动发展成果，让更多国际企业了解到临港新片区的建设进展。此次ALMAC沪港合作新机遇分论坛在临港新片区举办，既体现了沪港两地进一步扩大航运服务领域对外开放的建设步伐，也充分展现了沪港两地在服务贸易合作上的新高度。

上海市委常委、临港新片区管委会主任陈金山表示，临港新片区将继续推动亚洲区域相关产业在临港新片区协同、融合发展，促进物流行业的科技创新与场景应用，推动区域内航运及空运产业的国际化发展，进一步增强香港地区与上海乃至长三角地区在国际贸易领域的合作联动。香港特别行政区财政司司长陈茂波在致辞中提到，在新时代、新征程、新发展格局中，沪港合作能发挥领头作用，助力国家实现更高质量的发展，加快海洋强国的建设，共同为实现中华民族伟大复兴，为国家实现第二个百年奋斗目标作出更新、更大的贡献。

当天还举行了亚洲高端航运服务论坛、航运空运仲裁论坛、亚洲智慧航运和可持续供应链论坛3个分论坛，来自政府、研究界、企业界等方面的嘉宾和行业代表共400余人参加。

资料来源：新民晚报，亚洲物流航运及空运会议——沪港合作新机遇分论坛在临港新片区举行，2023年7月8日

项目综合测试

一、单选题

1. 以下（　　）不是航空集装货物的基本原则。
   A. 底部为金属的货物一般不使用垫板
   B. 体积较小、重量较轻的货物装在集装箱内
   C. 一般情况下不可以组装低探板货物
   D. 一票货物应尽可能集中装在一个集装器上

2. 在国际航空货物运输中，SLI 的中文全称是（　　）。
   A. 航空货运单　　B. 运输声明价值　　C. 空运托运书　　D. 运费预付

3. 当一批普通航空货物计费重量很小时，航空公司规定按（　　）计收运费。
   A. 特种运价　　B. 声明价值费用　　C. 最低运费　　D. 指定运价

4. 航空运输的计费重量以实际毛重表示时，计费重量的最小单位是（　　）。
   A. 0.5 kg　　B. 0.1 kg　　C. 2 kg　　D. 5 kg

5. 表示航空等级货物附加运价类别代码的是（　　）。
   A. M　　B. C　　C. S　　D. R

6. 国际航空运输中的一般轻泡货物，在计算计费体积时，以每（　　）cm^3 折合 1 kg 计重。
   A. 5 000　　B. 6 000　　C. 8 000　　D. 4 000

7. 从上海运往大阪的一票航空货物，品名是报纸，计费重量是 65 kg，请问选择的适用运价是（　　）。
   A. Normal GCR   B. 50% of the Normal GCR
   C. 45 kg 的运价   D. 100 kg 的运价

8. 在国际航空货物运输中，对于收运的危险货物，除按危险品规则收运并收取航空运费外，还应收取危险货物收运手续费，该费用必须填制在货运单"其他费用"栏内。在货运单中危险品处理费代码为（　　）。
   A. SUA　　B. DBC　　C. RAC　　D. RAA

9. 航空货物的指定商品品名编号在 2000~2999 之间的编号代表（　　）货物。
   A. 机器、汽车和电器设备   B. 可食用的动植物产品
   C. 活动物及非食用的动植物产品 D. 纺织品、纤维及其制品

10. 在航空货物运输中，说明货物的货运单号码、件数、重量、始发站、目的站、中转站的一种运输标志是（　　）。
    A. 操作标签　　B. 特种货物标签　　C. 活动物标签　　D. 识别标签

二、多选题

1. 航空出口货物的费用结算主要涉及同（　　）的结算。
   A. 发货人　　B. 保险公司　　C. 承运人　　D. 国外代理人

2. 航空货运单是国际航空运输中的重要单据，其与海运提单的区别在于（　　）。
   A. 两者适用的运输方式不同
   B. 两者的性质不同，前者属于非物权凭证，后者属于物权凭证
   C. 前者不可转让，后者可以转让
   D. 前者不能作为运输合同的证明，而后者可以

3. 以下可以集中托运的货物有（　　）。
A. 活体动物　　　　　B. 书籍　　　　C. 苹果　　　　D. 海鲜
4. 下列货物中不可以集中托运的是（　　）。
A. 大熊猫　　　　　B. 骨灰　　　　C. 钻石　　　　D. 外交信袋　　　　E. 血液
5. 在航空货运中，下面哪些货物必须预订舱位（　　）。
A. 活螃蟹　　　　　B. 活鹦鹉　　　　C. 皮鞋　　　　D. 打火机
6. 国际航协公布的运价包括（　　）。
A. 普通货物运价　　　　　　　　　　B. 等级货物运价
C. 协议运价　　　　　　　　　　　　D. 比例运价
7. 下列说法正确的是（　　）。
A. "N"表示标准普通货物运价
B. "M"表示货物自始发地机场至目的地机场间运输一票货物的最低运价
C. "100"表示100 kg以上的普通货物运价
D. "45"表示45 kg以上的普通货物运价
8. 指定商品运价是一种优惠性质的运价，在制定该运价时，通常需要考虑(　　)等特定条件。
A. 货物种类　　　　　　　　　　　　B. 货物运输的起讫地点
C. 运价使用期限　　　　　　　　　　D. 货物的最低重量
9. 托运人所托运的货物，满足（　　）条件时，可以直接使用指定的商品运价。
A. 运输始发地至目的地之间有公布的指定商品运价
B. 托运货物的品名与有关指定商品运价的货物品名相吻合
C. 货物计费重量满足指定商品运价使用的最低重量要求
D. 以上都不对
10. 货物装板装箱的注意事项包括（　　）。
A. 不要用错集装箱、集装板，不要用错板型、箱型
B. 要垫衬、封盖好塑料纸，防潮、防雨淋
C. 集装箱、板内货物尽量装配整齐，结构稳定，并接紧网索，防止运输途中倒塌
D. 不要超装箱、板尺寸

三、判断题

1. 在国际航空运输当中，托运人在填写托运书中品名栏目时可填写样品、部件。（　　）
2. 运送航空货物可用带有碎屑、草末等材料作包装，如草袋、粗麻包等。（　　）
3. 航空货运单由托运人或其代理人填制。（　　）
4. 航空货运单不是航空货物运输合同，而是运输货物的物权凭证。（　　）
5. 按《华沙公约》规定，对由于承运人的失职而造成的货物损坏、丢失或错误等所承担的责任，其赔偿的金额为每千克250法郎。（　　）
6. 所有货物进行集中托运时，集中申报运费都可以节省运费。（　　）
7. 航空托运货物，如果是直接发给国外收货人的单票托运货物，填开航空公司运单即可。（　　）
8. 在国际货物托运书上显示的价格是航空公司的优惠价格加上其他费用或者协议运价，而不是TACT上公布的适用运价和费率。（　　）
9. 航空运输活动物所用容器、饲料、饮用水等重量应该包括在货物的计费重量内。（　　）
10. 现有航空运输的国际公约明确禁止签发可以转让的航空货运单。（　　）

项目综合技能实训

一、接受任务

思明贸易公司与德国客户达成了价值 425 美元的药品销售合同，按照合同要求需将该批货物从广州出口到德国的法兰克福（Frankfurt），收货人为德国马丁药品公司。货物采用纸箱包装，共 15 箱，总毛重为 43 kg，体积为 52 cm × 28 cm × 30 cm，信用证要求装运期不能迟于 2023 年 5 月 26 日。思明公司在与三家航空货运代理公司接洽以后，认为浩通国际货运代理有限公司提供的航空物流方案（经比较选择中国国际航空公司作为实际承运人）比较合理，于是将该批货物的国际运输和报关等任务委托给该公司代为办理。作为浩通公司的货运业务人员，现需完成该批货物的航空出口货运业务。航空公司基本运价表及附加费率表见表 5-16 和表 5-17。

表 5-16　航空公司基本运价表

GUANGZHOU	CN		CAN	
Y.RENMINBI	CNY		KGS	
FRANKFURT	DEU		M	220.00
			N	34.51
			45	26.13
			100	21.61
		0008	300	17.80
		0300	500	19.30

表 5-17　航空公司附加费率表

Item	Unit Price	UOM	Currency	Remark
Customs Clearance fee	210	AWB	CNY	At cost
Customs Inspection fee	130	AWB	CNY	At cost
Handling fee	180	AWB	CNY	
Document fee	60	AWB	CNY	
Pick-up fee	1.5	KG	CNY	Min: CNY200

二、制定计划

本任务由小组协作完成，小组成员由 5 人组成，组长负责管理小组工作。下面请组长根据任务需求及成员特点进行成员分工，制订工作计划表 5-18。

表 5-18　工作计划表

分工	姓名	工作内容	成果
组长			
成员 1			
成员 2			
成员 3			
成员 4			

三、实施任务

按照步骤实施任务，填写表 5-19。

表 5-19　任务实施表

主要实施步骤	任务名称：航空货物运输
第一步	揽货报价
第二步	委托运输
第三步	配舱订舱

续表

主要实施步骤	任务名称：航空货物运输	
第四步	交接单货	
第五步	填制运单	
第六步	装板发运与费用结算	

航空托运单和航空货运单分别见表 5-20 和表 5-21。

表 5-20　航空托运单

SHIPPER'S LETTER OF INSTRUCTION								REF. NO	
AIRPORT OF DEPARTURE			AIRPORT OF DESTINATION					FOR CARRIER ONLY	
ROUTING AND DESTINATION								FLIGHT/DAY	FLIGHT/DAY
TO	BY FIRST CARRIER	TO	BY	TO	BY	TO	BY	BOOKED	
CONSIGNEE'S ACCOUNT NUMBER				CONSIGNEE'S NAME AND ADDRESS				FREIGHT CHARGES	
ALSO NOTIFY									
SHIPPER'S ACCOUNT NUMBER				SHIPPER'S NAME & ADDRESS					
SHIPPER'S DECLARED VALUE				AMOUNT OF INSURANCE	DOCUMENTS TO ACCOMPANY AIR WAYBILL				
FOR CARRIAGE		FOR CUSTOMS							
NO. OF PACKAGES	ACTUAL GROSS WEIGHT		RATE CLASS	CHARGEABLE WEIGHT		RATE CHARGE	NATURE AND QUANTITY OF GOODS（INCL. DIMENSIONS OR VOLUME）		
SHIPPER'S INSTRUCTIONS IN CASE OF INABILITY TO DELIVER SHIPMENT AS CONSIGNED									
HANDLING INFORMATION（INCL. METHOD OF PACKING IDENTIFYING MARKS AND NUMBERS.ETC.）									

THE SHIPPER CERTIFIES THAT PARTICULARS ON THE FACE HEREOF ARE CORRECT AND AGREES TO THE CONDITIONS OF CARRIAGE OF THE CARRIER

SIGNATURE OF SHIPPER　　　　DATE　　　　AGENT　　　　DATE

项目五 航空货物运输

表 5-21 航空货运单

999			999—	
Shipper's Name and Address	Shipper's Account Number	Not Negotiable AIR WAYBILL ISSUED BY		
		Copies 1, 2and 3 of this Air Waybill are originals and have the same validity.		
Consignee's Name and Address	Consignee's Account Number	It is agreed that the goods Shipper certifies that description of goods and declared value for carriage on the face hereof are consistent with actual description of goods and actual value of goods and that particulars on the face hereof are correct.		
Issuing Carrier's Agent Name and City		Accounting Information		
Agent's IATA Code	Account No.			
Airport of Departure (Addr. of First Carrier) and Requested Routing				

To	By First Carrier/Routing and Destination	to	by	to	by	Currency	CHGS Code	WT/VAL PPD / COLL	Other PPD / COLL	Declared Value for Carriage	Declared Value for Customs

Airport of Destination	For carrier Use Only Flight/Date Flight/Date	Amount of Insurance	INSURANCE - If Carrier offers insurance, and such insurance is requested in accordance with the conditions thereof, indicate amount to be insured in figures in box marked "Amount of Insurance."

Handling Information

No. of Pieces RCP	Gross Weight	kg lb	Rate Class Commodity Item No.	Chargeable Weight	Rate/Charge	Total	Nature and Quantity of Goods (incl. Dimensions or Volume)

续表

Prepaid	Weight Charge	Collect	Other Charges			
	Valuation Charge					
	Tax					
Total other Charges Due Agent			Shipper certifies that the particulars on the face hereof are correct and that insofar as any part of the consignment contains dangerous goods, such part is properly described by name and is in proper condition for carriage by air according to the applicable Dangerous Goods Regulations.			
Total other Charges Due Carrier						
			Signature of Shipper or his Agent			
Total Prepaid	Total Collect					
Currency Conversion Rates	CC Charges in Dest. Currency					
			Executed on （date） at （place） Signature of Issuing Carrier or its Agent			
For Carrier's Use only at Destination	Charges at Destination	Total Collect Charges				
				999—		

四、评价任务

小组成员在书中活动页填写完成任务，整理汇总制作PPT，进行汇报。任务评价由小组评价、组间评价、教师评价三部分构成，各评价方权重见表5-22。

表5-22 航空货物运输任务评价表

被考评小组					
考评地点			考评时间		
考评标准	考评内容	评分	小组自评20%	小组互评20%	教师评价60%
	1.工作计划合理	10			
	2.材料准备齐全	5			
	3.运费计算准确	25			
	4.运单填写完整	25			
	5.业务操作规范	25			
	6.团队协作密切	5			
	7.语言表达贴切	5			
合计		100			

项目总结

通过这个项目的学习和技能实训演练,你学会了哪些知识?你学会了哪些技能?还有哪些困惑?还有哪些需要提高?用规范的文字填写到表5-23中。

表5-23 项目总结表

自我分析
学习中的难点和困惑点

总结提高
完成项目任务需要掌握的核心知识点和技能点

继续深入学习提高
需要继续深入学习的知识和技能内容清单

项目六
运输路线规划设计

学习目标

一、知识目标

（1）熟悉最短路径法；
（2）掌握节约里程法和循环取送货法；
（3）掌握图上作业法。

二、技能目标

（1）能够应用循环取送货法规划运输路线；
（2）能够用节约里程法规划运输路线；
（3）能够用最短路径法规划运输路线；
（4）能够用图上作业法规划运输路线。

三、素养目标

（1）培养学生敬业、诚信的社会主义核心价值观；
（2）培养学生运输成本节约的职业素养；
（3）培养学生积极探索、勇于创新的观念。

项目背景

在运输过程中经常存在车辆利用率低、送货里程浪费，在汽油价格上涨的压力下，运输公司应更加合理地规划路线，节约运输成本，提高运输时效，缓解交通压力。公司培训部根据运输部提出的要求，针对路线规划设计问题进行培训，培训任务有起讫点不同的单一路线规划、多起讫点路线规划和起讫点重合路线规划，目的是使调度员、驾驶员掌握各种运输路线规划设计方法，会根据运输任务情况，结合交通路线，制定合理的运输路线，实现公司运输降本增效、运输服务升级目标。

任务一 起讫点不同的单一路线规划

单一起讫点就是一个发货点运输到达一个收货点,只完成一次装货、一次卸货。比如从起点天津到终点北京送货,这类路线规划适用于标号法。

任务布置

天津德通物流运输公司签订了一项运输合同,要把一批水泥运送到另一个城市,公司根据这两个城市之间可选择的行车线路绘制了公路网络。请问调度员应规划哪一条路线送货,使得运输距离最小。路线图如图6-1所示(单位 km)。

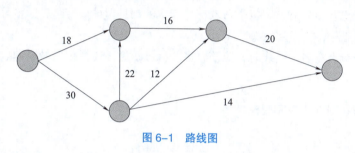

图6-1 路线图

任务资讯

任务资讯1 标号法

标号法是对运输线路图中的点赋予两个编号,第一个标号表示从起点到该点的最短路线长度,第二个标号表示从起点到该点的最短路线上该点前面一个序号,从而找到起点至终点的最短路线及距离的方法。标号法能用于快速的网络工期计算和关键线路的选择。

其基本思想是从始点出发,逐步顺序地向外探寻,每向外延伸一步都要求是最短的。

在标号法路线图中,圆圈表示运输节点,两个节点之间箭头上的数字表示两点间距离,圆圈内字母表示节点序号。

任务资讯2 标号法步骤

标号法运算步骤如图6-2所示。

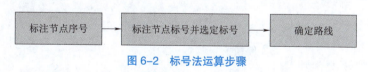

图6-2 标号法运算步骤

任务实施

一、标注节点序号

在节点圆圈内依次用字母或数字标注节点序号,将 V1、V2、V3、V4、V5 序号依次标注在图6-3中。

学中做　请在图 6-3 中完成节点序号标注。

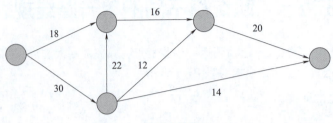

图 6-3　标号路线图（一）

二、标注节点标号并选定标号

（1）始点标号（0，V1），在节点的上方或者下方等适当位置标注。

（2）依次标出其他各节点。每个节点标号标出的都是累计最短距离，括号内数字表示距离前一个节点的最短距离，字母表示前一个节点。

（3）当一个节点有多条路线时，应该有多个标号，最终选择距离最短即数值最小的为最终标号。

学中做　请在图 6-4 中完成标号。

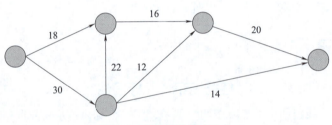

图 6-4　标号路线图（二）

三、确定线路

在最短距离的两个节点用双线标出，从始点到首尾相连的双线路线即为最短路线。

学中做　请在图 6-5 中画出最短路线。

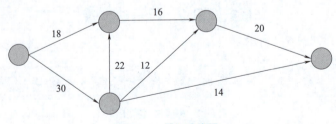

图 6-5　最短路线图

结论：

最短路线：_____

路线总距离：_____

学中练　某公司要把 V1 城市的一批水泥运送到另一个城市 V8，公司根据这两个城市之间

可选择的行车线路绘制公路网络图。其中 V1 点表示装货地,V8 点是卸货地。请问调度员张红应规划哪一条路线送货,使得运输距离最小。路线图如图 6-6 所示(单位 km)。

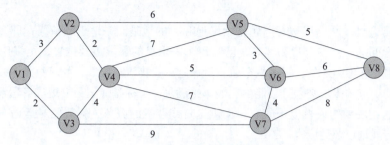

图 6-6　某公司路线图

在表 6-1 中完成任务。

表 6-1　标号法练习表

路线说明	路线草图
第一步:	
第二步:	
第三步:	

任务二　起讫点相同路线规划

调度员经常遇到一个路线选择问题是始发地和目的地是同一地点的情况，即多点循环取送货、起讫点重合问题。有多个货物客户，已知每个需求点的需求量及位置，至多用 m 辆汽车从配送中心（或中心仓库）送货，每辆汽车载重量一定，安排汽车路线，要求每条路线不超过车辆载重量和每个需求点的需求必须且只能由一辆车来满足，目标是使运距最短或者运输费用最少。如一家大型配送中心要为成百上千的客户提供送货或取货的服务，就需要对运输车辆的数量及其行驶路线进行规划以节约成本。

起讫点相同路线规划可采用节约里程法和扫描法。

活动 1　节约里程法设计路线

✓ 任务布置

2022 年 8 月 20 日，天津德通物流运输有限公司对于进站零担货物进行送货，具体的需要送货的公司（简称）有嘉华（A）、嘉来（B）、嘉乐（C）、嘉宏（D）、嘉宥（E）、嘉达（F）、嘉拓（G）、嘉峰（H）、嘉凯（I）9 家，各个公司的送货数量以及距离如图 6-7 所示。图 6-7 中连线上的数字表示公路里程（km），靠近各用户括号内的数字，表示各用户对货物的需求量（t）。德通公司有 2 t 和 4 t 载重量的汽车，且汽车一次巡回走行里程不能超过 35 km，设送到时间均符合用户要求。驾驶员李龙如何送货才能使运输里程最短呢？

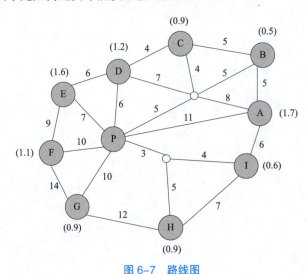

图 6-7　路线图

✓ 任务分析

完成本任务，需要解决以下问题：
（1）分析在满足客户送货需求情况下如何选择最短路线。
（2）如何利用节约里程法设计送货路线？
（3）节约里程法什么情况下应用？

任务资讯

任务资讯 1　节约里程法原理

节约里程法的目标是使所有车辆行驶的总里程最短，使提供服务的车辆总数最少。基本思想是：依次将运输问题中的两个回路合并为一个回路，每次使合并后的总运输距离减小的幅度最大，直到达到一辆车的装载限制时，再进行下一辆车的优化。

一、基本原理

基本原理是三角形两边之和大于第三边，具体见图 6-8。请扫二维码。

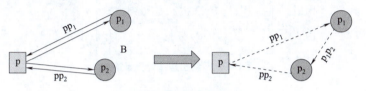

图 6-8　节约里程基本原理图

节约里程的基本原理

（1）初始路线总里程 $=2pp_1+2pp_2$；
（2）将两个站点合并成同一线路总里程 $=pp_1+pp_2+p_1p_2$；
（3）节约里程 $=pp_1+pp_2-p_1p_2$。

二、基本假设

待送货品相同或相似可以混装，用户位置和需求量已知且运力充足。

三、满足条件

（1）满足所有客户需求；
（2）不使任何一辆车超载；
（3）用户到户的时间要求不得超过规定时间；
（4）运行时间和行驶里程在规定的范围内最小；
（5）每辆车每天的总运行时间或运行里程不超过规定的上限。

学中练　节约里程法有什么优缺点？在表 6-2 中完成分析。

表 6-2　节约里程法优缺点分析

优点	缺点
适合情况	

任务资讯 2　节约里程法计算步骤

节约里程法计算步骤如图 6-9 所示。

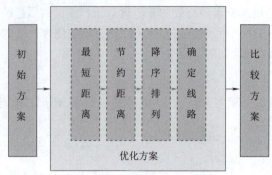

图 6-9　节约里程法计算步骤

✓ 任务实施

一、最初方案

从公司 P 点出发，向各送货点单独送货，共有 9 条最短送货线路，使用公司 9 辆车，总里程 =（11+10+9+6+7+10+10+8+7）×2=156（km）。吨位利用率为 52%。

二、优化方案

1. 作出最短距离矩阵表

利用最短路径发计算出送货网络图中从公司 P 点至各送货点及各送货点相互间的最短距离矩阵。

 学中做　请将计算的最短里程填入表 6-3 中。

表 6-3　最短里程矩阵

	P								
A		A							
B			B						
C				C					
D					D				
E						E			
F							F		
G								G	
H									H
I										I

2. 计算各个客户之间能节约的距离

利用 Excel 工具计算出节约里程。

 学中做　请将计算的节约里程填入表 6-4 中。

表 6-4　节约里程表

	A								
B		B							
C			C						
D				D					
E					E				
F						F			
G							G		
H								H	
I									I

3. 将节约的里程按照从大到小排序

利用 Excel 工具对表格节约线路进行降序排列，形成里程排序表。

学中做　请将排序好的节约里程填入表 6–5，节约里程为 0 的路线不列入。

表 6–5　节约里程排序表

序号	路线	节约里程	序号	路线	节约里程
1			10		
2			11		
3			12		
4			13		
5			14		
6			15		
7			16		
8			17		
9					

4. 确定路线

公司有 2 t 和 4 t 载重量的汽车，且汽车一次巡回走行里程不能超过 35 km，根据这些约束条件，确定如下路线，并形成优化路线图。

学中做　在表 6-6 中完成路线确定。写出每条路线、距离、载重及车辆确定，算出吨位利用率。

表 6–6　优化路线

路线说明	优化路线草图
（1）	
（2）	
（3）	

三、方案比较

本路线规划初始路线方案是用9辆2 t的车送货，共行驶156 km，优化后的方案是用2辆4 t和1辆2 t的车送货，总行驶里程为93 km，共节约63 km，车辆吨位利用率从52%提高到94%。

学中练 从仓库向5个客户送货货物，其送货路线网络、仓库与客户的距离以及客户之间的距离如图6-10所示，图中括号内的数字表示客户的需求量（单位：t），线路上的数字表示两节点之间的距离（单位：km），现配送中心有3辆2 t卡车和2辆4 t卡车两种车辆可供使用。

（1）试用节约里程法制定最优的配送方案。

（2）假定卡车行驶的平均速度为40 km/h，试比较优化后方案比单独向各客户分送节约多少时间？

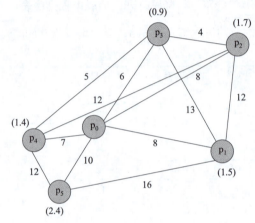

图6-10 路线图

本任务完成如下：
1. 制定初始方案

_____

_____

2. 优化方案

第一步：作出最短距离，填写入表6-7中。

表6-7 最短距离表

第二步：计算出各节点间的节约距离，填入表6-8中。

表 6-8　节约里程表

第三步：降序排列节约距离，填入表 6-9 中。

表 6-9　节约里程排序表

序号	路线	节约里程	序号	路线	节约里程

第四步：确定线路并制作路线图，在表 6-10 中完成。

表 6-10　最终线路表

路线说明	路线草图

第五步：比较方案。

_____

_____

结论请扫二维码。

节约里程法操作举例

活动 2　扫描法设计路线

任务布置

2022 年 8 月 23 日，调度员李宏接到运输调度任务，现要将各零担客户托运货物集货到公司仓库，公司仓库在图 6-11 中 A 点。目前公司车队有载重量分别为 10 t、8 t、5 t、3 t、2 t 的车辆各 1 辆。李宏应该如何完成车辆的安排？每辆车走什么路线？

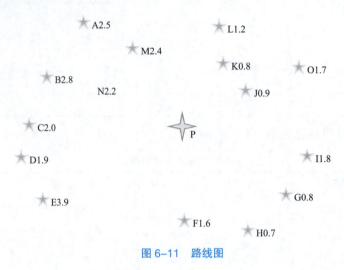

图 6-11　路线图

任务资讯

任务资讯 1　扫描法原理

扫描法是一种先分群再寻找最佳路线的算法，其是一种逐次逼近法，用该方法不一定能求得物流配送车辆路径优化问题的最优解，但是能够有效地求得问题的满意解。

一、基本原理

先以仓库（或配送中心）为原点，将所有需求点的极坐标算出，然后依角度大小以逆时针或顺时针方向扫描，若满足车辆装载容量即划分为一群，将所有点扫描完毕后在每个群内部用最短路径算法求出车辆的行驶路径。

二、扫描法原则

在利用扫描法进行路线设计时，应注意以下原则：

（1）将相互接近的各站点的货物尽可能安排同一辆车运输。运输工具的行驶路线围绕相互靠近的站点群进行计划，以使站点之间的行车时间最短。

（2）安排车辆各日途径的站点时，应注意使站点群更加紧凑。

（3）从距仓库最远的站点开始设计路线。

（4）卡车的行驶路线不应交叉，最终的路线应为水滴状。

（5）尽可能使用较大载重量的车辆进行运送，这样设计出的路线是最有效的。

（6）取货、送货应该混合安排，不应该在完成全部送货任务后再取货。

（7）对过于遥远而无法归入群落的站点，须排除并单独运送。

（8）避免各站点工作时间太短而造成的约束。

三、优缺点

优点：用扫描法进行车辆调派的方法十分简单，甚至可以用手工算。

不足：扫描法更多地用在车辆最大容量的利用上，在路线优化上的优势不明显。

任务资讯 2　扫描法步骤

第一步：绘图。将仓库（或配送中心）及客户位置绘制在图上。

第二步：扫描。在仓库（或配送中心）位置放置一直尺，直尺指向任何方向均可，按顺时针或逆时针方向，依角度大小开始扫描。

第三步：划分。将扫描经过的客户点需求量进行累加，选择最大的车辆装载这个停留点的货物。当客户需求总量达到一辆车的载重量限制且不超过载重量极限时，就将这些客户划分为一群，即由同一辆车完成送货服务。接着，按照同样的方法对其余客户划分新的客户群，指派新的车辆。

第四步：重复步骤三，直到所有的客户都被划分到一个群中。

第五步：在每个群内部求出车辆行驶最短路径。

任务实施

一、绘图

以仓库（或配送中心）为原点，将客户位置绘制在图上，如图 6-12 所示。

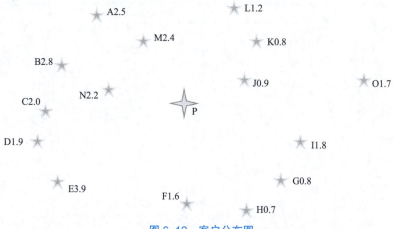

图 6-12　客户分布图

二、扫描

以 P 为中心，垂直放一直尺，逆时针扫描；将扫描经过的客户点 A（2.5）、B（2.8）、M（2.4）、N（2.2）的需求量进行累加，即四家需求量为 9.9 t，选择一辆最大的车即 10 t 车装载货物，将这四个客户划分为一群，即由同一辆 10 t 车完成送货服务。在图 6-13 图中描绘出这辆车的行走线路。

学中做　请在图 6-13 中扫描完成其他客户的送货路线，并计算说明每一辆车行驶的最短路径。

_____
_____
_____
_____

运输组织管理

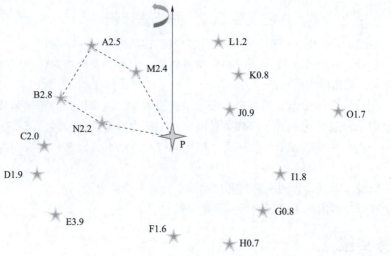

图 6-13 扫描路线图

 请利用扫描法在表 6-11 中完成节约里法程任务中的路线。

表 6-11 扫描法练习表

完成步骤	路线草图
第一步 绘图	
第二步 扫描	
第三步 装载车辆及最短路线	

246

运输素质塑造

交通运输服务先行　助力乡村振兴战略

近年来，随着乡村振兴战略纵深推进，广东省交通运输厅紧密围绕党中央、国务院和省委省政府有关战略部署，积极发挥行业优势，不断完善农村交通运输基础设施，持续优化农村综合运输服务能力，推动农村客、货、邮融合，更好地满足民生需求，为乡村振兴提供有力支撑。

持续推进"四好农村路"高质量发展。近年来积极主动与有关部门真诚合作，着力加强覆盖体系健全、管养保障体系优秀、运营体系稳定、质量标准完备的农村道路体系建设，交出了一份出色的成绩单，基本形成以县为中心、乡镇为节点、建制村为网点，遍布农村、连接城乡的农村公路交通网络。同时农村客运网络不断优化，农民群众出行条件不断改善，基本建立起了"外通内联、通村畅乡、客车到村、安全便捷"的农村交通运输网络，全省19 412个建制村已开通客车，乡镇和建制村客车率达到100%。纵横交错、四通八达的乡村公路，"建好、管好、护好、运营好"的标准要求，为提升综合运输服务能力奠定了坚实的基础，为脱贫致富奔小康和乡村振兴注入了强大的动力。

推动农村客、货、邮融合发展。广东省交通运输厅积极会同有关单位，大力统筹各类资源，全力做好推动农村客运、货运、邮政快递融合发展这件"民生实事"。

河源市紫金县近几年积极构建完善"交通＋互联网电商＋农村货源"新型模式，建成了1个县级快递物流仓储中心，整合7家快递物流企业，优化5条乡镇物流配送线路，新建16个镇级物流站点，新建180个村级物流站点以及物流配送点，实现行政物流配送服务全覆盖；肇庆市德庆县努力尝试构建"电子商务＋农村物流"融合模式，实现网购商品下乡和农村产品上行的双向流通，切实有效地解决农村电商上行的"最后一公里"和下行的"最后一公里"。

广东省交通运输厅持续深化与省有关单位的协同合作，进一步完善农村物流网络节点体系功能，持续提升农村运输服务保障能力，全力服务广东省乡村振兴战略实施。

资料来源：农村交通运输服务先行　助力乡村振兴战略发展 https://finance.ifeng.com/c/8CluYoUwp95

任务三　多起讫点路线规划

实际物流运输中，经常存在多起点、多终点物流运输线路问题，起点和终点都不是单一的，该问题经常发生在多个供应商、工厂或仓库服务于多个客户的情况下。解决这类问题的关键是指定各目的地的供货地，同时要找到供货地、目的地之间的最佳路径。常用方法是图上作业法。

任务布置

2023年4月2日，调度员李宏需要安排车辆完成A1、A2、A3、A4四个工厂分别向外运送20 t、60 t、100 t和20 t水泥任务，送到B1、B2、B3、B4、B5五个建筑公司。五个建筑公司分别需求水泥30 t、30 t、50 t、70 t和20 t。李宏接到任务后，根据交通线路图抓紧时间制定最优车辆调配方案。其网络图如图6-14所示（单位：km）。

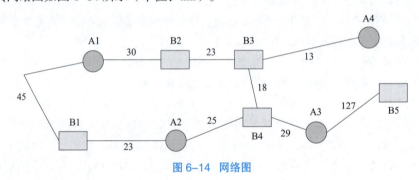

图6-14　网络图

任务分析

完成本任务，需要解决以下问题：
（1）分析在满足客户送货需求情况下如何选择调运路线。
（2）如何用图上作业法设计送货路线？

任务资讯

任务资讯1　图上作业法适用

图上作业法，就是利用生产地和消费地的地理分布，根据就近供应的原则，应用交通路线图和货物产销平衡表，找出产销地之间吨·公里数最小或总运费最低的运输路线（称为最优路线）。图上作业法适合产销平衡的物资调运问题求最优调运方案，是借助于货物流向—流量图进行车辆合理规划的简便性线性规划方法，能消除环状交通网络上物资运输中车辆的对流运输、迂回运输问题。

任务资讯2　交通路线图绘制

一、交通路线图

交通路线图，也称为网络图，是反映产地与销地的交通路线及其距离的图。交通路线图上有发点（产地）和收点（销地），有发点的发量及收点的收量。

二、交通路线图绘制

（1）绘制符号。产地（发点）用"○"表示，产量写在圆圈内；销地（收点）用"□"表示，销量写在方框内；连接收点、发点的交通线路以及与之相对应的线路长度或运价写在弧的旁边。

（2）绘制步骤。

第一步：先标出产地（发点）和销地（收点），产地"○"内填上该产地的产量（发量）；销地"□"内填上该销地的销量（收量）。

第二步：画出连接这些点的交通路线，在每段路线旁注明该路线的长度或运价。

三、线型分类

图上作业法根据交通图点和线的关系，将线形归纳为两类：线路不成圈和线路成圈。

（1）线路不成圈，即没有回路的"树"形路线，如直线、丁字线、交叉线和分支线等，如图6-15所示。

（2）线路成圈，即形成闭合回路的"环"状路线，包括一个圈（如三角形、四边形、多边形）和多个圈，如图6-16所示。

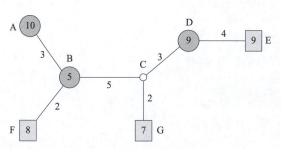

图 6-15 不成圈交通图（一）

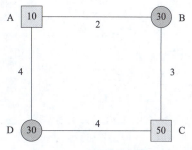

图 6-16 成圈交通图（二）

四、流向图

在交通图上表示物资流向的图被称为流向图。流向图可以表示物资调运的方案。流线图的具体绘制方法如下：

物资调运的方向（流向）用"──▶"表示；

把"──▶"按调运方向画在交通线的右边；

把调运物资数量记在"──▶"的右边并加上括号；

在交通图成圈时，若运输方向沿逆时针方向，则需将流向"──▶"画在圈外，称为外圈流向；反之，若运输方向沿顺时针方向，则需将流向"──▶"画在圈内，称为内圈流向。

成圈与不成圈的交通图上物资流向的画法如图6-17和图6-18所示。

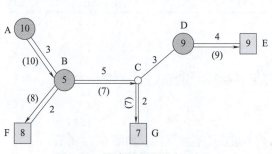

图 6-17 不成圈交通图（二）

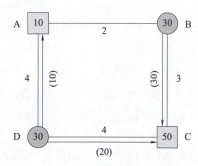

图 6-18 成圈交通图（二）

学中练

思考：根据图 6-17 和图 6-18，回答以下问题。

（1）箭头方向代表什么？

（2）带箭头的直线放置在什么位置？

（3）直线右侧数字代表什么？

任务资讯 3　图上作业法步骤

图上作业法的步骤如图 6-19 所示。

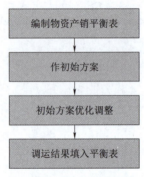

图 6-19　图上作业法步骤

任务实施

一、编制物资产销平衡表

为了方便，编制货物产销平衡表，见表 6-12。

表 6-12　物资产销平衡表

产地	销地					调出量
	B1	B2	B3	B4	B5	
A1						20
A2						60
A3						100
A4						20
调入量	30	30	50	70	20	200

二、作初始方案

1. 绘制交通示意图

将各个供应地与需求地的供应数量和需求数量绘制到交通图上，如图 6-20 所示。

2. 在交通图上进行初始方案调运

1）破圈

假定 A1-B2 段不通，即从此处破圈，得到不成圈交通路线图，如图 6-21 所示。

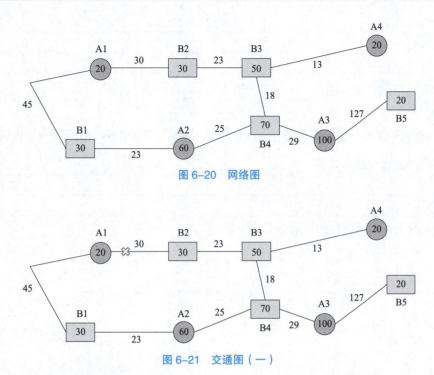

图 6-20　网络图

图 6-21　交通图（一）

思考：如何选择破圈线路？

2）做初始方案

在得到不成圈交通路线上，根据"就近调运"和"靠右"原则，进行物资调运得到初始方案。

学中做　请在图 6-22 上完成初始调运方案。

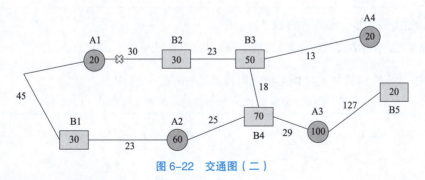

图 6-22　交通图（二）

3）检验该方案是否最优

判断依据：里、外圈的流向线之和是否超过全圈长的一半，如果不超过全圈长的一半，则为最优方案；否则不是最优方案。

本任务初始调运方案中：

全圈长：

内圈长：_____

外圈长：_____

结　论：_____

三、初始方案优化调整

1. 调整流向

调整依据：如果外圈流线总车超过全圈长一半，则缩短外圈流向，相反则缩短内圈流向。

 本任务调整方法：_____

_____

在图 6-23 上画出调整后的调运方案。

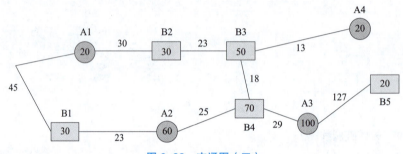

图 6-23　交通图（三）

2. 判断是否最优

 本任务调整调运方案中：

全圈长：_____

内圈长：_____

外圈长：_____

结　论：_____

四、调运结果填入调运平衡表

根据图 6-23 中对应调运数量填写调运平衡表。

 将图 6-23 中对应调运数量填入调运平衡表 6-13 中。

表 6-13　物资调运平衡表

产地	销地					调出量
	B1	B2	B3	B4	B5	
A1						20
A2						60
A3						100
A4						20
调入量	30	30	50	70	20	200

学中练 （1）设产地 A1、A2、A3、A4、A5，产量分别为 2 t、4 t、8 t、5 t、1 t；销地 B1、B2、B3、B4，需求分别为 3 t、7 t、6 t、4 t，交通图如图 6-24 所示，试求合理的运输方案。在表 6-14 中完成练习。

表 6-14　图上作业法练习（一）

交通图上完成初始方案	调运平衡表					
	产地	销地				调出量
		B1	B2	B3	B4	
	A1					
	A2					
	A3					
	A4					
	A5					
	调入量					

图 6-24　交通图

学中练 （2）荣冠化肥有限公司的四个仓储点 B、D、F、H，往公司的四个客户 A、C、E、G 运送化肥，各个仓储点的供给量为 80 t、150 t、170 t、100 t，客户需求量为 110 t、130 t、100 t、160 t。交通图如图 6-25 所示，请利用图上作业法为荣冠公司设计最优的调运方案。

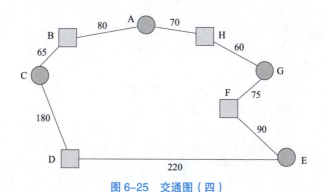

图 6-25　交通图（四）

在表 6-15 中完成调运方案。

表 6-15　图上作业法练习（二）

步骤	项目			
	仓储点	客户			调出量
第一步　绘制调运平衡表					
	调入量				

续表

步骤	项目	
第二步 制定初始方案	绘制交通示意图	
	在交通图上进行初始方案调运	1. 破圈
		2. 做初始方案
		3. 检验方案是否最优

续表

步骤	项目					
第三步 初始方案优化调整	调整流向					
	判断是否最优					
第四步 调运结果填入平衡表	仓储点	客户				调出量
		A	C	E	G	
	B					
	D					
	F					
	H					
	调入量					

运输组织管理

✓ 项目综合测试

一、单选题

1. 单一起讫点是指一次运输任务中（　　）。
   A. 多个装货点和多个卸货点　　　　B. 只有一个装货点和一个卸货点
   C. 只有一个装货点但可以有多个卸货点　　D. 只有一个卸货点但可以有多个装货点

2. 一般整车货物运输可以归纳为（　　）路线规划问题。
   A. 单一起讫点　　　B. 多起讫点　　　C. 起讫点相同　　　D. 循环取送货

3. （　　）是指同一种货物或彼此间可以相互代用的货物而又不影响管理、技术及效益的货物，在同一条运输路线或平行运输路线上做相对方向的一种不合理运输方式。
   A. 倒流运输　　　B. 迂回运输　　　C. 重复运输　　　D. 对流运输

4. （　　）是指可以选取短距离进行运输而不办，却选择路程较长路线进行运输的一种不合理形式。
   A. 倒流运输　　　B. 迂回运输　　　C. 重复运输　　　D. 对流运输

5. 扫描法中摆放直尺的位置是（　　）
   A. 垂直方向　　　　　　　　　　B. 水平方向
   C. 任何方向　　　　　　　　　　D. 与水平线成45°方向

6. 标号法中的第一位数值表示的是（　　）
   A. 从前一个节点到该节点的累计距离　　B. 从前一个节点到该节点的距离
   C. 从终点到该节点的累计距离　　　　D. 从起点到该结点的累计距离

7. 调运平衡表中，调入量和调出量的关系是（　　）
   A. 调入量等于调出量　　　　　　B. 调入量大于调出量
   C. 调入量小于调出量　　　　　　D. 视具体情况而定

8. 每辆车每天的总行驶时间和里程应不超过规定的上限是（　　）的基本设定。
   A. 最短线路法　　　　　　　　　B. 图上作业法
   C. 经验试探法　　　　　　　　　D. 节约里程法

9. 车辆路径规划问题在满足指定的约束条件下，力争实现（　　）的目标。
   A. 车辆空使里程长　　　　　　　B. 运输费用高
   C. 车辆按一定时间到达　　　　　D. 使用车辆数多

10. 只有一个装货点和一个卸货点的线路安排，下列说法错误的是（　　）。
    A. 一定要确定好走哪条线路
    B. 一般调度会规定基本的运输路线，遇到特殊情况时，驾驶员可进行调整
    C. 可以选择国道
    D. 可以选择高速公路

二、多选题

1. 在运输路线规划问题中，尽管路线选择问题种类繁多，但可以归纳为几个基本类型，分别是：起讫点不同的单一路径经规划和（　　）。
   A. 多个起讫点的路径规划　　　　B. 起点和终点相同的路径规划
   C. 中间点不同的多路径规划　　　D. 中间点相同的多路径规划
   E. 起点相同终点不同的路径规划

2. 使用节约里程法应该注意的事项有（　　）。

A. 适用于所有的客户

B. 应充分考虑交通和道路情况

C. 充分考虑收货站的停留时间

D. 当需求量大时，求解变得复杂，需要借助计算机辅助计划

3. 公司有多辆 5 t 车运送货物，则图 6-26 中说法正确的是（　　）。

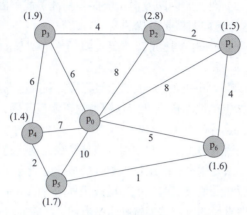

图 6-26　网络图

A. p_1 到 p_2 节约的里程为 12 km　　　　B. p_1 到 p_2 节约的里程为 14 km

C. p_1 到 p_5 节约的里程为 12 km　　　　D. p_2 到 p_5 节约的里程为 10 km

4. 在图 6-26 中，按照节约里程法优化的路线为（　　）。

A. p_4-p_5-p_3　　　B. p_1-p_2-p_3　　　C. p_1-p_2-p_6　　　D. p_4-p_5-p_6

5. 在图 6-26 中，按照节约里程法优化的路线为（　　）。

A. p_4-p_5-p_3，节约里程 25 km　　　B. p_4-p_5-p_6，节约里程 28 km

C. p_1-p_2-p_6，节约里程 23 km　　　D. p_1-p_2-p_3，节约里程 14 km

6. 标号法的具体步骤包括（　　）。

A. 节点标号　　　B. 标序号　　　C. 确定节点标号　　　D. 确定最短路线

7. 节约里程法具备以下特点（　　）。

A. 简单易行

B. 与一般方法相比缩短了运输距离

C. 过于考虑节约里程而没考虑行程中的时间因素

D. 能够对客户的需求灵活处理

8. 节约里程法的计算步骤包括（　　）。

A. 计算出配送中心到各收货点及各收货点之间的最短距离

B. 计算各收货点相互间的节约里程数

C. 将节约里程按从大到小顺序排列

D. 根据载重量约束与节约里程大小，顺序连接各客户节点，形成配送路线

9. 关于节约里程法应满足的条件，下列说法正确的是（　　）。

A. 满足所有用户的需求　　　　B. 用户到货时间要求可适当调整

C. 不使任何一辆车超载　　　　D. 每辆车每天的总行驶时间和里程应满足规定

10. 如果配送运输任务量大，交通网络复杂，为合理调度车辆的运行，可运用运筹学中线性规划的方法，主要包括（　　）。

A. 最短路径法　　　　　　B. 表上作业法

C. 交叉调度法　　　　　　D. 图上作业法等

三、判断题

1. 图上作业法如果图中没有圈，只要没有对流，就一定是最优的。（　　）

2. 图上作业法如果每一个圈上的内圈流向（流向在圈内）或外圈流向（流向在圈外）的总长度不超过圈长的一半，这个流向图就是最优的。（　　）

3. 如果流向图中某一个圈的内圈长或者外圈长超过整个圈长的一半，就称为对流运输。（　　）

4. 图上作业法破圈时，破掉圈中长度最大的边最容易得到调运方案。（　　）

5. 图上作业法的基本思想是把车辆调度问题视为物资调运问题，用物资调运问题的图上作业法寻找车辆调度的最优方案。（　　）

运输路线规划综合测试答案

6. 扫描法是用来解决单一起讫点的最佳路线规划问题的。（　　）

7. 节约里程法是用来解决起讫点重合的最佳路线规划问题的。（　　）

8. 图上作业法是解决多起讫点的路线规划问题的唯一方法。（　　）

9. 扫描法中直尺的方向只能选择水平方向，并向逆时针方向开始扫描。（　　）

10. 节约里程法更适合需求稳定或是需求时间不紧迫的情况。（　　）

项目综合测试答案请扫二维码。

✅ 项目综合技能实训

一、接受任务

1. 2022年5月30日，公司接到客户整车送货任务，路线见网络图6-27，调度员安排驾驶员李朝辉进行送货，他应该驾车行驶怎样的路线才能使送货里程最短。

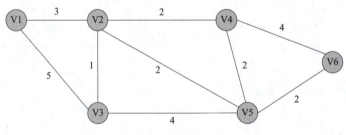

图6-27　网络图（一）

2. 2022年6月17日，公司要将仓库货物向德家（A）、德来（B）、德乐（C）、德麟（D）、德福（E）、德兰（F）、德程（G）、德鄢（H）、德凯（I）、德翔（J）德华（K）11家公司送货。图6-28中连线上的数字表示公路里程（km），靠近各公司的数字表示各公司对货物的需求量（t）。仓库备有5 t和8 t载重量的汽车可供使用，且车辆一次巡回走行里程不能超过55 km。设送到时间均符合用户要求，试用节约里程法制定最优的配送方案。（资料来源：智慧物流大赛样题）

3. 2023年6月15日，公司为其客户提供取送货服务，货物运回仓库集中后，将以更大的批量进行长途运输，所有取货任务均由载重量为10 t的货车完成。现有13家客户取货要求，各个客户的取货量、地理位置坐标如表 6-16 所示。已知运输公司仓库的坐标为（19.50，5.56），要求合理安排车辆，并确定车辆的行驶路线中总运输里程最短。

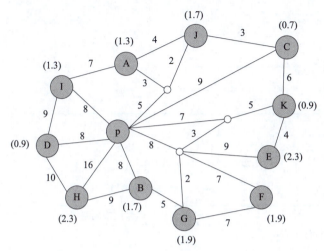

图 6-28　网络图（二）

表 6-16　客户信息表

客户	1	2	3	4	5	6	7	8	9	10	11	12	13
吨 /t	1.9	2.8	3.15	2.4	2	3	2.25	2.5	1.8	2.15	1.6	2.6	1.5
X_i	20.0	18.8	18.3	19.1	18.8	18.6	19.5	19.9	20.0	19.5	18.7	19.5	20.3
Y_i	4.80	5.17	5.00	4.78	6.42	5.88	5.98	5.93	5.55	4.55	4.55	5.19	5.20

4. 2023 年 6 月 28 日，调度员李宏需要安排车辆完成由三个工厂 A1、A2、A3 向四个市场 B1、B2、B3、B4 运送水泥运输任务，运送量分别为 3 t、3 t、1 t、7 t，需求量分别为 2 t、3 t、1 t、1 t。各个工厂到需求市场的距离如图 6-29 所示。

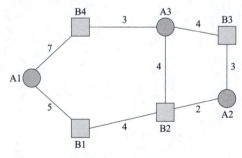

图 6-29　网络图（三）

李宏接到任务后，根据交通线路图抓紧时间制定最优车辆调配方案。

二、制订计划

本任务由小组协作完成，小组成员由 5 人组成，组长负责管理小组工作。下面请组长根据任务需求及成员特点进行成员分工，制订工作计划表 6-17。

表 6-17　工作计划表

分工	姓名	工作内容	成果
组长			
成员 1			
成员 2			
成员 3			
成员 4			

三、实施任务

在表 6-18~ 表 6-21 中完成任务。

表 6-18　任务实施表 1

实施步骤	任务名称：标号法规划路线
第一步	在图上标注节点序号
第二步	在图上标注节点标号并选定标号
第三步	确定最佳路线

表 6-19　任务实施表 2

实施步骤	任务名称：节约里程法规划路线	
第一步	制定初始方案	
第二步	优化方案： 1. 作出最短距离，填入最短距离表	
	2. 计算出各节点间节约的距离，填入节约里程表	

续表

实施步骤	任务名称：节约里程法规划路线	
第二步	3. 排序节约里程，填入节约里程排序表	
	4. 确定路线，画出路线图	
第三步	比较方案	

表 6-20 任务实施表 3

完成步骤	路线草图
第一步	
第二步	
第三步	

表 6-21　任务实施表 4

实施步骤	任务名称：图上作业法设计路线	
第一步	编制调运平衡表	
第二步	绘制交通图	
第三步	制定初始方案	

续表

实施步骤	任务名称：图上作业法设计路线
第四步	方案优化调整
第五步	初始方案与优化方案比较

四、评价任务

小组提交 Word 文档的任务单，以 PPT 形式进行汇报。任务评价由小组评价、组间评价、教师评价三部分构成，各评价方权重如表 6-22 所示。

表 6-22　路线规划任务评价表

被考评小组					
考评地点		考评时间			
考评标准	考评内容	评分	小组自评 20%	小组互评 20%	教师评价 60%
	1. 小组工作计划合理、分工明确	5			
	2. 标号法路线设计正确、图形清晰	10			
	3. 图上作业法路线设计正确、图形清晰	30			
	4. 节约里程法路线规划正确、图形清晰	30			
	5. 扫描法规划路线正确、图形清晰	10			
	6. 课件制作精美内容丰富	5			
	7. 汇报语言表达贴切	10			
	合计	100			

项目总结

通过这个项目的演练，你学会了哪些知识？你学会了哪些技能？你认为完成路线规划设计工作应该具备哪些素质？还有哪些困惑？用规范的文字填写到表 6-23 中。

表 6-23　项目总结表

自我分析
学习中的难点和困惑点

_____
_____
_____
_____
_____

总结提高
完成项目任务需要掌握的核心知识点和技能点

_____
_____
_____
_____
_____

继续深入学习提高
需要继续深入学习的知识和技能内容清单

_____
_____
_____
_____
_____

参考文献

［1］姬中英.物流运输实务［M］.北京：中国人民大学出版社，2020.
［2］彭秀兰.道路运输管理实务［M］.北京：机械工业出版社，2022.
［3］吕亚军.公路运输管理实务（微课版）［M］.北京：人民邮电出版社，2021.
［4］李贞，章银武.物流运输管理实务［M］.北京：航空工业出版社，2018.
［5］丁莉，史翠清，高鹏飞.物流运输管理实务［M］.北京：北京理工大学出版社，2020.
［6］郑克俊.国际货运代理业务处理［M］.2版.北京：清华大学出版社，2020.
［7］肖旭.国际货运代理［M］.3版.北京：高等教育出版社，2019.
［8］姚大伟，朱惠茹.国际货运代理实务［M］.2版.北京：高等教育出版社，2021.
［9］戴丽萍，何善华，潘巍巍.国际货运代理实务［M］.北京：中国铁道出版社，2022.
［10］陈言国.国际货运代理实务［M］.2版.北京：电子工业出版社，2019.
［11］韩杨，刘娜.物流运输实务［M］.北京：清华大学出版社，2023.
［12］井颖 乔骏.运输管理实务［M］.北京：高等教育出版社，2020.
［13］李佑珍.运输管理实务［M］.北京：高等教育出版社，2020.
［14］杨燕，曾萍.运输管理实务［M］.2版.上海：上海交通大学出版社，2023.
［15］李庆.运输管理实务［M］.3版.大连：大连理工大学出版社，2020.